So Each
May Soar

The Principles and Practices of
Learner-Centered Classrooms
Carol Ann Tomlinson

みんな
羽ばたいて
生徒中心の学びのエッセンス

キャロル・アン・トムリンソン

飯村寧史・武内流加・竜田徹・谷田美尾・吉田新一郎 訳

新評論

はじめに

知るべきことがどれほどあるかを知ることが、学び続ける人生の出発点である。

ドロシー・ウェスト『The Richer, The Poorer(金持ちと貧乏人)』(未邦訳)より[1]

本書は、生徒を中心に据えて、教師が思考、計画、実行、振り返り、修正のサイクルを回す、意図的で継続的な授業づくりを目標にしたものです。したがって、以下のようなことを探究していきます。

・生徒一人ひとりを認め、尊重するとはどういうことか。
・生徒が自己実現や社会貢献を成し遂げるための鍵となる事柄、すなわち、教科内容の学びや感情・社会性の力を伸ばせる学びのコミュニティーとはどのようなもので、教師に何ができるのか。
・生徒の想像力と創造力がいかされ、人間の本質的な知恵や行動力が身につくカリキュラム、しかも生徒が夢中になって学ぶカリキュラムを作成するために必要なことは何か。
・評価が生徒一人ひとりの成長の道標となり、成長の過程を教師と生徒に明示するにはどうすればよいか。

---

[1] (Dorothy West, 1907~1998) アメリカの語り手および短編小説家です。

・生徒一人ひとりの状況に応じて、各々の考え方を成長させる学習機会をつくるにはどうすればよいのか。

また、以下のことについても述べていきます。
・教えることと学ぶことの知識を総動員して、生徒一人ひとりに希望と未来を感じさせる授業づくりについて。
・自分たちの学校で、すぐれた教育機会を平等に受けられるようにすることの意味と、その方法について。
・教室の基本的な要素（学習環境、カリキュラム、評価、授業方法）を、生徒にとって公平かつ優れたものにするための考え方と実践の方法について。

　教師として成長を続けることは登山のようなものであると自覚し、それに挑戦しようとする教師のために本書を書きあげました。そうした教師であれば、山登りにおける後戻りや回り道、それに伴う苦痛が有益なものであり、最終的には清々しい気持ちになるということをよく理解しているでしょう。
　本書が、自らに自信をもち、生徒を信じて授業を行っている教師や、教科内容の重要性を探究しようとしている教師、学年という枠を超えて成長する生徒の道のりを確かなものにしたいと願う教師、そして、学びに向かい、自分の内なる声（4ページ参照）を発しようとする生徒が増えることを望んでいる教師の助けになれば幸いです。
　まずは、生徒をクラスや授業の中心に据えることです。そうしたクラスでは、質の高い教育実践を通して互いを信頼し、生

徒自身や他者を、そして先人から引き継いだこの世界をより良く理解するために絶えず成長を目指します。それは同時に、数年にわたって学校で一緒に過ごす若い生徒の魂を、より人間らしく導くことにもつながります。

　教室内外の生活において、自分の内なる声とエイジェンシー（4ページ参照）を育むために、質が高く、かつその土台となるような実践をどのように工夫すればいいのかについて一緒に探究しようではありませんか。さらには、読者であるあなたご自身のエイジェンシーや内なる声が大きくなることを望んでいます。

「教えること」を学ぶというのは本当に難しいものです。実践的で高度なレベルの教え方を学ぶことには新たな可能性も含まれますが、まったく新しいレベルの要求や挑戦を伴うものです。一朝一夕では優れた教師にはなれません。そうした難しさを肝に銘じつつ、他方で、教師の強さや経験は生徒に負けず劣らず多種多様な可能性があるということも忘れないでください。本書は、多様な生徒に成功をもたらすような授業実践の説明や実例でいっぱいです。

　私がそうであったように、あなた自身の教師人生の旅がはっきりと見つめられるようになることを願っています。私の場合、50年という教師人生の末にようやく理解できたことですが、まずは本書でさまざまな事柄を理解しましょう。それから、あなたが自分の生徒と一緒に学んできたことを思い出してみてください。きっと、あなたが教師として、人間として、どのような存在であるかが見えてくるでしょう。

もくじ

みんな羽ばたいて
——生徒中心の学びのエッセンス——

お断り

　原書は非常に大部な書籍となっており、邦訳出版にあたり、本来の第1章、第9章、第10章およびその他一部を割愛し、編集し直しております。原著のよさをすべてお伝えすることができないのは非常に心苦しいのですが、この点についてご承知おきください。

　なお、第1章はアメリカの教育の現状と、標準化されたカリキュラム（日本で言うと、教科書と指導書に基づいた年間計画、日々の授業）と標準学力テストを脱却し、筆者が生徒中心の授業を広めていることについて述べられています。第9章は、それまでの章をふまえ、その根底になる理念や考え方について、大事な点を強調しながら再度まとめています。なお、第9章（目次では第8章）については、右のQRコードで公開していますのでご参照ください。第10章では、実際に生徒中心の学びが行われている各学年での例が複数紹介されています。

訳者による用語解説——本書をお読みになる前に

　本書には教育に関する重要な考え方やその用語がたくさん出てきますが、なかには、現在の日本の教育や学校に馴染みの薄いものがあります。訳文中では、訳語を当てはめたり、カタカナ表記のままにして訳注を付けていますが、とくに重要で、かつ日本の教育や学校の文脈では分かりにくいものを解説しておきます。これらを確認したうえで本書をお読みください。

◎「教科内容の学び／感情と社会性の学び（SEL）」
　これまで学校では、知的（教科内容や認知的）な部分と感情と社会性（非認知能力、21世紀型スキル、ソフトスキルなどとも言われる）の部分を、あえて切り離した形で扱ってきました。日本の学校では、知識を学ぶのは教科の授業で、感情や社会性について学ぶのは学級活動や特別の教科道徳で、と分けて考えることが多いと思います。しかし、脳の機能の研究が進み、両者は切り離せないことが明らかになってきました。自らの感情を見つめ、コントロールすることや、誰かとともに学び、学ぶ内容と自分とのかかわりに気づくことなどを抜きにして、知識だけを学ぶことはできません。
　本書において「学び」は、これらが一体となっているイメージで書かれています。一つの用語にしては語数が多く、少し読みにくいと思いますが、大切な考え方なので、基本的にはそのまま記載します。なお、SEL は Social and Emotional Learning のことで、本書では「感情と社会性の学び」と訳しています。

4

◎エイジェンシー

　日本語では「主体性」が一番近い言葉です。しかし、前向きに授業に取り組むといったような簡単な意味ではありません。そこで本書では、「主体性」とは訳さず、すべて「エイジェンシー」と表記します。学びについて、より具体的、継続的、自立的に学び、かつ行動のサイクルを回せる資質として理解してください。なお、「エイジェンシー」は、「OECD ラーニング・コンパス（学びの羅針盤）」によると、「変化を起こすために自分で目標を設定し、振り返り、責任をもって行動する能力」と定義されています（https://kyoiku.sho.jp/146465/ 参照）。

　この言葉に近い要素をもつものとして、「オウナーシップ（学びを自分のこととして引き受け、責任をもつこと）」、「エンゲイジメント（学びを自分のこととして夢中で取り組むこと）」、「エンパワーメント（その人や集団がもつ本来の能力を最大限にまで引き出し、行動できるようにすること）」があります。いずれも日本語の訳語が見つからないため、カタカナ表記のまま訳しています。

◎声

「声」を上げるというのは、授業中に正解を答えるという意味ではありません。自分の考えや思い、内面から湧きあがるものが何であるかを自覚し、それを言葉にして、適切なタイミング、言い方で発するという営み全般を指します。とくに、モヤモヤとした自分の「内なる声」をはっきりさせることは主体的な学びの出発点となるため、欧米の教育では重視されています。こ

4

うした「声」をいかす授業については、『私にも言いたいことがあります！』（新評論、2021年）を参照してください。

◎ビッグ・アイディア

　ビッグ・アイディアとは、バラバラな事実やスキルに意味を与え、関連づけるような概念やテーマ、論点のことで、学習したことの細かな部分を忘れたとしても、覚えておくべき広く重要な本質の理解のことです。たとえば、「物事は循環する」、「何事にも副作用がある」、「結論から考えて逆戻りする」、「単純化する」などは、どの教科領域でも汎用性のあるビッグ・アイディアと言えます。191〜198ページで詳述されています。

◎思考の習慣

　答えや問題解決・目標達成の方法が分からないときに行動する際に役立つ思考習慣のことで、カリフォルニア州立大学のアーサー・L・コスタ（Arthur L. Costa）教授が開発しました（構想は1982年にはじまり、2000年に4冊の本で成果が発表されています）。「粘り強く取り組む」、「明確に考え、正確に伝える」、「理解と共感をもって聴く」などの16の「思考習慣」で構成されています（16個すべての「思考の習慣」は、https://bit.ly/3XZmfbh で見ることができます）。

　教室に掲示するなどして、教師と生徒が思考の習慣を共有し、練習を続けることで学びに役立てています。その多様な練習方法が『学びの中心はやっぱり生徒だ！』（新評論、2023年）で紹介されていますので参照してください。

◎教える・学ぶ

　原文では、「teaching」と「learning」という単語がたびたび登場します。「指導」と「学習」と訳したくなるところですが、そうすると従来型の教育と同様、「教師→生徒」という主従的な関係が強くなってしまいます（40ページの**図2−1**参照）。本書では、教師と生徒がヨコの関係でパートナーとして結びつくことが主張されています（42ページの**図2−2**参照）。そのため、訳文においてはなるべく「教える」と「学ぶ」を用い、タテの関係というイメージを薄くしました。

◎成果物

　これまで日本では、成果物（生徒の作品やパフォーマンス）をつくる授業や、それらに対する評価をほとんど行ってきませんでした。教育界の傾向や本書は、テストに向けての授業や、テスト以外には評価方法は考えられないという「偽の教え方」や「偽の評価」から、「本物の教え方」や「本物の評価」に転換する要として、成果物が位置づけられています。『学びの中心はやっぱり生徒だ！』（および、2ページのQRコードの9ページの注8や、305ページのQRコードのリスト）のなかでは、本物の成果物やその発表の対象なしの学びは「生徒中心の学び」とは言えない、という主張が貫かれています。

第 1 章
「生徒中心」とは何か？

　前のめりになって、好奇心旺盛な生徒間で交わされている思いもよらないような会話、生徒がじっくり考えた末に発する言葉が授業の方向性を変える瞬間、あるいは生徒とあなたがお互いに理解できないというもどかしいやり取り……。教室で起こるこうした魔法のような時間がほんの一瞬であることを思い起こしてください。実際、このような瞬間の力はその儚《はかな》さにあります。予測不可能で、紛れもなく生徒が主体であるからこそ力強いのです。［参考文献35］

【ポール・フランス（Paul France）**】**全米教職専門職基準委員会認定教師で、国語教師をしていましたが、現在は教育関係書の執筆とコンサルタントとして活動しています。

　アメリカの著名なエッセイストでナチュラリストでもあるアニー・ディラード（Aniie Dillard）は、環境を制限したためにもたらされる犠牲について初めて知った幼年時代のことを、次のように振り返っています。

　　学校で、私は忘れられない光景を見た。（中略）それは、蓋付の広口ガラス瓶が小さかったばかりにかたわになってし

まった、孵化したばかりのポリュペモス蛾だった。

　ガラス瓶は先生の机の上にあった。大きい蛾がその中に現れた。蛾は厚い繭に穴を開け、まるで痛みに耐えるかのように、片足ずつ、一時間もかけて這い出た。私たち子どもは机のまわりに集まり、息をのんでこれを見ていた。繭から出てから、濡れて潰れたような蛾は、緑の瓶の底をゆっくり歩いた。それから苦しそうに、瓶の中に差し込まれていた小枝を登った。

　小枝の先端までくると、蛾はそのふやけた羽の固まりを振った。羽を開いたとき、——それは美しい羽だった——、血脈に血が満ちて、弱々しい羽についていた孵化したときの液体が固まり、帆のように羽を丈夫にするはずだった。だが、蛾はその大きな羽を広げることがまったくできなかった。瓶が小さすぎたのだ。羽は血液で満ちることができなかった。そのために羽は繭の中から出てきたときと同じ状態で固まってしまった。これが小さな蛾だったら、あの瓶の中でも思いっきり広げることができただろう。だが、ポリュペモスは大きな蛾だった。金色の毛が生えた体の部分は、鼠ほどもあった。もし広口瓶に入っていなかったら、茶、黄色、ピンク、そして青い色の混じった羽は、広げたとき、端から端までの長さが一八センチもあったはず。ミソサザイほどの大きさだったはずだ。

　先生はかたわになった蛾を逃がしてやった。私たちはみんな教室を出て、先生の後ろに厳粛についていった。先生は瓶を振って蛾を出し、学校のアスファルトの車寄せの道の上に

おいた。蛾は歩き出した。羽があるべきところに金色の皺だらけの塊があって、蛾はそれを振り上げることしかできなかった。蛾は弱々しい六本の足で学校の車寄せを這うことしかできなかった。それは学校のあるシェイディー・サイド地区、立派な家と高級アパートと華やかなブティックのある区域へと這って下りていった。皺だらけの羽が閉じたまま固まってしまったから、這っていくよりほかなかったのだ。（中略）私は蛾が去るのをじっと見つめた。

　私はこの蛾が、この大きな歩く蛾が、あと何メートルも歩かないうちに鳥か猫にたべられてしまうか、車に轢かれてしまうと知っていた。それにもかかわらず、蛾は驚くべき生命力で、一生懸命這っていた。まるでその期に及んでもまだ生れたことに興奮しているように見えた。私はそれを、ベルがなって、教室に戻らなければならなくなるまで見送っていた。私はこの話を前にしたことがあるし、まだこれからも話すことがあるかもしれない。蛾の霊を鎮めるために。いまでも私はあの道幅の広い、黒い車寄せの上を這っていく蛾が見える。そしてあの金色に輝く羽の塊が振り上げられるのも[1]［参考文献24］。

　ショッキングで、受け入れがたいエピソードです。しかしながら、標準学力テストの点数を上げようとする圧力のために授

---

[1]　アニー・ディラード『アメリカン・チャイルドフッド』柳沢由美子訳、パピルス、1992年、217～218ページより引用しました。一部好ましくない表現がありますが、原文どおりとしました。

業の実践が締めあげられてしまってから、多くの教室で生徒と
教師が経験している状況を表す適切なたとえと言えるでしょう。
そのような教室では、生徒も教師も、小さすぎる瓶の中で学校
生活を送っているようなものです。翼を伸ばして最高の自分に
なり、瓶の外で成長し、空高く舞いあがることなどできません。

　テスト至上主義に縛られたカリキュラムは、教え方の選択肢
を狭め、多くの点で生徒と教師の人間性を奪いました。仮に、
成績や進路を決定づけるようなテストがなかったとして、テス
トの成績によって人間の価値が決まるものではないとしましょ
う。それでも、教室では多くの生徒が、人種、言語、障がい、
文化、経済状態を理由として、学校には「居場所がない」と教
師やクラスメイトから思わされています。

　そのような生徒にとっては、自分が押しこめられている瓶は
さらに小さく、より有害なものとなります。市民として、ある
いは学校の一員として、そして一人の教師として、私たちは時
代の流れや社会の風潮に逆らってでもこのような瓶を捨て、手
の内にいる若者たちと私たち自身を不自由な束縛から解放する
ことを目指して、できるかぎりのことをしなければなりません。
本書のタイトルが伝えるように、私たち一人ひとりが、そして
私たち全員が空高く舞いあがれるように。

　読んだり書いたりしたいと思ってもいないのに、ひとたび始
業のベルが鳴ったら、文法にだけ集中して学校生活を送ってき
た生徒、計算方法を暗記することはできても数学的な思考がで
きない生徒がどれだけいることか、想像もつきません。

　同じく、多くの若者が、我が国の歴史やその遺産を継承するという役割について明確に理解していない状態は、そうしたことが重要度の高いテストには出題されず、指導時間や重点を置く価値がないと見なされているからでしょうか？

　テストに向けて準備する時間を増やすために休み時間が短くなり、集中力が保てなくなってしまった生徒がどのくらいいるのでしょうか？　また、どれだけの教師が、自らや生徒の生活経験を無視したカリキュラムに従い、まるで拘束衣のような指導書の単元計画に従っていることでしょうか？　学校内で創造性をいかせず、自分の意志とは無関係な義務のために、生徒にとって必要なことや観察から分かることなど、教育の専門家としての見立てを捨てた教師がどれほどいたことでしょうか？

　その結果として、教職から離れていった人がどれだけいたのか知る由もありません。

　しかし、最近は、教育の本質をめぐる会話にまだ小さいながらも希望のある変化が見られるようになり、多様な背景をもつ生徒の集団に役立つのではないかと考えられています。さまざまな関係者やコミュニティーが、質の高い教育の目的や形式についての議論を広げようとしているのです。

　確かに、多岐にわたる生徒の能力を伸ばすための場をつくるという点において、アニー・ディラード（Annie Dillard）の「蛾を入れた瓶」よりも寛大な教室を準備している教師が大勢います。

　また、成功は数値で証明できるという前提を否定して、それに取って代わる「人間の持続的幸福感」[2]こそが成功の証であ

るという信念をもって教えている教師もたくさんいます（2021年1月2日のC・プラザーの私信）。

　こういった傾向が持続するという希望をベースにして、生徒に焦点を当てた教え方の探究を次の問いからはじめてみましょう。「生徒が有意義で、生産的で、満足のいく人生を送るために、学校で過ごす12年以上にわたる教室での経験に必要なのは何でしょうか？　また、生徒にはどのようなニーズがあるのでしょうか？」

 ## はじめる（やり直す）のに適した「なぜ」

　サイモン・シネック（Simon Sinek）は、「優れた組織が周囲より抜きん出ているのはなぜか？」ということに関する研究で知られています。もっとも成功している組織は、「私たちがしていることは何のために（なぜ）するのか？」という問いからはじめていることを彼は発見しました［参考文献83］。

　彼によると、ほとんどの組織は「何をしようとしているのか？」と問うことからはじめ、次に、「どのようにそれを達成するのか？」と問うようになるとのことです。それとは対照的に優れた組織は、自分たちの使命、つまり自分たちの努力の原動力である「なぜ」を理解することに多大な時間を費やしています。より高い、あるいはより深い目的を理解し、それに基づいて仕事をすることで、これらの組織の人々は、仕事に対して意味と継続的なインスピレーションが見いだせるのです。

　この四半世紀（あるいは、それよりも長く）、学校や学校教

育が「何を、どのようにするか」というプロセスに支配されてきたことはまちがいないでしょう。「何を」してきたかといえば、標準学力テストの点数を上げることであり、「どのように」かというと、指導書に沿ったカリキュラムで教え、定められた時間配分に従い、テストでいい点がとれるように教え、テストされない分野（遊び時間、体育、芸術など）には時間をかけず、点数の良し悪しで学校、教師、生徒の価値を判断するといったことに重点を置いてきました。こうした見方をしていると、より高い目的、つまり継続的なインスピレーションの源である「なぜ（何のために）」を感じることが難しくなります。

そこで私は、生徒中心のクラスを考える際、「なぜ（何のために）」を最初に考えることを提案します。その「なぜ」に対する答えは、「在学中でも卒業後の人生でも、受け持った生徒の一人ひとりが有意義で生産的に、そして満足できる人生が送れるように十分な準備をする義務が教師にあるから」ということだと思います。

これは、卒業後に特定の職業、または生き方を選択させるという意味ではありません（人は、実にさまざまな生き方を通して自ら意義を見いだし、他者の幸せに貢献し、充実感を味わいます）。そうではなく、生徒自らが選んだ前向きな生き方を追求し、それを持続させるための力をつける責任が教師にある、と主張しているのです。

---

(2) ポジティブ心理学で重視されている考え方の一つです。マーティン・セリグマンの『ポジティブ心理学の挑戦 "幸福" から "持続的幸福" へ』を参照してください。

14

　もちろん、教師や学校が全責任を負うという意味ではありません。しかし、学校と教師には、知識、スキル、態度などといった要素を生徒が身につけ、健康な生活と安定した家庭を築き、責任ある地域社会の一員となれるように導く責務があります。

　また、全米学校環境センターの共同設立者兼会長であるジョナサン・コーエン（Jonathan Cohen）は、生徒が誰かにとってのよき友人、よきパートナーとなり、仕事ができ、世界がより良い方向に進むために貢献できるよう支援するという重大な機会と責任がある、という見解を示しています［参考文献58、84］。

　この目標を達成するためには、教師の強い意志が必要となります。具体的には、授業について考え、計画し、実行し、振り返る際、「生徒を第一」に考えるということです。また、今日の教室にいる多様な生徒に対して、もっとも役立つように、学習環境、カリキュラム、評価、そして教えることの本質について、十分な情報に基づいて理解を深めようとする意志が必要です。

　生徒中心のクラスを「なぜ」実践するのでしょうか。私が先に述べたことを少し考えてみてください。そうすれば、あなた自身にとっての「なぜ」、つまり生徒に焦点を当てた教育を考えるうえにおけるあなた自身の使命が明らかになるでしょう。「教師の仕事は、短期的にも長期的にも生徒の可能性を認識し、それをしっかりと伸ばすような方法で生徒の成長を助けることである」(3)という立場に立つならば、生徒の可能性を積極的に支援するために、授業を計画し、実行し、振り返る際にどのようなスキル、コンピテンシー(4)、態度、習慣の育成を目指すべ

きかという点をまず考えるはずです。「生産的に、有意義に、満足感や充実感をもって生きている人にはどのような特徴があるのだろうか」という問いに置き換えてもよいでしょう。

「教養のある人の特徴」、「成功者の特徴（習慣）」、「自己実現する人の特徴」、「21世紀型スキル」やこれらに関連するキーワードで検索すると、圧倒されるほどたくさんのリストが出てきます。次ページの**表1−1**には、生産的で満足のいく人生を送るための潜在的な要因のうち、生徒が（大人も）発達させ、活用していくべき重要なものが示されています。

　この表に示された要素は多岐にわたりますが、すべてを網羅する必要はありませんし、いかなる教師も教室で育成するべき決められた資質・能力である、と断定するつもりもありません。しかし、教師が生徒と学びに取り組む際に、これらの特徴のうちどれを支援し、重視するのかについてじっくり考えるのには役立つと思います。さらに、生徒中心の授業を通して、生徒が最高の自分になるためのスキル、態度、思考の習慣（5ページの用語解説参照）を身につけるために、生徒一人ひとりを支援するという学びの機会をつくりだすために役立つことでしょう。

---

(3)　これを「エンパワーメント」の定義としてもよいでしょう。

(4)　(competency) 好業績を達成している人材（ハイパフォーマー）に共通して見られる行動特性のことです。豊富な知識や高い技能（スキル）、思考力があっても必ずしも業績を上げられないという事実に着目し、好業績を達成している人材に見られる行動、態度、思考パターン、判断基準などを列挙したものを指します。現在の学習指導要領では「資質・能力」と訳されています。詳しくは、https://www.motivation-cloud.com/hr2048/c87を参照してください。

表1－1　いきいきと生活するための特徴のリスト

傾聴し、理解しようとすること	長続きする人間関係を確立し、維持すること	異なる考え、文化、学問領域とのつながりを見いだすこと	人の振る舞いが他者にどのような影響を与えるのかを理解すること
生きるために必要な知識を身につけ、社会に効果的に貢献すること	好奇心旺盛であること	柔軟で、適応力があること	思いやりがあること、共感的であること
学び方を知ること	自分自身を振り返り、大切なものを見極められること	社会的に責任を果たせること	失敗を学びの機会として捉えること
知識を生産的に用いること	学びに対する情熱をもつこと	異文化を理解し、その価値を理解すること	率先して行動すること
明確に考え、推測すること	効果的にコミュニケーションをとること	他者に敬意を示し、謙虚であること	問題解決を行うこと
創造的に考えること	してしまったことやこれからすることに責任をもつこと	良質なものに価値を見いだし、求めること	はっきりしないことでも受け入れること
他者と協働して学んだり、一人で学んだりできること	倫理観と一貫性を示すことができること	忍耐力があり、我慢強いこと	前向きな変化をもたらしたいと思い、行動すること
誤りと真実の区別ができること	あらゆることのつながりを理解していること	自己認識力があること（自分の価値観、目標、感情を理解していること）	正しい判断ができること
自信をもって行動すること	さまざまな視点を探究できること	主体的であること	意欲的であること
あなたは、このほかに何を加えますか？			

　表1-1をもとにして、生徒中心であることと、生徒のためになる特徴を育むことの関係についてぜひ考えてみてください。

　私が知っている教師は、ほとんどの生徒が身につけるべき数多くのスキル、態度、思考の習慣について一定の考えをもっています。たとえば、責任感もその一つです。また、自己認識力があること、率先して行動すること、効果的にコミュニケーションをとること、正しい判断ができること、なども挙げられます。

　もちろん、生徒一人ひとりがもつ強み、将来の夢、経験、文化によって、これらの特徴をどのように伸ばし、日常生活においてどのように応用していくのかは異なります。しかし、教科内容の学びにおいて、そして感情や社会性において、私たちのもとにやって来るさまざまな生徒の成長を促すためには[(5)]、生徒を中心に据えたクラスをつくる必要があることだけはまちがいありません。

　生徒中心のクラスは、小さくて窮屈な瓶を壊して、生徒と教師が羽を広げるための空間と機会が提供できる場であるべきで

---

(5)　教科内容の学び／感情と社会性の学びについては、3ページの用語解説を参照してください。なお、アメリカでは、Collaborative for Academic, Social, and Emotional Learning（https://casel.org/）が設立された1994年以前から学習面と感情と社会性の両面を統合する動きがスタートしています。その内容が分かる本としては『感情と社会性を育む学び（SEL）』、『成績だけが評価じゃない』、『学びは、すべてSEL』、『SELを成功に導くための5つの要素（仮題）』を参照してください。また、「SEL」という言葉はまったく使っていませんが、その視点を中心に据えて学校づくりを行った事例が『一人ひとりを大切にする学校』で紹介されています。生徒と教師だけでなく、保護者までが羽ばたいている姿が分かります。）

す。このようなクラスは、生徒および彼らを教える立場にある教師の発言力、自立性、主体性を高めるように設計されなくてはなりません。これが、生徒中心であることの「なぜ」に対する一番大切な答えとなります。

 ビジョンを実現するために「何を」するのか

　生徒中心の「なぜ」が、現在も将来も有意義で生産的な生活を送るための健全な基盤の構築において必要とされる機会、学習材料、支援を提供することだとすれば、生徒中心のクラスではいったい「何を」するのでしょうか？

　生徒中心の考え方とは、教えることと学ぶことの中心に生徒自身および生徒たちのニーズを位置づけようとする信念であり、そのためのアプローチを意味します。ですから、それを実践する教師は、「何をすれば生徒一人ひとりが知的に成長し、そして感情と社会性の面において成長の手助けができるのか？」、あるいは、少し違った視点から「生徒と自分が協力して、一人ひとりが、そして私たち全員が力強く生きていくために支えあえるような環境と学びの機会をどのようにしてつくるのか？」と自問しなければなりません。

　一般的に、人生のあらゆる側面についての有意義な学びは、受け身の姿勢ではなく能動的な参加によってもたらされるという現実に根ざしています。したがって、生徒中心のクラスは、自身の成長と発達に生徒が積極的に取り組み、学んだことが生涯を通じて継続し、役立つように設計されています。

　次ページの**図1−1**は、生徒中心の教育で重視されている四つの本質的かつ相互依存的な分野の概要です。それぞれが、すべての生徒が満足して、生産的で社会に貢献する生き方に必要な知識、態度、スキルを身につけるために欠かせない要素となっています。

「生徒」、「学習内容」、「成長」、「コミュニティー」という四つの要素は、アメリカ学術研究推進会議『授業を変える──認知心理学のさらなる挑戦』［参考文献66］を参考に作成したものです。

　この本は、認知心理学と神経科学の研究に基づいた、教えることと学ぶことの質の高さに関する特性について、現時点で分かっていることのダイジェスト版となります。

　各要素の説明は、次ページの**図1−1**の引用にあるように、いくつかの参考文献から引用されたものです。教育にまつわる多くの事柄と同じく、教師の資質・能力の向上におけるあらゆる段階、あらゆる学齢の生徒、あらゆる学校が置かれている状況など、すべてに対応する四つの領域の特性を一つのリストに示すことはできません。しかし、この図は、明らかに確かな出発点を提供してくれています。

「何を」学ぶかについて探究することは具体性を意味します。しかし、私たちが教室で目指すことは、特定の指導モデルや指導方法、あるいは教育的なアプローチを適用することではありませんし、そうであってもいけません。それらは、生徒の見通しをよくすることもあれば曇らせることもありますし、巧みに用いることも学びをだめにしてしまうこともあります。また、生徒のやる気を引き出したり、逆にその炎を弱めたりするよう

20

図1-1　生徒中心の教育で重視される四つの本質的かつ相互依存的な構成要素

生徒に重点を置く	学習内容に重点を置く
・生徒の文化と言語 ・生徒のスタート時点の知識 ・生徒のスタート時点の主体性 ・生徒の強み、興味、経験 ・生徒の主体性や成功に影響を与えうる特性 ・生徒の継続的な成長 ・生徒に合った難易度の課題 ・生徒の「声」を引き出すことに重点を置く	・内容の基礎的な要素の明確化 ・生徒の経験との関連性 ・生徒の興味を深め、広げるためのツール ・生徒が夢中で取り組む（エンゲイジメント(注1)）ための計画 ・応用や活用を支援するために構成された内容 ・生徒の理解と取り組みを促すアクティブ・ラーニング ・質の高い学び（成果物）を明確に記述したもの

生徒中心の教育

成長に重点を置く	コミュニティーに重点を置く
・生徒の成長に関する重要な一連の情報としての形成的評価 ・生徒の理解や思考を教師と生徒が見えるようにするための評価 ・成長を促すフィードバックの重視 ・計画や成長の目安として、生徒が評価の情報を使用すること ・生徒の成長に焦点を当てた教室でのカンファランスと報告の仕方(注2)	・生徒の成長を支える環境 ・生徒と教師のつながり ・生徒同士のつながり ・集団で協力して学ぶ ・共通の知識の土台 ・多様な文化、才能、視点を共有し、お互いに感謝し、認めあう ・教室と生徒のより広いコミュニティー（校内や校外）とのつながり

（引用文献）　参考文献38、46、66、81、86、104、106。
（注1）　4ページの用語解説参照。
（注2）　「カンファランス」とは、生徒との対話、相談です。日本語で言えば「机間指導」が近いですが、問題演習のアドバイスを示すだけではありません。主体的に学び、課題を解決するために、生徒の学習状況を直に聞き取り、その考えを引き出し、自信を与えるために行うことがポイントとなります。教師と生徒だけでなく、生徒同士で行うこと（ピア・カンファランス）もあります。また、「報告の仕方」については、『聞くことから始めよう！（仮題）』（とくに第5章）を参照してください。ひと言で言うと、教師主導の成績報告という従来の形式を脱することが求められています！

な使い方もできますし、生徒の目を広い宇宙に向けさせること
も、彼らを小さな瓶の中に閉じこめることもできるのです。

　最終的に私たちが目指すものは、あらゆる経歴や経験をもつ
生徒が、教科内容の学びと感情と社会性の面で成長し、可能性
の限界と思われていた領域に到達し、さらにその先へと進めら
れるようなクラスをつくり出すことです。このようなクラスで
の学びによって、生徒一人ひとりが教室のコミュニティー、ひ
いてはその生徒が参加するより大きなコミュニティーにおいて、
可能なかぎり最高のメンバーとなれるようにする必要がありま
す。

　生徒中心の教え方について、次の点に重点を置くことを私は
提案します。

　・生徒を理解し、生徒にこたえ、生徒を尊重する。

　・そこにいる誰もがエンパワー（4ページ参照）される教室
　　環境のなかで、強力な生徒のコミュニティーを育む。

　・私たちが重視する知識の力とそれを学ぶ生徒の能力を尊重
　　しながら、内容の扱い方を考えつつ教える。

　・生徒の教科内容の学び／感情と社会性の学び（SEL）にお
　　ける成長に貢献する。

　図1－1に示した四つの構成要素は、生徒中心のクラスにお
いて「何を」するか、に当てはまるものです。本章では、まず
これらの構成要素について見ていき、のちの章で詳しく掘り下
げていくことにします。

**生徒を理解し、生徒にこたえ、
生徒を尊重する**

　生徒中心の教育は、先述したように、生徒一人ひとりの教科内容の学び／感情と社会性の学び（SEL）の両方において継続的な成長を支援するように設計されています。この三つの領域における成長は相互に依存しており、一つの領域における成長は、良くも悪くもほかの領域の成長に影響を与えます。

　ジャン・ピアジェ（Jean Piaget, 1896〜1980）の弟子で、元ハーバード大学教授のエレノア・ダックワース（Elanor Duckworth）は次のように指摘しています。

　　生徒中心のクラスで教えている教師は、生徒自身が自らの意味を構築することを重視しています。自分の意味を見いだすという営みは、一人ひとりの考え、理解、文化的慣習からはじまります。もし、教えることが教科と生徒の架け橋になるのであれば、生徒中心の教師は常に橋の両端に目を配っていることになります。つまり教師は、一人ひとりの生徒が何を知り、何に関心をもち、何ができるようになり、何をしたいのかについて、感じ取ろうとしているわけです。［参考文献66］

　カナダの教育学者であるマックス・ヴァン・マーネン（Max Van Manen）も同じように、「生徒を中心としたクラスでは、教師は生徒が今どのような状態にあるのか、またどのようにな

る可能性があるのかについて把握しようと努めている」［参考文献99］と主張しています。となると、教えるという仕事は、生徒と協力して「現在」と「未来」の間に、頑丈で信頼できる橋を架けることだと言えます[6]。

　必然的に、生徒一人ひとりを尊重し、その能力を高める教室は、多様な文化に敏感で、公平性を重視し、すべての生徒とクラス全体にとって向上心に満ちたものでなければなりません。生徒中心の授業におけるすべての側面において、次の段階へと導くために生徒をよく知ろうとする教師の意図が反映されています。

　生徒を尊重することは、「一人ひとりの生徒は成功するだけの能力をもっている。だからこそ、学校が提供する最高のカリキュラムと教え方によって得られる学びを、生徒が十分に享受できるように支援を提供するべきである」という考えに深く根ざしたものです。

強力な学びのコミュニティーを育む

　学びは個人的なものですが、生徒が互いに協力することでそのプロセスは大きく向上します。それは、優れたスポーツチームが全メンバーの長所を引き出すことで試合結果を向上させ、選手一人ひとりの能力を継続的に伸ばす場合と同じです。

---

[6]　協力者の一人から、「生徒中心だから、生徒任せということではなく、これからの教員に求められる役割として意識したいし、同僚と共有したい」というコメントが届きました。

　学びのコミュニティー、つまり「学び手」のチームをつくるには、メンバー一人ひとりを歓迎し、刺激し、成功を支援するといった学習環境が必要です。このような教室では、生徒同士が注意深く敬意をもって話を聴き、クラスメイトに共感します。自分に対してもクラスメイトに対しても高い水準の取り組みややり取りを求め、さまざまなテーマや問題に対して異なる視点を求め、それを活用し、フィードバックを行います。そして、自らに生じた疑問や問題に前向きかつ生産的に対処し、学びの過程と結果に価値を見いだします。

　このようなコミュニティーでは、生徒一人ひとりが自己表現の機会を継続的に得られるのです。

　生徒中心を旨とする教師は、図工・美術、算数／数学、国語、社会、理科、英語など、私たちが教えるあらゆる教科に関する学習内容の示し方によって、その教科に対する親しみの感じ方が大きく変わることを知っています。それゆえ、生徒を刺激し、思考を促す方法を用い、学習内容に生徒が進んで取り組むように働きかけています。

　また、このような教師は、何をどのように教えるかによって生徒の感情や社会性の成長を促すこともあれば、逆にそれを損なってしまうこともあると理解しています。

　生徒中心の学習環境では、違いを尊重し、一人ひとりの長所を伸ばし、それぞれの教科を学びはじめる際、スタート地点が異なる者同士が協力しあうようにと伝え、手本を見せ、教え、呼びかけるといった形でコミュニティー中心の環境を育んでいます。

学習内容と生徒を尊重するカリキュラムと 教え方をつくり出す

　人間味も刺激もなく、無機質な情報の伝達としての教育は、学校にいる間もその後も、人生の質を高めることにほとんどつながりません。人間の脳には、少なくとも二つの欲求があり、それが満たされないと持続的な学びは起こりません。一つは、「物事を意味づけたい」という欲求、もう一つは「物事の仕組みを理解したい」という欲求です［参考文献86］。

　物事の意味を見いだしたり、世界の仕組みを理解したりするために、大人と同じく、生徒は現時点の経験からはじめて、新しい経験や考え方を既有の知識につなげていきます。家で犬を飼っていて、4本の足と尻尾のある動物だと思いはじめたばかりの幼児であれば、野原で馬を指差して「犬！」と誇らしげに教えてくれるでしょう。その子どもが、犬とほかの四つ足の動物の共通点と相違点を理解するまでには時間が少しかかるでしょう。

　それを学ぶ過程には、二つの前提条件があると思われます。まず、その子どもが「犬」や「動物」というものに関心をもち、理解したいと思い続ける必要があります。犬がその子どもの生活にとって重要な存在であり続ければ、その動機は存在するでしょう。第二に、「犬」や「動物」、「人」、「子猫」などといった名称を覚えるだけでなく、それらの類似点と相違点の意味を理解する必要が出てきます。

　「意味」とは、あるテーマや考えが生徒にとって興味深く、ま

た自分に関連があると感じられる状態です。意味のある学習は、過去の経験を呼び起こし、膨らませ、その経験とつながるものです。どの教科においても、生徒に学んでもらうためには、経験、つまり生徒がすでに知っていることや感じていることを直接反映したものでなければなりません。これによって生徒は、その学習が何のためにあるのかを理解し、その要点を把握し、教室外とのつながりが認識できるのです。

　一方「理解」は、生徒があるテーマ、考え、または教科がどのように機能するのか、つまり各部分がどのように組み合わさって全体が構成されているのかについて把握することを意味します。学習内容を（覚えて繰り返すことではなく）理解するための支援とは、その内容を「自分のやり方で学ぶ」力を身につけられるようにし［参考文献66］、生徒がその分野の「専門家」であるかのように感じたり、考えたり、実際に取り組んだりすることです。意味と同じく理解とは、生徒の過去の経験から構築されるものなのです。

「意味」と「理解」こそが真の学びの根幹です。それらがなければ、生徒は「学んだ」ことをほんのわずか先の未来においてさえ、思い出すのに苦労するでしょう。また、学んだことを問題解決に役立てたり、有用な新しいものを生み出すために利用することもできません。そして、同じく重要なことは、意味と理解がなければ生徒はその内容に親しみを感じることがほとんどなく、仮にその分野の学びを継続する動機があったとしても、ほんのわずかな時間にかぎられてしまうということです。

　生徒中心の教室でカリキュラムや教え方を計画する場合、

「ビッグ・アイディア」（5ページ参照）、つまり意味をつくる構成要素である教科の概念に基づいて教えることが教師に求められます。また教師は、現在（そして将来）の学びを過去の学びと結びつけるために、ビッグ・アイディアに関連する生徒の過去の経験を理解しようとします。

　知識中心の環境と生徒中心の環境が最初に交わるのは、教師がカリキュラムや授業計画を立てる際に、新しい気づきや理解を構築するために生徒自身の既有の知識や経験を活用しようと、新しい学習内容に対する生徒の先入観を知ろうとするときです［参考文献66］。

評価を成長のための手段として使う

　生徒中心の学びにおける基本的な前提は、「能力や自信、生産性や満足感をもって生徒が今を生き、将来の人生も切り開いていけるように、人間としての重要な側面を伸ばすために焦点を当てること」となります。

　当然の結果として、人種、文化、性別、経験、自信、希望、強みなど、生徒がもつ無数の違いが彼らの学びに影響を与えます。したがって、学びの機会は必然的に個人を中心としたものになります。なぜなら、それこそが、さまざまな面において異なる出発点にいる生徒に対して効果的に教えられる唯一の方法だからです。

　形成的評価(7)は、生徒の強みとニーズを教師が理解するための一次資料となります。

「可視化された学習」で有名なジョン・ハッティ（John Hattie）
は、授業の開始時に学習目標や意図に照らして、一人ひとりの
生徒がどのような状態にあるかを判断し、学びを継続しながら
生徒の進捗状況をモニターするようにと教師にアドバイスして
います。さらにハッティは、すべての生徒が現在の発達段階か
ら毎日少なくとも一歩前進できるように支援する「＋１ティー
チング」を提案しています[8]。そして、「これこそが授業の目
的であるべきだ」と述べています［参考文献46］。

　生徒中心の学びでは、特定の学びの過程における生徒の現状
を理解するうえで、教師は形成的評価に大きく依存します。形
成的評価は、学習目標を達成するために、生徒が次に何をすべ
きかを教師が特定するために不可欠です。また、その形成的評
価の情報から分かったことを、学習体験に組みこむことを可能
にします。なぜなら、そうすることが生徒の達成度を高め、生
徒自身が学びの「オウナーシップ」（４ページの用語解説「エ
イジェンシー」の項を参照）をもつ助けとなる強力な方法とな
り得るからです[9]。

　計画的な形成的評価を教師が実践する際には、会話や観察、
または生徒の成果物や取り組んでいる内容や様子を吟味すると
いった形で行われます。一方、生徒側には、モデルやルーブリ
ック[10]、あるいはその時々に設定した目標に照らして、自分の
成果物や取り組んでいる内容を分析することが含まれます。ど
ちらの場合でも、振り返り、注意深い考察、成長しようとする
意志が必要となります。

　人間は、自らの成長をより深く理解することによって自分自

身の成功に貢献できるものです。この考え方がベースとなります。

　教師が形成的評価に習熟するにつれて、学習内容の習得に向けた生徒の進歩やクリティカルな思考[11]、理解、スキルの活用を支える学びのプロセスの評価にも習熟していきます。自己評価が授業中において当たり前に使われるようになり、生徒が自分の考えを修正したり、「次の段階」ではうまくいくように効果的な計画を立てようと、自分の成果物や取り組んでいる内容

---

(7)　教師が指導中に行う評価のことです。教師の指導を修正・改善することと、生徒の学習を修正・改善することを目的として行われる評価で、一切成績に結びつきません。文部科学省が20年前に言い出した「指導と評価の一体化」を実現する評価ともなります。これに対して、次の文章に書かれている評価は「診断的評価」、成績をつけるための評価は「総括的評価」と呼ばれています。一番大事なのは「形成的評価」です。詳しくは、第6章を参照してください。

(8)　協力者から、「共感します。ゴールが一つではないということですよね。学習目標の達成を意識するあまり、ともすると、できる子どもを足踏みさせてしまっている状況が想像できます。どの子どもも一歩ずつ前進させることを意識したいと思います」というコメントがありました。

(9)　協力者から、「学校においては『評価』は方法論に陥りやすいが、何のために行うのか、とくに成績には含まれない形成的評価の重要性をもっと認識すべきだと思います」というコメントがありました。

(10)　評価基準表のことです。点数による基準ではなく、焦点となる資質・能力の習得状況について、生徒の具体的な活動の姿や様子を表す文章で基準を示すと同時に、さらによくするために何をどうすればいいのかについてイメージできるところがポイントです。

(11)　「批判的思考力」と訳されることが多いですが、それが占める割合はせいぜい4分の1から3分の1程度で、より多くは「大切なものと大切でないものを見極める力」です。創造力、協働する力、コミュニケーション力と並んで21世紀に不可欠な「4C」と言われていますが、日本の教育ではまだその重要性が認識されておらず、実践も貧弱です。

を分析し、発見したことが使えるようになります。さらに、形成的評価に熟練した教師であれば、ある特定の基準と比較させたり、クラスメイトと競争させるためではなく、生徒が成長するためのフィードバックが与えられます。また、形成的評価は判断（成績）を下すための方法ではなく、スキルを磨きあげ、それを伸ばすための方法であることを生徒に伝えましょう。

　このようなことが行われているクラスでは、生徒は安心して失敗を認めますし、失敗から学べるようになります。

　やがて形成的評価は、生徒中心のクラスにおいて、教えることと学ぶことを一体化させ、それによって教える側・学ぶ側の双方に必要とされる情報がもたらされ、生徒が教室にもちこんだ知識や経験は、次のステップに進むために不可欠なものとして尊重されるようになります。

　形成的評価の有効活用は、教師と生徒、そして教えることと学ぶことの橋渡しとなります。形成的評価を正確に理解し、効果的に実践さえすれば、教室で行われていることが意図したとおりに生徒の成長と発達に役立っているかどうかについて、教師と生徒が判断できるのです［参考文献106］。

　生徒中心のクラスにおける四つの主要な構成要素（生徒・学習内容・成長・コミュニティー）は相互に関連しており、依存しあっています（20ページの**図1－1**参照）。したがって、構成要素をより詳細に検討し、それらをどのように連携させて生徒一人ひとりの成長に役立てられるのか、またそれらをどのように組み合わせて活用したらいいのかについて考えるために、生徒中心の原則をいくつか提案します。

表1－2　生徒中心のクラスの発展を導く基本原則

原則	説明	原則の適用例
❶一人ひとりの生徒には個性があり、それが学びに影響を与える。	教師は、生徒の興味、ニーズ、成長をより良く理解し、対応するために、常に生徒一人ひとり、そしてクラス全体を観察し、生徒と話し合う必要がある。	ある教師は、生徒が話すなかで明らかになった一人ひとりの興味・関心を素早くメモし、生徒が自分の興味・関心と学習内容を結びつける手助けをしている。
❷教師と生徒が知性をどのように捉えているのかということが、生徒の成功に影響を与える。	すべての生徒が必要としているのは、自分が成功できるという教師からの信頼と、目に見える成功の「証拠」である。	ある教師は、生徒たちに定期的に「ベストショット」（目標達成に向けた最善の努力を表す成果物）を記録させ、主要な目標の達成状況を説明させている。
❸意味の探究は、継続的で有用な学習においては不可欠な要素である。	学習体験は、生徒が教科・領域のビッグ・アイディアに焦点を当て、関連性を見いだし、不慣れな状況であっても学んだことを活かせるようにしなければならない。	教師のなかには、教科の枠を超えて共通の概念を扱っている者がいる。年度の終わりには、生徒と一緒に、教科を超えて発見したつながりを示す巨大な概念図を制作し、校内の玄関ロビーに掲示する。
❹カリキュラムと教え方は、一人ひとりの生徒と関連づけられたものになっている。	生徒が学ぶものは、彼らの想像力や好奇心をかき立て、自分の経験や興味と結びつくものでなければならない。	ある高校の理科教師は、科学に関する問題に取り組むために、生徒がさまざまな視点から意見を述べ、それに答える「ジレンマ・ダイアローグ」(注)を行っている。
❺学習は個人のものでもあり、社会的なものでもある。	生徒は、クラスメイトと協働して行う課題と一人で行う課題で成功する方法を学ぶ必要がある。	ある教師は、グループ活動の過程で生じた生徒同士の意見の食い違いを解決するためのガイドラインを生徒と一緒に作成し、活用している。

原則	説明	原則の適用例
❻ 深い学びには、情報(知識)、考え(概念)、スキルの意味を生徒が理解する必要があるが、それには時間がかかる。	学びは生徒のなかで行われるものであり、教師が生徒に対して行うものではないため、教師は学びのペースが柔軟に変えられるような時間設定をする必要がある。	ある外国語の授業では、どのような練習がどのくらい必要かということや、習熟度チェックの期限、学習したことの示し方などの選択肢について、生徒に発言権が与えられている。
❼ 学びには、適切な課題とその課題を成功に導くための支援体制が必要である。	教師は、一人ひとりの生徒が取り組む課題が適度に挑戦しがいがある課題になるように教え方を調整すると同時に、最終的に課題をうまく扱えるように支援の度合いを調整する必要がある。	ある高校の物理教師は、さまざまなレベルの生徒が理解できるように、重要な概念の説明の複雑さと方法が異なる複数のウェブサイトへのリンクを提供している。
❽ 形成的評価は、教師と生徒が成長について理解し、成長を追求するための行動を両者がとるための重要な橋渡しとなる。	教師は、生徒の学びの足跡を理解するために、一人ひとりの生徒の成果物(や取り組み)を継続的に分析する必要がある。また、生徒自身が学びを計画し、「自分のものに」できるように、学習目標に関連した成果物の分析について、定期的にすべての生徒が参加できるようにしなければならない。	ある数学教師は、生徒の現状を把握するために、出口チケットや簡単なアンケートなどによる形成的評価と、観察を行っている。また、1週間から2週間ごとに生徒と面談を行い、生徒が自分の成長をどのように感じているのかについて尋ねている。

（注） 相反する考え方を提示し、それぞれを支持する理由を挙げながら、合意に至るまで対話を行うことです。

　表1−2には、八つの原則と、その簡単な説明とともに教室での適用例が示されています。四つの構成要素が生徒中心の教室の「何を」行うかの考察のはじまりだとすれば、この八つの原則は、生徒中心の考えを教室での行動として「どのように」

実行するのかについて考えはじめるためのものとなります[12]。

 ## このあとは……

　先ほど紹介したジョン・ハッティ（28ページ参照）による5万件の研究のメタ分析では、「効果量（effect size）」と呼ばれる尺度を用いて、生徒の学習効果を高めるための数多くのアプローチに関する相対的な影響力を示しています［参考文献46］。効果量が「0.2」のアプローチは約9か月の成長が期待できるものとなりますが、効果量が「1.0」だと学年末に3年分の成長が期待できるとされています（実際の研究では、ほとんどこのような影響は見られませんでしたが）。

　ハッティは、効果量の大きさが「0.4」となるようなアプローチや方法は非常に望ましいものであり、生徒の能力を高める教室をつくる際に注目すべきものである、と述べています。

　生徒中心の教え方は、認知的成果で「0.64」、認知・行動的成果で「0.7」という効果量をもたらすことをハッティは発見しています。言い換えれば、生徒中心の授業を効果的に行えば、その教室にいる生徒に非常にポジティブな変化がもたらされるということであり、彼の幅広い研究のなかでも効果量が最大であることが分かっています。

　本書を読み進めると、生徒中心の教室をつくって教えることが何を意味するのかが明らかになっていきます。生徒中心のク

[12]　この表は、『ようこそ、一人ひとりをいかす教室へ』（とくに第2章）を発展させたものなので、興味をもたれた方はそちらを参照してください。

ラスは、過去数十年間に見られた多くの教室とはかけ離れたものとなります。それは、テストの点数を上げることでも、既存のものに新しい何かを追加することでもありません。一人ひとりの生徒に目が行き届くよう、授業の意図と本質についての私たちの理解を修正し、その理解に基づいて教室での学びを再構築することなのです。

そうすれば、教師の役割は根本的に変わります。生徒を学びに招き入れる学習環境[13]のなかで計画および実行の中心に生徒を据えるために、できるかぎりのことが私たちに求められています。

生徒を学びに招き入れる学習環境とは、生徒が思い切って学び合えるコミュニティー、質の高いカリキュラム、即応性のある教え方、生徒にとって有益な評価、そして（一人ひとりの生徒の教科内容の理解および感情と社会性の現在の成長の度合いに合わせ、それらの領域において成長していくために必要となる柔軟性と安定性を可能にする）教室でのルーティーンなどによって特徴づけられます。

生徒中心のクラスは、変化を受け入れて成長しようとする教師、そしてその変化を支える聡明な学校のリーダーによって成り立っています。変化を受け入れることは決して簡単ではありませんし、教えることも決して簡単ではありません。その目標はあまりにも壮大なもので、一筋縄ではいかないものです。しかし、私たちが教える生徒のニーズにこたえるためには実現しなくてはならない、不可欠なものなのです。

このあとは、生徒や学習内容、生徒の成長、そしてコミュニ

ティーに焦点を当てるための原則と実践について掘り下げていきます。読者のみなさんが本書を読み、仕事をするなかで本書の考え方を振り返り、議論し、試しながらご自身の「なぜ」を見つけ、生徒中心の「何を」、「どのようにするのか」について深く理解されることを期待しています。

　もし、本書がお役に立つとすれば、読者のみなさんにとって、より人間的で、楽しく、深く、公平な教え方ないし学び方を提供することでしょう。

　とはいえ、生徒中心のクラスの核となる「四つの要素」を検討する前に、二つの明白な対象について検討する必要があります。一つ目は「教師」で、生徒中心の教室を実現するために決して譲れないものです。第2章でこのテーマを探究します。もう一つは「生徒」そのもので、私たちが教えるうえで一番に尊重しようとする存在です。これについては第3章で詳しく述べます。

⒀　（invitational learning environment）聞きなれない言葉かもしれませんが、https://wwletter.blogspot.com/2022/02/blog-post.html で「読むこと（日本の国語）」との関連での記事が読めます。教科の枠を超えた実践については、『いい学校の選び方』の127〜130ページに、小学四年生が回想する「いい授業」の流れが紹介されています。入手困難な場合は、pro.workshop@gmail.com にご一報をください。

第2章
教師——生徒を尊重し、学びを整える

　教えるという仕事は、とても難しく、複雑で、一生を捧げても完全には習得できないものです。［参考文献107］
【ディラン・ウィリアム（Dylan Wiliam）】 イギリスの教育学者で、形成的評価についての研究で知られています。

　数年前のある会議で、私は国内にいる地域も専門性も異なる何人かの教育者とともに昼食をとりました。一緒にいる間、自分たちの人生を変えてくれた教師について話をしました。話題に挙がった教師たちは、私たちのことを私たち以上に信じてくれました。そして、私たちが大きな夢をもち、それを実現するために支援をしてくれた人たちでした。

　みんなの話は感動的で、時に笑いを誘い、私にとっては目の前にある料理よりもずっとためになるものでした。会話の後半、グループのなかでひと言も発していない人に対して誰かが、「人生を変えた教師に関する経験を話してくれますか？」と尋ねました。その女性は居心地が悪そうに、「私は、そのような先生に出会ったことがありません」と静かに言いました。そして、「一度もありません。20年近く学校にいましたが、一度も出会いませんでした」と続けました。

　生徒の人生を大きく変えるだけの教師が、まだまだ足りていないという現実を改めて感じました。

　教えることは、とてつもなく難しい仕事です。私たちは、教師を目指す人々に対して、教師が大変な仕事であり、生徒の人生をともに描く重要な仕事であると十分に伝えているとは言えません。著名な教育者であり、児童心理学者、作家でもあるハイム・ジノット（Haim G. Ginott, 1922〜1973）は、若い教師だったときに次のような見解を示しています。

　　私は驚くべき結論に達した。私がクラスの中での決定的要因なのだ。私が個人的にどのような態度をとるかによって、クラスが寒々としたものになるか暖かいものになるか、教室の雰囲気が決まる。私の毎日の気分によって、クラスの天気が晴れか雨かが決まる。子どもの生活を惨めなものにするか、あるいは楽しいものにするかを決定するという恐ろしい力を、一教師としての私がもっているのである。私は拷問の道具にもなれるし、インスピレーションを与える媒体にもなれる。恥をかかせるか、ユーモアとして受け取られるか、傷を深くするか、その傷を癒すか、ある危険な状態がより悪くなるか、反対によくなるか、そして子どもが人間らしくなるか、人間性のないものになるかを決定するのは、いかなる場合においても私の反応にかかっているのである[1]。

　一見すると、教師の存在と影響力に関するジノットの結論は、教師をおじけづかせるものであり、責任の重さに対して耐えが

たい気分にさせるものかもしれません。しかし、一方で、教師の影響力について考えるという重要な機会を与えてくれるものです。おそらく、教育を強制ではなく機会の場として捉えている人ならば、前向きに考え、生徒の人生を変えるような教師になるために必要な方向性とエネルギーを引き出すことができるでしょう。

　生徒（自立した学び手）を中心とした質の高い学習環境をつくったり、教えたりすることを学ぶ教師ならば、目の前に存在するさまざまな挑戦に挫（くじ）けることなく、それを機会と捉えて成長するだろうと私は確信しています。

 ## 生徒中心の教師になるためには

　教室における決定と、プロセスにおいて生徒を中心に据えること、それが自立した学び手を中心とした教育の本質です。教室での役割と構造を大きく転換させる必要があるため、とても難しいことではあります。しかし、私たちは教室を、教師のみがコントロールする力をもっているという場所から、広い意味で、コントロールする力を意識的に生徒と共有する場所へと転換させることが求められているのです。

　そのような転換は、多くの教師が戸惑うものでしょう。なぜ

(1) 『ギノット博士の教育法——教師と子どもの人間関係』ハイム・G・ギノット／久富節子訳、サイマル出版、1976年、1〜2ページより引用。文章を分かりやすくするために表現を若干修正しています。なお、同書では「ギノット」と表記されていますが、本来の発音に則り、本書では「ジノット」と表記します。

図２−１　教師主導のクラスの力関係と授業の各要素で取られるアプローチ

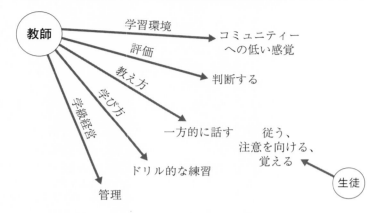

なら、この転換は、私たちの多くが教育を受けるなかで経験した学校の概念とあまりにも異なるからです。また、国や教育委員会によるトップダウンの命令のせいで、生徒中心という原則と実践を体験する機会がほとんどの教師になかったからです。

　図２−１は、学習環境、評価、教え方、学び方、学級経営に関して、教師が意思決定を行っている「伝統的」なクラスにおける権力構造の概要を、クラスの中で実際に行っている五つの要素とともに視覚的に示したものです。

　図２−１における教師と生徒との力関係が、一方通行であることは明らかです。教師主導のクラスは、教師の優位性を維持または保護することを土台として機能しているからです。だからといって、そのようなクラスの教師が常に独裁者であるということではありません。ほとんどの教師は思いやりがあり、ポジティブな学習環境をつくり、生徒から好かれています。しか

し、このような一方通行の力関係は、教師が支配的な意思決定
者や命令者であることを示すものとなります。

　図2-1の「教師」という言葉と「生徒」という言葉の位置
関係や、「教師」を太字で表し、「生徒」を小さなフォントで表
しているのは、クラスにおける権力格差を意図的に見せるため
です。教師主導が極端な場合は、「生徒」の文字がさらに小さ
くなることもあります。

　教師主導のクラスでは、さまざまな要素に関する決まり事は
教師から発せられ、生徒に届けられています。一般的に生徒の
役割は、何かに対して行動を起こしたり協力することではなく、
クラスで起きる出来事を受けて、自分たちのやり方で反応する
だけです[2]。

　一方、次ページの**図2-2**は、自立した学び手＝生徒が中心
のクラスにおける力関係の変化を、カリキュラム（学び方）、
教え方、評価、学級経営、学習環境へのかかわりに対応する言
葉を使ってまとめたものです。ここでは、「教師」と「生徒」
という単語は同じ高さで表示されています。さらに、同じ大き
さで記されていますが、これは自立した学び手を中心としたク
ラスでは両者の協働が特徴になっていることを表しています。

　たとえこのようなクラスであっても、教師が法律や教員養成
課程、時代、個人の経験をもとに、生徒自身に合った成長が遂

---

[2]　協力者から、「子どもたちも、この状態が居心地がよいと考えている場合も
　　ありますよね。いわば学級王国。ただ、子どもたちは常に受け身状態です。
　　この教師が担任でなくなったら、子どもたちはきっと主体的に行動するこ
　　とはできないでしょう」というコメントが届きました。

図2－2　生徒中心のクラスの力関係と授業の各要素で取られるアプローチ

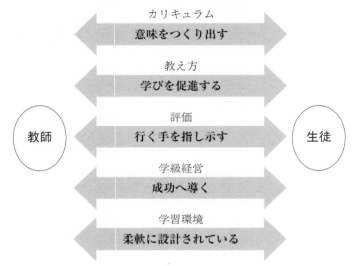

カリキュラム
意味をつくり出す

教え方
学びを促進する

教師　評価　**行く手を指し示す**　生徒

学級経営
成功へ導く

学習環境
柔軟に設計されている

げられるようにする責任を負っていることに変わりはありません。したがって、クラスにおける多くの決定は必然的に教師が行うことになります。

　しかし、生徒中心のクラスでの目標は、生徒の声やエイジェンシー、協働、そして意思決定[3]を成長させることに重点を置いていますので、**図2－2**にあるような五つの主要な要素にかかわるさまざまな決定について教師は理解を深め、それに生徒が参加できるように巻きこんでいきます。さらに、教室で起こる出来事が生徒の声やエイジェンシー、協働、意思決定の成長にどのように役立つかを検討すること、また日々の教室での出来事について生徒と教師がどのように協働するのかを検討する

ことも教師が決定する領域に含まれます。

　このように教師は、少なくともメンター[4]やガイド[5]、もしくはパートナーとして、情報提供者に留まらない役割を果たしています。

　教師が生徒と責任を共有することに慣れるにつれ、メンターや案内役、パートナーとしての役割は拡大し、単なる情報提供者としての役割が減少していきます。その結果、授業の各要素は、生徒の視点や興味関心、ニーズをより反映したものになります。

　この転換が、生徒中心のクラスで教師に求められる最大のものと言えるかもしれません。この転換は、すぐに実現できるわけではなく、痛みを伴うものとなります。

　しかし、キャロル・スティール（Carol Steele）[6]が言うように、「志の高い教師は仕事に情熱を燃やしており、学び手としての生徒の成功に責任をもっていると信じており、日々より良い仕事を心がけている」［参考文献89］ので、きっとこの転換は実現することでしょう。

---

(3)　これら四つの柱は、『学びの中心はやっぱり生徒だ！』で提示されている四つの柱と共通点が多いので、本書とあわせて、今後何を大切にした学びをつくっていく必要があるのかを明らかにするうえで参考にしてください。

(4)　「よき先輩」的な存在です。メンターやコーチと、日本で導入されている「指導主事」や「指導教員」制度との違いを明らかにして、改善できるところを早急に改める必要があります。

(5)　主役は生徒なので、あくまでもサポーターとしての役割です。メンターに近い存在です。ガイド（案内役）としての教師を中心に据えた本が『あなたの授業が子どもと世界を変える』ですので参照してください。

(6)　公立校を含めて、多様な教育の場で英語とコミュニケーションを教えています。

教室でもっとも重要な要素に働きかける

　教師は、生徒と、学びの質と量に影響を与えます。この事実に驚くことはないでしょう。そして、悲しいことに、生徒の学びにマイナスの影響を与えてしまう教師が、プラスの影響を与える教師と同じくらい存在しています［参考文献34］。

　結局のところ、生徒が学ぶ「教室」（つまり、誰に教わっているか・訳者補記）という要素のほうが、「学校」という要素よりも成長にとっては重要だということです。

　ウィリアム（37ページを参照）は、生徒の成長に寄与する可能性のあるすべての要因のなかで、「本当に重要となるのは教師の質[(7)]だけである」［参考文献107］と述べています。

　生徒中心のクラスでは、一般的に優れているとされる教室の基本的な要素はもちろんのこと、それに加えて、生徒を中心とするのに必要となる要素が備わっているということが前提となります。

　逆に言えば、教師が生徒の「声」や選択、貢献、エイジェンシー（生徒中心の要素）を支援しているとしても、それを支える学習環境やカリキュラム、評価、教え方の土台（教室の基本的な要素）がしっかりしていなければ思い描くような成長は見込めないということです。

　本章では、効果的な生徒中心の授業計画と教え方の土台となる、教師の個人的および専門的な信念と実践について探究していきます。その際、教師主導と生徒中心のアプローチは、二律

背反ではないことを明確にする必要があります。すべての教師をどちらか一方に分類するというのは無駄です。事実、教師主導のクラスを率いるすべての教師にも生徒中心の瞬間があり、生徒中心のクラスの教師にも教師主導になる瞬間があるのです。

　私たちはみな、常に連続した実践のなかで行動しており、経験を重ねるにつれ、さまざまな理由で立ち位置が変化していきます[8]。とはいえ、生徒中心の実践をするためには、これらの信念と実践をより高度に、あるいは普段とはやや異なる視点から見る必要があります。

　次ページの**表2－1**は、生徒自身のなかで継続的に発達させることが望ましい特徴を考えるうえで有効となる枠組みです。生徒自身が自らのニーズを満たすため、また教師が生徒一人ひとりの教科内容の学び／感情と社会性の学び（SEL）をできるかぎり支援するための参考となります。

　左右の列に書かれた内容は、生徒中心の学習環境における生徒と教師の目標や特徴の典型であり、すべてを網羅したものではありません。表の空欄を利用して、生徒と教師の目標に追加したり、あなたや生徒が現時点では追求していなくても、今後の目標にしたいものがあれば書き留めておくことをおすすめします。

---

(7)　教師の質が大切なことは分かっていても、その測り方や伸ばし方が分からない場合があると思います。51ページの**図2－3**をはじめとして、本書はそれを可能にする本です。ほかには、『あなたの授業力はどのくらい？――デキる教師の七つの指標』がおすすめです。

(8)　協力者から、「教師主導から生徒中心のクラスに転換していくうえで、非常に重要な見方・視点であると感じました！」というコメントがありました。

表2−1　生徒中心のクラスにおける生徒と教師の成長目標例

生徒の成長目標	教師の成長目標
以下の行動を通して、「声」を発する。 ・自己理解 ・自己表現 ・論理的思考 ・責任感 ・敬意を示す ・共感	以下のような基礎的な属性をモデルで示し、生徒の学びと成長をサポートする。 ・敬意を示す ・公平性 ・共感 ・思考と作業の習慣 ・コミュニティー ・優れた専門性
以下の行動を通して、授業の効果を高めるパートナーになる。 ・肯定的な影響力を発揮する。 ・よいシチズンシップ^(注)を示す。 ・教室の規範に貢献し、守る。 ・教室の手順や習慣を守る。 ・問題を解決する。	以下の特徴を重視し、生徒が招き入れられていると感じる環境をつくり出す。 ・前向き。 ・受け入れられる／肯定される。 ・信頼する。 ・チャレンジする。 ・サポートする。 ・熱心になる。 ・よく構成されている。
以下の事柄を強化するために、長く使える知識を習得して活用する。 ・エンゲイジメント（夢中で取り組む） ・喜び／満足 ・理解／自分なりの意味・解釈をつくり出す ・応用／活用	以下の項目を重視し、生徒たちを見取れる教師になる。 ・観察 ・教師と個々の生徒とのやり取り ・教師とクラス全体とのやり取り ・生徒の成功のために形成的評価の活用

生徒の成長目標	教師の成長目標
以下の観点に関して、学び手としての自覚をもつ。 ・スキル、学習過程、思考の習慣 ・自己効力感、エイジェンシー ・学習内容との個人的なつながり ・学習における満足度 ・学んだことの活用・応用 ・学んだこととの関連づけ	カリキュラムや教え方の専門性を高め、以下のことができるようになる。 ・教科の本質をいかして教える。 ・意味と理解を深めるために教える。 ・学びにつながる複数のアプローチを使う。 ・成功するための学びや協働、自立のためのスキルを教える。 ・常に、より高みを目指して／高い期待をもって教える。
以下の項目を通して、真に意味のあるコミュニティーに参加する。 ・学ぶためによく聴く。 ・シチズンシップを活用する。 ・チーム構築のスキルを活用する。 ・多様な能力・視点を大切にする。	以下の事柄について気を配り、柔軟性を発揮する。 ・時間、場所、教材 ・生徒の取り組み方の選択肢 ・生徒の決定 ・教える方法 ・学ぶ方法
以下の観点で成長し続ける。 ・教科内容面の目標と感情・社会性の目標と成長の指標を理解する。 ・成長のための計画を立て、行動する。 ・学習成果を振り返り、そこから学ぶ。 ・成長から満足を得る。	以下の観点で成長し続ける。 ・自己の振り返り ・意思決定 ・創造性 ・生徒のリーダーシップ ・自己効力感

(注)　「多くの文化が存在し、人々が相互に依存し合う世界で、責任ある生き方をするのに不可欠な知識・態度・技能を身につけていること」(『ワールド・スタディーズ』国際理解教育センター発行発売の定義を使用しています。)

　前ページの**表2−1**の右側に記されている「教師の成長目標」とその内容は、それぞれの教師の性格に左右されるものではありません。この目標と内容は、外向的な教師、控えめな教師、遊び心のある教師、真面目な教師、冒険好きな教師、慎重な教師など、さまざまなタイプの教師に当てはまります。

　これらは、日頃の生き方とは別のものです。あなたが授業を計画し、それを実行し、その結果について考える場面において、何を選択し、何を表現するのかということを示しています。

　表2−1に示された目標は、すべての生徒／教師にとって重要なものですが、生徒中心の教え方を採用し、成長しようとする教師にとってはとくに重要となります。これらは、生徒の成長にとってもっとも重要な役割を果たす「教師であるあなた」が、授業に取り組む際に役立つ特徴、または目標となります。

　自分自身を成長させていくことが、生徒のため、そして生徒中心の活気ある授業を実現するためにもっとも大切です。生徒中心の教室における生徒の目標と、その目標をサポートする教師の特徴について詳しく見ていく前に、本章でこれまで読んだことについて考える時間をとって、自分の考えや考察を書き留めておいてください。

 ## 「人間中心の設計」を通してみる 「生徒中心のクラス」

「人間中心の設計」は、多くのビジネス、産業、および顧客やクライアントにサービスを提供することを主な目的とするさまざまな環境で使用されている哲学であり、プロセス（物事を成

し遂げる際の進め方）です。「人間中心の設計」におけるプロセスでは、まずあなたが仕事をする対象と、設計する製品やサービスが解決することになる対象のニーズを理解することからはじめます［参考文献23］。具体的には、製品やサービスを設計する者は二つの質問に答えます。

❶製品ないし、サービスのユーザーが必要としているものと求めているものは何か？

❷機能的かつ感情的に意味のある方法で、それらのニーズを満たすためにはどうしたらよいか？[9]

　人間中心の設計を採用しているグループは、単に「こうしなければならない、さあやろう」と言うのではなく、まずサービスを提供する対象の目を通してニーズや問題を確認します。この小さな切り換えによって、従来のアプローチから生まれるものよりも、より創造的で、より効果的で、より満足度の高い解決策につながったという報告があります。人間中心の設計プロセスの初期段階は、第1章で紹介したサイモン・シネック（12ページ参照）の「なぜ」からはじまり、「何を」へと進み、「どのように」を計画することに一致しているように思われます［参考文献83］。

---

[9] 参考文献に含まれていませんので、この二つの問いの出典を掲載します。https://rubygarage.org/blog/human-centered-design の4段落目です。「人間中心の設計」は、「デザイン思考」と置き換えられます。この二つの点を含めて、デザイン思考全体を小学校低学年でも実践できる事例が紹介されていますので、『あなたの授業が子どもと世界を変える』と https://projectbetterschool.blogspot.com/2021/05/blog-post_16.html を参照下さい。

　つまり、生徒中心の授業にしていく動きのなかで早い段階に問われるべきもう一つの問いは、「教師としての仕事を通じて取り組むことができる、私たちが大切に思っている生徒のニーズは何か？」です。

　生徒を中心とした教育で私たちが求めるものは、教室で生徒が経験することすべてをひっくるめたものです。もちろん、学ぶ内容の性質やそれを効果的に学ぶ方法が中心となる関心事となります（これらの要素については、第5章と第7章で検証します）が、生徒中心のクラスでの学習には、教科内容の目標だけでなく、感情と社会性に関する目標も含まれます。

　教える内容、教え方、感情と社会性の成長、どれに焦点を当てるにせよ、生徒のニーズを理解し、それに基づいて計画を立ててこそ効果的な対処ができます。これは、「ここで何を教えなければならないのか」、「それを行うためにどれだけの時間があるのか」、「どのような教材が必要か」という質問からはじまる一般的な授業計画のやり方とは対照的なものです。

　前章でも紹介したハッティは、一般的な授業計画を「ボトムアップのカリキュラム・デザイン」として警鐘を鳴らしています。ボトムアップで考えるときには、教科領域において中心的な重要性をもつ概念は何かを問うのではなく、どの内容を教えなければならないのか、それをカバーするために何をすればよいのか、と考えてしまうものです［参考文献36、104］。

　こうした従来のアプローチは、目の前にいる生徒たちの感情と社会性のニーズを考慮することなく、あらかじめ決められた狭い結果にカリキュラムを閉じこめることになり、扱う内容を

図2-3　生徒中心のクラスにおける生徒のニーズを考え、満たすためのモデル

「完全に習得」することが期待される生徒たちの多様なニーズ、
経験、関心とはほとんど関係がありません。このようなアプロ
ーチでは、生徒の感情と社会性のニーズを軽視ないし無視する
だけでなく、知的な発達を促すうえでも融通が利かないものと
なります。

　図2-3は、私たちがこれから行う探究のためのサイクルを
示したものです。生徒中心のクラス（円の外側にある六つの四
角で表しています。46ページの表2-1を参照）において生徒
の主な成長のニーズに対処する方法は、中心の円（20ページの
図1-1を参照）に描かれている生徒中心のクラスにおける四

つの要素にかかわる質の高い実践を行うことである、と示されています。

　円内の矢印は、各要素間の継続的な相互作用を示しています。たとえば、教師がより良く「生徒たちを見取れる教師」になろうと努力するとき、「生徒に焦点を当てる」という目標は「学習環境とコミュニティー」に影響を与え、「成長に焦点を当てる」ことと強く結びつき、「カリキュラムと教え方」においてよりうまく生徒に働きかけるための気づきや発見がもたらされるでしょう。

　たとえば、生徒が自信をもってクラスの中でアイディアや意見が表現できる（生徒の「声」を高める）ようにすることを意図して「生徒に焦点を当てた」場合、それは同時に、その生徒が快適に「意味のある学習コミュニティーに参加」したり、「学び手としての自分自身を理解する」ことにつながります。

　ちなみに、表２－１の言葉を図２－３で使用するために、本書で使用していく語彙に近いものへと若干の修正を加えています。そして、以降の章では、生徒中心のクラスにおいて教師がどのようなことをするのかについて詳しく見ていきます。

　・生徒による強力なチームやコミュニティーを生み出すために、生徒の教科内容の学び／感情と社会性の学び（SEL）を促す際に必要とされる柔軟性と安定性のバランスを保ちながら経営される**前向きなクラス（学習環境）を確立する**（第４章）。

　・カリキュラムの根底にある各教科の本質、目的、基本をしっかりと理解しながら、教室にいるすべての生徒にとって、

魅力的で適切だと感じられるような**カリキュラムをつくる**（第5章）。

・教科内容の面／感情と社会性の面に関する生徒の成長を計画・支援し、生徒がこれら三つの領域における自分の成長を理解し、育めるように支援するために、フォーマル、インフォーマル[10]を問わず、**形成的評価を用いて**生徒一人ひとりの三つの領域の成長度合いを理解する（第6章）。

・テーマや教科を特徴づける重要な知識や理解、スキルに焦点を当て、生徒の好奇心や興味関心を引き出し、学んだことを使って意味のある問題や課題に取り組むことを促し、深い思考を育み、生徒が個人の意見をしっかりと述べ、質の高い学習活動をしようとする姿勢が身につけられるような**授業・教え方を組み立てる**（第7章）。

　また、先の章において生徒中心の教育の「何を」、「どのように」教えるのかについて深く考えられるように、本章の残りを使って教師のスキルアップに役立つ五つの側面を見ていきます。

❶教えることの土台となる倫理観と価値観について、教師はどのように考えているのか。

❷生徒をどのように見て、どのように知り、どのように対応するかについて、教師はどのように考えているのか。

❸教える内容について教師はどのように考えているのか。

❹生徒の成長と成果について教師はどのように考えているのか。

---

[10]　フォーマルは事前に準備をして行うもので、インフォーマルはその場で思いついて行う短時間の評価方法である場合が多いです。

❺教えることと学ぶことの関係について、教師はどのように考えているのか。

　この五つの領域において成長すれば、ほぼすべての教師と生徒に利益をもたらすことになります。

 ## 教える基盤となる倫理観と価値観

　数年前、年が明けて1か月が過ぎたころ、大学のあるクラスにおいて私は、「これまでに学んだことのなかでとくに重要だと思われること」を数分間という短い時間で挙げてもらいました。
「来年度の新しいクラスに取り入れるために覚えておきたいことでもいいです。あなたの頭を悩ませていること、あなたが解明したいこと……納得できないこと……あなたの心のスペースを占めていること、何でもいいですよ」と、私は伝えました。
　これは2月初旬のことで、ほぼすべての生徒が5月には教員免許を取得して卒業し、秋からは教師になる予定となっていました。
　私に衝撃を与えたのは、教えることに情熱をもち、物事の本質を見抜く力があり、学ぶことと成長することにきちんと向きあっている女子学生から寄せられた簡潔なコメントでした。彼女のコメントには、「この授業を受けるまで、教えることに倫理的な側面があると考えたこともありませんでした」とだけ書かれていました。

　その学期、私は何度も自問しましたし、今でも問い続けています。有名な教育学部をもつこの大学において、教育者になろうとしている、伸びしろのある学生であるならば、日常業務、評価、手順、政策、問題、ジレンマなど、数多くの事柄を扱えるだけの準備をしてきたはずです。にもかかわらず、教育が医療行為と類似しており、それゆえ倫理的な配慮に根差して実行しなければならないということについて明確にしてこなかったのはどうしてなのか、と。

　この女子学生は、大学を卒業する現在に至るまで、教育に対する自らの倫理観を固めるようにと促される機会がどうしてなかったのでしょうか？

　もちろん、教師の仕事に倫理的な責任が伴うことを強く意識したからといって、私たちが接する生徒が苦しまないということを保証するものではありません。しかし、その意識は、生徒が苦労するかもしれないという可能性に対する私たちの感度を高め、私たちの意思決定の仕組みを建設的な方向へ導いてくれるはずです。要するに、私たちが生徒と行う学習活動は、単に苦役を課したり、それを避けたりするためだけのものではなく、極めて前向きで、影響力のある取り組みであるべきです。

　ほかの職業とは異なり、アメリカには教師のための明確な倫理規定がありません。したがって、次ページの「表2-2　倫理と関連のある概念のリスト」は、倫理を重視した生徒中心の教育における可能性と考えてください。あなたは、どのようなものをこのリストに加えますか？　リストから削除したいものや、ほかの言葉で言い換えたいものはありますか？

56

表2-2　倫理と関連のある概念のリスト

アカウンタビリティー	善行	シチズンシップ
共感	公平	公正
人間性（思いやり、慈悲心）	敬意	責任
あなたは、このほかに何を追加しますか？		

　倫理面における基本的な原則は、力のある人々が、利害関係者やその力関係において、ある程度「幸不幸」が左右される人たちの利益に合わせて行動をしなければならないということです。

　評価を専門とするカナダの教育者であるローナ・アール（Lorna Earl）は、この原則をそのまま教えることに置き換えて、「教師が最優先するべき道徳的な目的は、たとえそれが個人の好みと相反する場合でも生徒のニーズを満たすことです」[参考文献31]と言っています。

　この言葉は、すべての教師に当てはまるものだと私は思っていますが、生徒を中心に据えることを決めた教師にとっては間違いなく当てはまるものです。あなたの倫理観がどのようなものであれ、生徒を中心に据えた授業を行ううえで、細心の注意と継続した配慮が必要な項目をいくつか挙げてみましょう。たとえば、「共感」、「公平」、「公正」、「アカウンタビリティー」[11]、そして「価値観」です。

共感

　共感とは、ある人の視点から当該者の状況やニーズを理解しようとすることであり、さらに、当該者のニーズへの対応を変化させるための行動であると言えます。生徒一人ひとりの学習内容のニーズ／感情と社会性のニーズを満たし、すべての生徒が有意義な「声」と選択肢をもつことができるクラスをつくるためには、教師が生徒の立場に立って、世界をより良く見る必要があります。

　ある人に心から共感を覚えたとき、その状態は、その人の幸福に対する責任感、その人のことをどのように考えるのか、その人の話をどのように聞くのか、その人にどのように話すのか、その人とどのように関わるのかに影響を与えます。また、その人から学び、その人につぎこもうとする意欲にも影響を与えます。

　生徒が見て知っている世界に基づいた行動は、私たち自身の経験に基づいたものとまったく異なっている可能性があります。さらに、外から押しつけられた義務に従った行動とも異なります。ワシントン大学教育学部の名誉教授であるジニーヴァ・ゲイ（Geneva Gay）は、生徒を「大切に思う」ことと、生徒を「気遣う」ことを区別しています［参考文献38］。

　私たちが教えている生徒を大切に思うという状態は、彼らと一緒にいることを楽しむ、彼らと離れているときに彼らのこと

⑾　「説明責任」と訳されることが多いですが、それとはかけ離れた内容であることが60ページの説明を読むと分かります。

を考える、彼らの考えを楽しむ、といったことを連想させます。私が知るかぎり、ほとんどの教師が生徒のことを大切に思っています。一方、生徒を気遣うという場合は、まったく別次元の取り組みが必要となります。

　生徒を気遣うとは「共感」を意味します。つまり、生徒のために行動し、生徒が成長し、活躍するために必要なものを提供することが「自分の務めである」と考えるぐらい、深くて強い思いやりのことです。

　生徒を大切に思うことは「態度」であり、生徒を気遣うことは「行動」なのです。注意しなければならないのは、私たちの共感をもっとも必要としているのが、共感することがもっとも困難な生徒であるという場合が多いという事実です。

公平

　公平と平等は同義語ではありません。平等とはすべての人を同じように扱うことであり、公平とは個人のニーズに基づいて対応することです。生徒は、背景となる経験、支援体制、経済的な安定度、人生観が一人ひとり大きく異なる状態で学校にやって来ます。学校には、多くの生徒の生活に影を落としている不公平に対処し、それを軽減するための機会があります（私は、これを「道徳的な要請である」と主張しています）。しかし、こうした生徒を「劣等生」と見なし、「補習」し、期待値を下げ、「教えこみ」、さらに見て見ぬ振りをして見かぎったとき、私たちは不公平を助長することになります。

　３人の子どもが野球の試合を観るために板塀の上からのぞこ

うとしているマンガを知っていますか。1コマ目（「現実」と
書かれている）では、1人はフェンス越しに試合が見えるほど
背が高く、2人目はつま先立ちをするとあと少しで見えるくら
い、3人目はフェンスのかなり低い部分に目線がある状態です。

　2コマ目では「平等」と書かれており、3人の子どもは同じ
高さの箱の上に立っています。この箱は一番目の子どもには何
のメリットもなく、すでにフェンスの向こうが見えている状態
です。二番目の子どもはフェンスの向こう側は見られますが、
一番背の低い子どもは野球場ではなくまだフェンスを見ている
状態です。

　3コマ目は「公平」と呼ばれますが、最初の子どもは箱の上
に立つことなく、フェンス越しに試合を眺めています。2番目
と3番目の子どもは、それぞれ異なる高さの箱の上に立ってい
ますので、同じように試合観戦ができています。

　このマンガの別バージョンには4コマ目があります。そのコ
マでは、3人の子どもたちがフィールドに直接立って試合を見
ています。フェンスがありません。バリアがなくなったためで
箱を必要としないのです。このコマには「正義」と書かれてい
ます。

　生徒を気遣うということは、教師が「適切な箱（踏み台）を
用意する」だけでなく、「柵を完全に取り除くことに対して忍
耐強く貢献する」という行動を意味します[12]。

公正

　公正は、平等と公平と関連づけられます。カップケーキを分

配する際の公正は、一人ひとりの生徒が同じ数のカップケーキを手にすることを意味します（平等）。教師と生徒は、学びの成功に関わる事柄のなかで、一人ひとりの生徒が成功するために必要な支援を受けることが公正であると理解するようになります（公平）。つまり、すべての生徒が同じ数の数学の問題を解かなければならないとしても（平等）、必ずしも同じ時間でやらなくてはいけないとか、同じ問題をやる必要はない（公平）、ということです［参考文献94］。

　公正とは、何らかの行動への対処が必要なときに、一人ひとりの生徒に対して教師がまったく同じように対応することではありません。

アカウンタビリティー

　アカウンタビリティーとは、完璧を執拗（しつよう）に追い求めることではありません。それは、健全でもなければ、達成できることでもありません。アカウンタビリティーとは、私たちが教える生徒一人ひとりの成長に対して責任があることを受け入れ、すべての生徒と協力して彼らの成長のために価値ある目標を設定し、教室で何を表現し、何をしたいのかを常に意識しながらベストを尽くすということです。

　それは、生徒一人ひとりがどのように成長しているのか（あるいは、していないか）、そして私たちが教育のプロを目指してどのように成長しているのか（あるいは、していないか）を、正直かつ誠実に、そして定期的に検証することを意味します。つまり、生徒の成長を最大化し、専門家としての自らを強化す

るために、何をどのように行うのかを調整することとなります。

　先にも挙げたハッティ（28ページ参照）によると、教師の基本的な仕事は、自分の授業が生徒の学びと成長に与える影響を評価することです。「汝の影響を知れ」と、彼は助言しています［参考文献45］。この意味で言えば、アカウンタビリティーは成長マインドセットの現れであると見なすことができます[13]。

　生徒中心のクラスにおけるアカウンタビリティーの範囲は、生徒中心で行う可能性に対する私たちの感覚が広がり、クラスが生徒の「声」と選択の幅を広げていくにつれて拡大していきます[14]。

価値観

　倫理観と価値観という言葉は似ていますし、重なる部分もあります。倫理観はある集団や分野に関係しており、その分野の仕事に焦点を当てる傾向があるのに対して、価値観は個人的なもので、家族、文化、宗教によって形成されるものであると言えます。

　次ページの「表2－3　価値観に関連する概念のリスト」を見て考え、仕事を通じて表現し、奨励したいと思うあなたなり

---

[12]　ここで紹介されている内容とはちょっと違ったイラストが、https://projectbetterschool.blogspot.com/2018/12/blog-post_9.html で見られます。文章の1コマ目の現実とイラストの現実、どちらが真実の現実に近いでしょうか？　また、「正義」と「解放」のどちらがよいでしょうか？

[13]　成長マインドセットについては、89～94ページを参照してください。

[14]　以上の説明から「アカウンタビリティー」を「説明責任」と訳すことはできないことが分かります。どちらかと言えば「結果責任」に近いでしょう。

62

表2-3　価値観に関連する概念のリスト

落ち着き、冷静	気遣い	協働
好奇心	多様性	教育
熱意	卓越性／質の高さ	柔軟性
寛容	成長志向	誠実、正直
謙虚	ユーモア	想像性
楽しさ	親切心	知識
論理的	オープンマインド	楽観的
独創性	情熱	忍耐、辛抱強さ、根気
忍耐、粘り強さ、根気	理性、道理、良識、分別	尊敬、敬意
チームワーク	信頼	ウェルビーイング
あなたは、ほかに何を加えますか？		

　の価値観が分かるようにリストを修正してみてください。とくに「適切でない」と思われる価値観や「不適切」と思われる価値観は、すべて消してください。教室でのあなたの決断や行動の原動力として、また生徒の決断や行動の際に考慮するようにと奨励するためのものとして、ほかにどのような価値観があるでしょうか？[15]

　あるとき、2匹の子犬を散歩させていると、一人の女性が近づいてきて、子犬と膝をついて話をしました。そのときに彼女が言った、「この子たちは、あなたの手を通して世界を理解することになるのよ」というひと言が印象に残っています。

　生徒たちは、私たちの言葉や行動を通して、自分自身を、自分たちが学ぶことを、そして世界を理解するのです。生徒たちに何を理解してほしいのか、よく考えてみてください。

教師として、生徒を見ること、知ること、そして対応すること

　ある朝、私の友人の一人が登校指導の当番だったときの話です。

　彼の同僚がバスの停留所の側に立ち、降りてくる年少の生徒に挨拶をしながら、その日一日を元気に過ごせそうかどうかを確認していました。その友人はそのことを知っていたので、同僚が生徒にどのような「声かけ」をしているのかは分かっているつもりでした。しかし、校舎に向かって生徒が歩き出しても、その生徒のほうを向いて同僚が話し続けているように見えたので、友人は戸惑ってしまいました。

　後日、友人は同僚に、自分が見たことについて説明してほしいと頼みました。

「ええ、どの生徒にもそうしていますよ。生徒と話をしたあと、私は自分に言い聞かせています。違いを生み出すチャンスがまた一つ増えた」と、同僚は言いました。

　その話を私にした友人は、「彼女が特別な教師であることは以前から知っていました。しかし、その朝、なぜ彼女が特別なのかがようやく分かりました」と言いました。

⒂　価値観を表すほかの言葉に興味のある方は、『好奇心のパワー』の128ページを参照してください。

　著名な教育者であり、十分な教育を受けていない生徒の支援者であるウィリアム・エアーズ（Bill Ayres・通称はビル）は、「教師にとって最初の、そして基本的な課題は、生徒を生きている存在として、心も頭もスキルも夢も能力もある、自分たちと同じ人間として受け入れることです」［参考文献3］と述べています。エアーズは、欠点というレンズを通して生徒を見ることがないよう、私たちに注意を促しています。

　　教師には、心を覆うバリアを打ち破るための力が必要です。レッテルを貼られている生徒のなかから、全力を出して、この子は……、あの子は……、その子は……と一人ひとりを見つけ出すのです。
　　そして、教師には、その行為の重要性を完全に把握する心が必要です。すべての生徒は貴重であり、それぞれが無二のものであり、この地球を歩く唯一の存在であり、教師が与えられる最高のもの（たとえば、尊敬、畏敬、敬意、献身といったもの）を受け取るに相応しいということを、自らの存在におけるもっとも深い部分で認識するための心が必要です。
　　［参考文献3］

　エアーズは、一生重い荷物を背負って「教室や社会の端に置かれている」［参考文献58］生徒、それゆえ私たちの肯定と信念を切実に必要としている生徒の声を代弁しています。さらに私たちは、大切にしているすべての生徒について、「この生徒には、まだ誰も見たことのない多くの可能性があります。私は、

この生徒と一緒に仕事をするという特権が与えられています。この生徒が新しい挑戦において限界を感じたとしても、その限界が超えられるように助けます」と言えるようになるならば、より良い教師になれるでしょう。

　もし、あなたが生徒について考えるとき、成績優秀者、成績下位者、賢い、平均的、あるいは、そうでない、上位4分の1、下位4分の1、意欲的、意欲的でない、などのレッテルを思い浮かべるようであれば、あなたが「普通の人である」ことを意味します。

　この「普通の考え方」に立ち向かいましょう。意識してすべての生徒の長所を信じ、そしてさらなる長所を探しましょう。生徒が考えている限界よりも少し先に進める機会を提供しましょう。生徒が新しい方法で輝いている様子をクラスメイトが見られるように、光を当ててあげましょう。

　私たち教師が、昨日まで不可能であったことが成し遂げられると期待し、昨日できなかったことでも来週になればもう過去のことと感じられるようなサポート体制さえ提供できれば、すべての生徒が才能、エネルギー、自己効力感を伸ばせるということを忘れないでください。

　第3章では、生徒が学び手としての自覚を高めるための土台づくりを目的とした「考えるポイント」を用意しています。

考えるポイント

・授業について考えたり、計画を立てたり、話をしたりするのに比べ、生徒一人ひとりについて考えたり、計画を立てたり、

話をしたりする時間は、学校にいる時間の何パーセントぐら
いですか？

・生徒の将来について考える際、同僚からの否定的なコメント
や、学校内外に存在する固定観念によって惑わされないよう
にするためにはどうすればよいでしょうか？

・自分自身の偏見を理解するために、どのような努力をすれば
よいでしょうか？　私たちはみんな偏見をもっています。言
ってみれば、人間としての性質です。そのような偏見に対し
て、どのような方法で積極的に働きかけていますか？　また、
どのようにすれば向きあえるでしょうか？

・人種、貧困、言語、身体的・精神的な重荷、家庭での虐待、
住居や食料不足が生徒の学びに与える影響について、どのよ
うにして理解を深めますか？　教室に来る生徒一人ひとりの
個性的な長所や能力を見抜き、理解する機会をどのようにつ
くりますか？

・新学期がはじまるとき、生徒のことをどのように考え、どの
ような思いをもちますか？　生徒と教師が共に試練を受ける
可能性がある長く厳しい１年だとしたら、どうでしょうか？
学年が終わるときはどうでしょうか？　１年間、前向きな気
持ちを維持しながら生徒を信頼し、生徒のために時間やエネ
ルギーを割き続け、さらに高めるために何ができるでしょう
か？

・生徒一人ひとりが、毎日、あなたとのつながりを築けたと感
じながら１日を終えられるためにはどうしたらよいでしょう
か？

・生徒がクラスメイトや教師の話を遮ったとき、あなたはどのような声かけをしますか？　また、それはなぜですか？
・生徒のことをより深く、より広く知るためにどのような取り組みをしていますか？
・生徒により効果的に教えるために、生徒に関する新しい情報や発見をどのようにいかしますか？　生徒の成長を促すために、どのような方法を用いて生徒があなたのパートナーになれるようにしますか？
・生徒が自らをより深く理解し、学び手としてのエイジェンシー（担い手意識）を育むために、授業のあらゆる場面で生徒が「声」を発信できるためにはどうしたらよいでしょうか？
・あなたが、生徒の見取りから学んだことや、生徒への対応から学んだことは、自らをより深く理解するためにどのように役立ちましたか？

 教師として、教科内容について考える

　私の同僚が小学4年生の教室を観察していたときです。生徒たちは、作文の課題に取り組んでいました。ある生徒の横に座って、書く様子から何かヒントを得ようと思った同僚は、「今やっていることを教えて」と言いました。重いため息をつきながらその生徒は、「書いているんだよ」と答えました。
　「そうなんだ……」と同僚は返事をし、「なるほどね。何について書いているのか教えてくれないかな？」と続けました。その生徒は疲れたように首を振り、また重いため息をつきながら、

「何かについて書いているわけじゃないの。ただ、文字を書いているだけなの」と答えました。

　このような状態は、有意義な学びとは言いがたいものです。とはいえ、この生徒が体験しているようなことはよくあるようです。さまざまな調査によると、高校生の70％が学校生活で退屈しており、80％がストレスを感じていると報告されています[16]。要するに、3人に2人の生徒が、毎日「学校で退屈している」と回答しているのです。

　これらの生徒が退屈だと感じている理由が気になります。3分の1は、「教師との交流がないために退屈している」と答えています。4分の3は、「教材が面白くないから退屈だ」と答えています［参考文献15、91］。

　教師と生徒のやり取りがないことに対する解決策については、本章の前半で取り上げました。面白くない教材に対する解決策は、カリキュラムの捉え方とその実施方法に関連しています。

　ここでは、脳がどのように学習するのか、あるいは学習しないのかについて私たちが知っているいくつかの事柄と、その知識が意味するところについて説明していきます。

・脳は記憶することが苦手です。情報を脳に入れるためには多くのエネルギーが必要なのですが、その情報は簡単かつ迅速に脳から出ていきます。

・カリキュラムを、生徒が聞いたことを記憶するもの、私たち教師が網羅しなければならない情報だと思いこむと、学習の落とし穴が生まれます。多くの生徒は、「習った（単に教師から聞いただけの・訳者補記）」情報の多くを短期

間で忘れてしまうのです。

・情報を理解し、保存し、保持し、取り出し、利用できるようにするために、脳内にネットワークを構築する必要があります。

・教師として私たちは、教科、時間、場所、状況における内と外の知識をつなぐ概念を理解する必要があります。そして生徒が、学んだことを意味づけ、保存、保持、検索、使用できるように、それらのつながりを明確にして、理解できるように支援する必要があります。

・生徒が学びを意味づけるためには、知識を自分の生活や経験と結びつけて考える必要があります。そのようなつながりをつくれば、脳はそれを保存し、将来において、意味づけ、関連づけ、応用できるようになります。

・生徒が学びを魅力的で、適切で、興味深いと感じたとき、その生徒はエネルギーと意志を注ぎこみ、ベストを尽くすようになります。

・カリキュラム全体と個々の授業や学習体験を計画する際に、「この生徒の、そしてこの生徒たちの学びに火をつけられる教材がどこにあるのか」と問うことからはじめるとよいでしょう。多様な背景や経験をもつ生徒が、常に同じものに興味をもつとはかぎらないことを忘れないでください。生徒中心／学び手中心の授業では、単に集団のなかで学び

⒃　日本にもこれと似た数字があることをご存じですか？「７・５・３」です。高校の約７割の生徒が、中学校の半分の生徒が、そして小学校の約３割の生徒が授業を理解していないという数値です。

を一般化するのではなく、常に生徒一人ひとりに届くように配慮することが目標となります。

　カリキュラムについての、あなたの考えに関連するいくつかの質問をします。前節の質問と同じく、あなたが考えるきっかけをつくることを目的としたものです。ここでは、第6章の生徒中心の教室における質の高いカリキュラムについての議論に備えたものとなります。

考えるポイント

・あなたは、教えている教科の教科書がカリキュラムに占めている割合はどのくらいだと考えていますか？　その状態の、メリットとデメリットは何でしょうか？

・あなたは、スタンダード（学習指導要領）で扱う内容がカリキュラムに占める割合はどのくらいだと考えていますか？その状態の、メリットとデメリットは何でしょうか？

・あなたは、教師用指導書やそれに付属する学習指導案で計画されている内容がカリキュラムに占める割合はどのくらいだと考えていますか？　その状態の、メリットとデメリットは何でしょうか？

・学習する意味について生徒が理解できるように、あなたはどのようにして教える内容に意味を見いだしていますか？（生徒が「どうしてこれをやらなきゃいけないの？」と尋ねるのは、学びに対する意味と自分との関連性を求めているからです。もし、私たちが提供する最善の答えが、「学年末テ

ストに出るから」、「大きくなったら役立つから」、「指導計画
に書いてあるから」だとしたら、価値を感じるものを見つけ
るまで、生徒は意味を探し続けることになります。)
・学習内容や教科・科目がどのような意味をもつのか、授業で
　習う一つ一つの事柄が教科全体をどのように構成しているの
　か、そして全体が生徒にとってどのように有用なのかを理解
　するためにはどうすればよいのでしょうか?　また、あなた
　と生徒が毎日行う授業の大切な部分に、「理解する」ことを
　位置づけるためにはどうしたらよいでしょうか?
・生徒が学んでいることを、学校内外の生活とどのように結び
　つければよいでしょうか?　ある生徒にとっては重要でも、
　ほかの生徒にとっては重要でないという場合もありますが、
　それをどのように判断すればよいでしょうか?
・最近行った課題のなかで、個々の生徒が有意義で魅力的だと
　感じるだけでなく、授業で学んだ本質的な知識や理解、スキ
　ルで使えるものはありましたか?
・毎年、自分が教えている内容をより深く、より広く理解する
　ために、どのようなことをしていますか?　以前より深く広
　く生徒が学べるように、あなたはどのような準備をしたと思
　っていますか?　なぜ、そのように答えたのですか?
・あなたは、教える内容や教え方に感情と社会性に関する目標
　を含めることについて、どのように感じていますか?　なぜ、
　そのように思ったのでしょうか?
・学ぶカリキュラムに対して生徒が発言権をもつためには、ど
　うすればよいでしょうか?

　このように、「『なぜ』からはじめる」というスタイルが本書のテーマです。これはカリキュラムの設計にも当てはまります。学校ではしばしば、誰かが私たちに「カリキュラム」を手渡します。残念ながら、それは学習指導要領の項目であったり、教科書であったり、（さらに悪いことに）教科用の指導書であったりします。それらが暗に、あるいははっきりと、「これが、あなたが教えるべきことです」、「こうやって教えるべきです。さあ、はじめて！」と命令してくるのです。

　しかし、生徒や彼らの頭脳、そして教科のもつ力にポジティブな影響を与える可能性を尊重したいのであれば、まず私たち自身に三つの質問を投げかけることが不可欠となります。

❶なぜ、私はこれを教えているのか？

❷これを学ぶことは、生徒たちの今のあり方や将来にとってなぜ重要なのか？

❸この内容を、適切かつ魅力的で、気づきのあるものにするために、生徒と私はどのように協力していけばよいのか？

　これらの質問に答えてから、「さあ、やろう！」と進むべきです。その後、定期的に時間をとって状況を把握し、生徒と相談し、必要に応じてアプローチを見直すのです。

教師として、教え方について考える

　ある研究プロジェクトで私がインタビューした中学生は、教師から評価されており、認められていると感じていました。

「誰もが、いつも私を理解してくれるわけではありません。し
かし、この先生は、私のことを分かってくれています。この先
生は、入学したときからずっと私を理解してくれています」と、
彼女は話してくれました。

「なぜ、このクラスが好きなのか説明してほしい」と頼むと、
その中学生は「このクラスは、毎日違うことが起こるから好き
です。ほかのクラスでは、毎日、昼食にピーナッツバター・サ
ンドイッチ（ほかに何もないときに食べる最低のランチ・訳者
補記）を食べるようなものです。このクラスは、先生がメニュ
ーの多い、おいしいレストランを経営しているようなもので
す」と答えました。

　この教室は、生徒のことを理解している教師と、生き生きと
変化に富んだ素晴らしい教え方の組み合わせとなっています。

　ディラン・ウィリアム（37ページを参照）が次のように述べ
ています。

> 　学習にもっとも大きな影響を与えるのは、教室における生
> 徒の日々の生活体験であり、それは、何を教えるかよりも、
> どのように教えるのかに大きく関係する。[参考文献106]

　私自身は、豊かなカリキュラムが生徒の頭脳と人生を形成す
るだけの力をもっていると確信しています。しかし、教師が
（私を含めて）よいカリキュラムを粗末に教えることで、その
よさを示せなくなってしまっている例をこれまでにたくさん見
てきました。

　ここでは、第7章の、生徒中心の教室における質の高い授業について議論する準備として、あなたの授業に関連する考え方についての質問をいくつか紹介します。

💬 考えるポイント

・もし、あなたが自分の授業を客観的に観察した場合、教えることよりも学ぶことのほうが重要だと結論づけられるでしょうか？　それとも、その逆でしょうか？　なぜ、そのように考えますか？

・生徒一人ひとりが夢中で学習に取り組めるようにするために、どのようなステップを踏んでいますか？　各生徒が与えられた課題やそれに関連するテーマに取り組んでいるかどうかを、どのようにして確認していますか？

・生徒一人ひとりが学んでいる間、彼らがベストを尽くせるようにするために、何を知り、理解し、できるようになる必要があるのかについて明確になっていますか？　どうしてそれが分かりますか？　生徒は、要求されていることと、自分が行っていることを結びつけていますか？　どうすればそれが分かりますか？

・生徒が取り組む課題やクラスでの話し合いにおいて、（情報やスキルではなく）理解すること[17]にもっとも重きを置いている事柄はどれくらいありますか？

・あなたのクラスでは、生徒はどれくらいの頻度で、上手に、有意義に協働していますか？

・授業で取り組む内容において、すべての生徒が理解し、応用

し、問題を解決し、関連づけるように求めている割合はどの
程度ですか？

・生徒が教科内容を学び、感情と社会性を成長させるために身
につけなければならないスキルをモデルで示しながら教える
頻度はどのくらいありますか？　生徒がこれらのスキルを使
いこなし、それを効果的に活用している様子を確認するため
に、あなたはどのような証拠を探していますか？

・一貫して生徒の「声」を授業や学習に反映させ、生徒の「声」
とエイジェンシーの成長を促す授業をどのような方法で行っ
ていますか？

　これらの質問の目的は、あなた自身を採点したり、自信をも
たせたり、逆に自信をなくさせるためのものではありません。
本章におけるほかの節の質問と同じく、自分の長所と、さらに
発展させたい分野について考える際のヒントとしてください。

　自分の長所こそが、さらなる投資の対象としてもっとも有益
な分野であることが往々にしてあるものです。私の目的は二つ
です。それは、あなたの授業（一般的な授業も生徒中心の授業
も）をさまざまな角度から振り返ること、そして、成長する意
欲や熱意を燃やし続けてもらうことです。ヤングアダルト向け
の本のなかで、ある教師が次のように説明しています。

「自分が今いる場所を知らなければ、行きたい場所に行けませ
ん」［参考文献39］

---

(17)　知識や情報は知ることを、理解することは概念を対象にしています。

　また、発達途上の現在地から成長したいという強い願望がなければ、目的とする場所に到達する可能性は極めて低くなるでしょう。

教師として、生徒の「成長」と「成功」について考える

　学校は、成長志向ではなく成功志向で運営されている場合が多いです。成功志向の学校では、自分が成功し、他人から成功したと認められるためには、決められた基準で、決められた時間までに特定の地点に到達する必要があると、生徒に伝える傾向があります。

　悲しげな顔をしたある小学生が、「自分は学校が苦手だ」と説明してくれたことがあります。

「先生たちが要求するほど早く課題を終わらせることはできないんだ」と彼は言いました。「もっと早く終わらせることができれば、学校でもうまくやっていけると思うんだ。でも、ダメなの。いつも遅くなってしまうんだ。だから……学校は苦手なんだ」

　それとは対照的にある中学生が、「今後、作文の採点をしないでもらえますか」と不安げに尋ねてきたことがあります。彼女は、「今学期、私が書いた作文はすべて、帰りのバスの中か学校がはじまる前のカフェテリアで書いたものです。そのどれもがA評価でした。私の作文は、A評価であってはならないのです」と言いました。

　もし、私たちが成長に焦点を合わせていたら、悲しい顔をした小学生は自分自身についてまったく違った結論を出していたかもしれません。一方、優秀な女子中学生は、クラスのなかで教師よりも先に、自らが成長する必要性のあることに気づいていたかもしれません（とはいえ私は、彼女のメッセージを理解したことによって、まったく異なる道を歩むことになりました。彼女の投げかけは、私が進む道を切り開くものでしたし、私の考えを将来にわたって修正することになるほどのインパクトがありました）。

　ここで、あなたの仕事における成功と成長の相対的な役割を考えるために、いくつかの質問をします。

考えるポイント

・生徒たちは、あなたが「成功」と「成長」のどちらを重視していると言いますか？　生徒との関わりにおいて、あなたはこの二つの要素のバランスについてどのように感じていますか？

・あなたの評価や成績のつけ方は、生徒自身が優れた学び手であると意識するのに役立っていますか？

・ベストを尽くせる学び手として成長する方法を生徒が知るために、あなたはどのような方法で現在の学習内容を分析し、振り返り、計画して生徒を助けていますか？

・学習に対するフォーマルな評価を準備するとき、その評価によって一人ひとりの生徒があるテーマについて知っていることをすべて示せるようにするために、あなたは何をすればよ

いでしょうか？　生徒の能力を阻害または制限する可能性の
ある障壁を取り除くために、どのような対策をとっています
か？

・あなたが実施するフォーマルな評価のうち、重要な概念や考
えに関する理解を示すことを求めている度合いはどれくらい
ですか？　そのうちの何パーセントが、知識の提供やスキル
に関する理解を示すことを求めるものとなっていますか？

・生徒が学習しているとき、重要な知識、理解、スキルがどの
ように進歩しているのかを詳しく理解するために、どのよう
なことをしていますか？　どのようにして、見たことを記録
していますか？　生徒が継続して成長している様子を確認す
るために、学んだことをどのように活用していますか？

・生徒が学び手としてのエイジェンシーを身につけるために、
形成的評価をどのように活用していますか？

・生徒の感情と社会性の学び（SEL）を、あなたはどのように
評価していますか？　これらに関するあなたの考えを、生徒
にどのように伝えていますか？　生徒の感情と社会性の成長
について観察したことは、あなたの計画や授業にどのように
いかされていますか？

・評価の特徴や使い方についてですが、生徒にはどのような選
択と「声」を発揮する機会を提供していますか？

　生徒中心のクラスだからといって、これらの質問に対する考
えや実践を来週からすべて示す必要はありませんし、可能なか
ぎり高いレベルですべてを実践しなければならないわけでもあ

りません。本書で強調したいのは、人を寄せつけない、不公平な、そして弁解の余地のない実践から遠ざかり、私たちが気遣う生徒一人ひとりの尊厳を守り、彼らがもっている豊かな可能性に目を向けることを中心とした目的と実践に転換することです。本書のタイトル『みんな羽ばたいて』は、生徒に焦点を当てることを思い起こさせるために決めたものです。

　結局のところ、私たちが仕事をする理由は、彼らの存在そのもののなかにある（あるいは、あるべきな）のです。生徒中心の授業が有効に行われれば、一種の「コール＆レスポンス」[18]活動となります。教師は生徒にアイディアや探究心を与え、生徒がそれにこたえます。教師は、その生徒の思考、感情、行動に注意を払いながら観察するのです。その観察眼が、教師自身の次の反応を形成します。コール＆レスポンスの連鎖は長く、１時間の授業、１日、単元の期間、１学期、１学年を通して行われます。

　本章、そして本書の大部分において私は、生徒がベストを尽くせるように、生徒個人とクラス全体に対して反応しながら教える方法を学び、それに熟知している教師が必要だ、ということを繰り返し述べています。

　どの教室でも、毎日、教師は判断を誤り、人を傷つけてしまうようなことを口にし、忍耐力を失い、平凡な授業を行っています。教師も人間ですから仕方のないことかもしれません。し

[18]　黒人霊歌の文化で、一人が１節歌うと、聴衆が続いてその１節を一斉に歌うという状態の繰り返しを指します。

かし、学び続ける教師は、さらに知ろうとし、より良い行動を
し、生徒をさらに伸ばすために手を差し伸べようとする粘り強
い意欲をもっているものです。

　教えるという行為は、教師と生徒の変容において相乗効果を
もたらします。教師が生徒の能力を伸ばす手助けをすれば、教
師の能力もさらに伸びていくのです。このように、教師と生徒
は共に成長し、あるいは共に退化していくのです。生徒が**羽ば
たく**ためには、教師が羽ばたいている必要があります[19]。

 ## このあとは……

　第3章で生徒について述べたあと、第4章～第7章では、生
徒中心のクラスにおける四つの主要な構成要素それぞれにおけ
る質の高い実践の本質について考察していきます。また、教え
ることのアート（芸術）と科学を反映した、質の高い実践の重
要な指標をいくつか示し、そこに必要な生徒の学びを促進する
事柄と実践が教室でどのように現れ、生徒と教師にどのような
利益をもたらすのかについて説明していきます。

---

[19]　協力者から、「まさに、ドイツの教育哲学者ディースターヴェーク（Friedrich
　　 Adolf Wilhelm Diesterweg:1790～1866）の言葉『進みつつある教師のみ人
　　 を教える権利あり』ですね。『教師は、自分自身を本当に教育し、陶冶すべ
　　 くみずから努力している間だけ、他人を本当に教育したり陶冶することが
　　 できる』（寺崎昌男編『教育名言辞典』476ページ、東京書籍）」というコメ
　　 ントが届きました。

第**3**章
生徒──生徒一人ひとりの成長を促す

　誰もが手厚く扱われたいと願っていること、そして、それには決まった手順などがないことを理解しましょう。そうすれば、相手にしっかりと注目することがいかに重要であるかが分かります。心から相手を大切に思う人であれば……「そうか、この人はケアを必要としている。となると……七つの段階を踏まなければならないな」という言葉は出てきません。

　ケアというのは関わりあい方そのもののことであって、特定の行動の組み合わせや手順ではないのです。［参考文献68］

【ネル・ノディング（Nell Noddings）】ケア理論で知られるアメリカの教育者、哲学者です。

　すべての側面において、生徒中心の授業は教師自身や教える内容ではなく、生徒に注意を向けることからはじまります。

　授業計画は、教科書をカバーすることやテストに備えること、あるいは普段の習慣によって、「明日、何を取り上げなければならないのか？」または「明日、生徒のためにどのような課題を準備しておく必要があるのか？」からはじまる場合が多くなっています。

　一方、生徒中心の授業における考え方では、教師に「このク

82

ラス全体のニーズと学習の傾向はどのようなものなのか？」とか「現時点でクラスを構成している一人ひとりのニーズと学習の傾向は何か？」という異なる質問からはじめるように求めます。

　この二つの質問に対する答えが、学習環境、カリキュラム、評価、教え方をどのように教師が計画するのかなど、今後のすべてを左右することになります。

　本章では、生徒を尊重するとはどういうことなのか、そしてそれがどのような意味をもつのかに焦点を当てます。すなわち、具体的には教師のマインドセットをどのように形成するのか、どのようにすれば生徒が学びにより主体的に取り組めるようになるのか、そして、一人ひとりの生徒が自らの可能性をどのように認識し、それを伸ばす学習環境となるようにするのか、ということです。

　学習環境を考えるにあたって、まず自らの体験を振り返ってみましょう。会議やパーティーの際、ほかの人たちは誰かと話しているのに、自分だけ独りぼっちだと感じたことはありませんか？　ほぼ全員が知らない言葉を話し、一日中、ジェスチャーと悲しげな表情だけでやっていかねばならないような場所で過ごしたことはありませんか？

　次は、とても聞き上手で、あなたの言っていることが重要なことだといつも感じさせてくれるような同僚や友人について考えてみてください。今までの人生を振り返ってみて、どのような瞬間に劣等感、疎外感、無力感、屈辱を感じたかを考えてみてください。その一方で、あなたが自分には価値があり、しっ

かりと認められ、強い意志をもっていると感じたときとはどのような瞬間でしたか？　そのような経験があなたに影響を与えたのはなぜだと思いますか？

　生徒自身が自らを見る眼差しは、彼らが過ごす環境によって大きく左右されます。肯定的で、励ましがあり、やりがいを感じられるような環境にいる場合、生徒は自分の能力を信じ、学ぶことに前向きな決定を下し、成功を支えるスキルとリソース（資料や情報、その他の学習材、さらには人材も・訳者補記）を手に入れ、最終的には自らを学び手として認識するようになるでしょう。

　逆に、誰からも意識されず、軽んじられ、批判され、気まずく感じて社会的に孤立していると感じるような環境の場合は、前向きな気持ちやエネルギー、集中力、注意力などが低下してしまいます。

　脳科学によると、脳の主な仕事はその人を害悪から守ることだそうです。批判され、軽んじられることで生じるネガティブな感情は、大脳辺縁系（保護機能を担当する脳の部分）を刺激して、大脳皮質（感情、感覚、記憶、思考などの精神機能を司る部位）での処理を停止させ、脳の全エネルギーが「自分を守ること」に集中してしまいます。そのため、教室で脅威、不快、不安を感じている生徒は、その時点で学習に必要とされる認知処理がストップしてしまうため、脳を機能させることが難しくなってしまいます［参考文献86］。

　生徒中心のクラスでは、「生徒の能力を最大限に引き出す」という目標がもっとも重要となります。いかなる教師もスーパ

ーヒーローにはなれませんし、なろうとすべきではないことを
十分に認識したうえで、教科内容の学び／感情と社会性の学び
（SEL）を通して、生徒が最高の自分になろうとする状態と、
前向きに成長することに力を尽くし、粘り強く努力するのです。
それこそが、教室が生徒一人ひとりの発達を妨げず、しっかり
と支える場所となるべく、自分ができるかぎりのことを常に行
うという教師本来の目標となります。

　この目標のために生徒中心のクラスの教師は、少なくとも次
の方法によって生徒を尊重しています。

・一人ひとりの生徒をありのままに受け入れ、肯定する。
・一人ひとりの生徒が成長し、成功する能力をもっていると
　信じる。
・一人ひとりの生徒についての多面的な知識を広げる。
・一人ひとりの生徒の成長を最大化するように行動し、計画
　し、対応する。

　これら四つの方法について詳しく見ていきましょう。

一人ひとりの生徒をありのまま受け入れ、肯定する

　素晴らしいエクササイズを紹介しましょう。初めて生徒に会
う前に、クラスの名簿を見て、教室に入ってくるさまざまな顔、
背景、恐れ、希望、才能、そして夢を想像してみるという方法
です。

　生徒たちは、ある意味で世界の縮図となっているはずです。生徒との出会いが楽しみで、彼らの共通点や相違点を理解したいと願っているなら、また生徒に対してより良い言葉や態度を示し、自分自身が生徒から学ぼうという心構えができているなら、このエクササイズを行ったときにあなたは、スタート地点にしっかり立っている状態になります。

　教師は、生徒一人ひとりを、異なる動機や夢、考えをもった多様かつ唯一の人間として認識するだけでなく、その個性を受け入れる必要があるというエアーズ（64ページを参照）の言葉を思い出してください［参考文献3］。

　生徒に会えてよかったと感じる先生、生徒がいてくれるだけでいいと感じる先生、生徒のユニークな点に興味がある先生、学びにおいて生徒のパートナーとなることを楽しんでいる先生……。あなたと向きあう生徒が、あなたのことをこのように感じ続けるようにしなくてはいけません。

　本能的にこのような愛情を感じられる教師もいれば、そのような気持ちを抱くために、やめるべき習慣、克服すべき偏見、向きあわねばならない経験をもつ教師もいます。もし、あなたが生徒に対して前向きな気持ちになっていないとしても、それは学ぶことで身につけられるものです。要するに、ほかのレンズを通して生徒を見ればよいだけです。

　次ページの**表3-1**には、教師が生徒を受け入れ、肯定するための実践的な方法がいくつか示されています。表の最後の空欄に、ありのままに生徒を受け入れるための、あなた自身の方法や新しい方法についてのアイディアを書き加えてください。

表3－1　一人ひとりの生徒を肯定するための方法[注1]

- ・教師が自らの癖、傾向、長所、偏見を自覚する。そして、自分の長所を伸ばし、生徒をありのままに受け入れる。生徒を肯定する際に阻害する可能性のある自分の傾向や偏見を抑えるように努力する。
- ・一人ひとりの生徒と一対一で関わるときも、クラス全員と関わるときも、言葉に気をつけ、肯定的かつ前向きな言葉を使うように心がける。
- ・ある生徒がほかの生徒より優れている、あるいは価値があるというメッセージを伝える可能性のある言葉やレッテル貼り、グループ分け、教材や手立てなどは使わないようにする。
- ・初日から、自信をもって一人ひとりの生徒の名前を正しく言えるように準備をしておく。
- ・生徒の「長所」が重要であるというメッセージを伝えるために、長所に焦点を当てた評価をする。
- ・生徒の長所に関する情報をもとに、その長所がいかされた成果物をつくるように促す。それによって、生徒自身やクラスメイト、そして教師であるあなたに対して、その長所について表現できるようにする。
- ・できるだけ毎日、生徒一人ひとりと話す機会をつくる。
- ・生徒一人ひとりが、あなたを必要としていることを示す何らかのサインを出していることを理解する。生徒のニーズにおける共通点と相違点に目を向ける。一人ひとりの生徒に「寄り添う」努力を怠らない。
- ・意図的に聴く練習、観察する練習、気づく練習をする。
- ・共感する練習をする。
- ・教室での取り決めや学級経営に関する決定、それらのプロセスがどのように機能しているのかの判断、また必要に応じたそれらの修正について生徒に発言権を与える。
- ・毎日、生徒の入退室時に教室のドアの前に立ち、短くても生徒一人ひとりに直接話しかける。
- ・生徒にとって最良の教師になるにはどうしたらよいのかについて理解するために、あなたが一人ひとりの生徒について熱心に学んでいることを生徒や保護者に知らせる。
- ・生徒の興味関心、過去の経験、どのような授業を好んでいるかなどを個人的に教えてもらい、それらを考慮に入れて授業計画を立てる。
- ・教室という場を、誰もが成功できるように協力関係を築き、誰も

がクラスメイトの成功に貢献できるところにしたいというあなたの目標について、生徒と話し合う。そして、それを実現するために、生徒に「何ができるか？」と尋ね、一緒に授業計画を立て、実行し、振り返る。

・生徒と話したり、生徒の成果物を観察したりして、あなたが生徒について学んでいることを生徒に伝え、それが授業や学習活動の計画にどのように役立っているのかを説明する。

・生徒の価値観（文化・宗教上の祭日、伝統、音楽、趣味など）について学び、学んだことを個人との会話、クラスでの話し合い、カリキュラムや教え方の決定にいかす。

・英語学習者[注2]には、可能なかぎり母語で学習するようにすすめる。

・生徒の第一言語（人種、出身国、主に家庭で使われている言語など）を尊重した教え方をする。

・あなたが子どもたちと一緒に学ぶ喜びを感じていることや、子どもたちがクラスで感じていること、そして1年を通して子どもたちの成長を後押しするために協力が必要であることを保護者に伝え、家庭とのつながりを構築する。

・長期にわたる差別や偏見が生徒の将来性をいかに損なうのか、また文化的な強みに注意を払うことがいかに学びを広げてくれるのかなど、人種や文化が個人の学びや学校での経験に影響を与えることをより深く理解する。

・生徒自身の文化・言語はもちろん、親のルーツに関わる文化・言語にも触れるようにする。

・生徒一人ひとりが背景としてもつ歴史、文学、物語、英雄、芸術、音楽などを、年間を通してカリキュラムの一部として取り入れる。学習する内容のなかに、自分自身や自分たちの文化があると生徒が理解できるようにする。

・始業前、放課後、または昼食時に生徒と気軽に接する機会を設け、生徒が質の高い成果物を作成できるよう働きかける。

・生徒が一人で、または協働で活動しているとき、その様子を計画的に観察し、あなたの教え方と生徒の学習を強化するために観察したことを活用する。

・生徒と教師の交換ジャーナルをオンラインまたはノートで行う[注3]。

・生徒にとって重要なイベントに参加する。生徒が代表として出場するイベントに幅広く参加できるようにする。

・定期的に、すべての生徒に対して（対面、オンライン、紙などで）、授業で何がうまくいっているのか、より良い授業にするために何を変えられるのかについて尋ねる。

・教室をより円滑かつ効果的に運営するための手助けを、生徒に定期的に求める。その際、クラスメイトから「ありえない」と思われるような生徒であっても、リーダーとして参加させるようにする。
・課題、論争、解決すべき問題に対して、多角的な視点を求め、提示する。
・家庭と学校という世界がかけ離れていて、その間を行き来しなければならない生徒がいることを理解する。両方の世界に配慮し、彼らがより良い生活ができるように手助けする。

あなたは、このほかに何を加えますか？

（注1） 協力者から、「これは参考になりました。教室の中で多くの子どもたちをそれぞれに受け入れ、肯定するのって意識的にしないとなかなか難しいので、具体的な方法がこんなにたくさん示されていると、『こうすればいいのか……！』と使えるものがあるなと思いました。初任のときに、先輩の先生方に子どもたちへの関わりについて教えてもらったことと重なる部分もありました」というコメントがありました。
（注2） 日本で言えば、海外にルーツをもち、日本語を学習する必要のある生徒のことです。
（注3） ジャーナルは、生徒が自分の学びの過程や内容について、個人的な反応、疑問、気持ち、考え、知識などを記録する日誌のことです。詳しくは『増補版「考える力」はこうしてつける』（117ページ）を参照してください。

 ## 一人ひとりの生徒が成長し、成功する能力をもっていると信じる

前章で紹介したエアーズ（64ページ）は、最初はまったく見知らぬ存在である生徒を教師が受け入れていく困難さについて、「最初は、信念に基づく行為となる。すぐに明らかにならず、目に見えなかったとしても、生徒には、成長し成功する能力があるということをとにかく思いこんでもらわなければならな

い」と述べています［参考文献3］。そして、「たとえ生徒がまっ
たく逆の証拠を示しているように見えるときでも、信じなけれ
ばならない」と付け加えています。

　一方、『マインドセット』という本で知られるキャロル・S・
ドゥエック（Carol S, Dweck）も同様のことを述べていますが、
哲学的ではなく科学的な見方から、「成長マインドセット」を
もつ教師のほうが「固定マインドセット」をもつ教師よりも生
徒の成功を促し、支援する可能性が高いという有力な証拠を示
しています［参考文献28］。

　固定マインドセットの考え方は、遺伝と幼少期の環境が個人
の能力限界を決定するということを前提にしています。最悪の
場合（珍しいことではありませんが）、そのような考え方はス
テレオタイプ化につながり、特定の生徒が成功する可能性や成
功したいという望みを否定することにつながります。

　それに対して成長マインドセットは、そのような前提を否定
し、その代わりに、人間の脳は非常に柔軟であり、適切な励ま
しと支援があれば、身体能力を伸ばす場合と同じく知的能力を
大きく伸ばせると考えます。のちの章で説明するように、教師
のマインドセットは現在の教え方に表れています。したがって、
現在、教師がすべての生徒に手を差し伸べ、生徒中心の授業を
行うことに成功しているかどうかも想像がつくのです。

　もちろん、地理的条件、身体的・精神的発達、経済状況、人
種差別、そのほか多くの要因が、一見克服できないような数々
の学習上の困難をもたらすことを教師は認識しています。しか
し、成長マインドセットをもつ教師は、一人ひとりの生徒を氷

山のような存在として捉えています。表面に見えているのは生徒の可能性のほんの一部にすぎず、実際、大部分が表にはまだ出てきていないのです。

　そのような教師は、自らの役割について、生徒に寄り添って、共感しながら、そして一貫性をもって取り組み、生徒の秘めた可能性を日々発見していくことだと考えています。そのような教師は、日頃から生徒一人ひとりに対して、「私は今日のあなたを歓迎し、一緒に学べることを楽しみにしています。私は、あなたがまだ夢にも思わなかったような可能性を発見するのを助けたいと思っています」と、言葉と行動で伝えるといった努力をしています。

　生徒の成長マインドセットを高めるという点では、教師の仕事は、熟練したトレーナーがアスリートの身体能力を向上させるために行う指導と似ています。3段階の課題と支援のサイクルを、時間をかけて一貫して繰り返すのです（図3−1参照）。

　教師は、人間の能力の多くは目に見えないものだという考えを受け入れ、その考えに基づいて行動します。つまり、指示を注意深く読む、必要なときに質問する、困難に直面しても粘り強く取り組む、理解するために勉強する、目標を設定してその進捗状況を確認する、グループの成功に貢献する、質の高い成果物を目指すなど、学業での成功に必要とされるスキルと態度を身につけるようにすべての生徒に教えるということです。

　同時に教師は、観察と形成的評価のデータを使って、一人ひとりの生徒が今できることをわずかに超える課題を課し、その学習課題をさまざまな方法で足場かけすることで、初めは不可

図3－1　成長マインドセットを育む三つの特徴

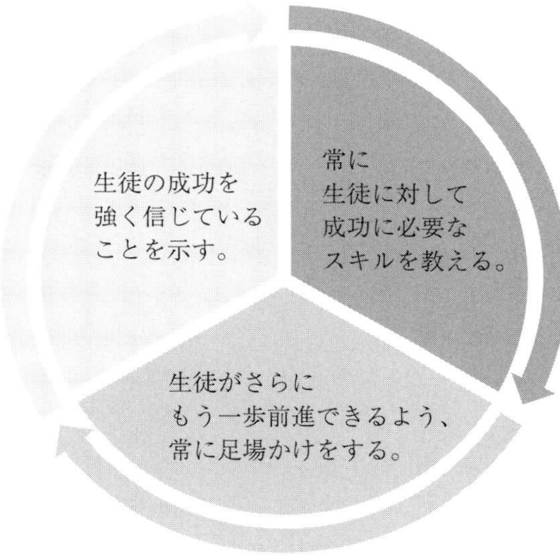

生徒の成功を
強く信じている
ことを示す。

常に
生徒に対して
成功に必要な
スキルを教える。

生徒がさらに
もう一歩前進できるよう、
常に足場かけをする。

（注）　三つの特徴の主語は「教師は」です。なお、「足場かけ」は生徒が自力
　　　で到達できない目標を達成するために、その生徒に応じて適切なサポート
　　　をする、という意味です。また、サポートするタイミングだけでなく、そ
　　　れを取り除いたり、弱めたりすることも同じレベルで大切です。「足場かけ」
　　　は、レフ・ヴィゴツキーの「発達の最近接領域（ZPD）」と同じと言えま
　　　すので参照してください。

能だと思われる課題でも生徒が達成できるようにするのです。
　このプロセスには二つの利点があります。一つは、一人ひと
りの生徒の成長を見れば、その生徒を信じることが正当である
と教師が確信するので、生徒のためにさらに努力するというこ
とです。もう一つは、想定以上にうまくいっている生徒は、自
分が思っていたよりもさらに高いレベルに到達できることが証
明されたため、さらに努力をしようとすることです。

表３−２　一人ひとりの生徒が向上する力を信じるための方法

・生徒の長所と興味関心を常に探し続ける。
・生徒の長所や興味関心を授業計画の中心に据える。
・生徒に対して教科内容の点でも、感情と社会性の点でも高い期待をもつ。生徒自身が成功していること、成長していることを常に実感できるような「足場かけ」を行う。
・生徒には、できるかぎり多様な課題に教室で取り組めるようにし、そのなかで自分の役割をうまく果たす方法を教える。
・成長マインドセットについて、体力を向上させる場合と同じように頭脳を向上させる方法とその仕組みを生徒に教える[注1]。
・「賢明に努力すれば、必ず成長できる。賢く、粘り強く努力を続ければ、成長し続け、やがて成功を手にすることができる」という成長マインドセットのサイクルを定期的に生徒が思い出せるようにする。
・成長の重要性についてクラス全体や個々の生徒と定期的に話し合い、他人と競争するよりも自分と競争するほうが生産的であることを強調する。
・生徒の興味関心、得意なこと、あるいは生徒のニーズを観察・検討し、重要度が高いと思われる分野における生徒の成長をモニターし、一人ひとりの生徒に対して、次のステップを支援する方法で対応する。
・一人ひとりの生徒が、現在の習熟度より少し高いレベルの内容やスキルに常に挑戦していることを確認する。
・ある生徒がほかの生徒よりも「優れている」というメッセージが生徒に伝わってしまうような、能力別のクラス編成や「固定した」グループ分けを行わない。
・チェックリストの使用、計画表に沿った行動、時間の経過に伴う学習成果の比較など、短期および長期の目標に向けた進捗状況を確認するためのさまざまな方法を生徒に教える。
・生徒一人ひとりにとって意味のある目標を設定するために協力する。
・短時間のカンファランス（20ページの注を参照）を行い、個々の生徒の目標やその目標に向けた成長について話をする。その際、教科内容の学び／感情と社会性の学び（SEL）や成長を示す証拠も提示する。
・自分自身の成長とクラスメイトの成長を認めるように生徒を促す。
・一人ひとりの生徒と、あるいはクラス全体でメタ認知的な会話をすることで成功につながる考え方を示す[注2]。
・「挑戦」する様子は一人ひとり異なるものであることを理解して、それに基づいた対応をする（注3）。

・すべての生徒が、その生徒に適した困難さのレベルに取り組む際に、メンタリング、コーチング、支援が必要であることを理解する。
・柔軟な時間の使い方を心掛け、生徒が教科の学習内容を習得したり、より複雑な課題に取り組んだりするための時間が確保できるようにする。
・クラス全体、また一人ひとりの生徒の教科内容の学び／感情と社会性の学び（SEL）における小さな（あるいは大きな）成功に毎日目を向ける。観察したことを、必要に応じて生徒と共有する。
・保護者に、生徒の成長について、またその成長が示唆することについて簡単に伝える。
・重要な分野での生徒の成長を知らせるために、生徒自身が保護者宛てのメールや手紙を書いたり、話し合いの内容を書いたメッセージを送信したりする。

あなたは、このほかに何を加えますか？

（注１）　ドゥエックの本以外に、『オープニングマインド』や『生徒指導をハックする』（とくに第５章）が参考になります。
（注２）　これのよい例が、ライティング・ワークショップ（作家の時間）の共有の時間（作家の椅子）でほぼ毎時間行われています。https://wwletter.blogspot.com/ の左上にこれら二つのキーワードを入力して検索すると、たくさんの情報が入手できます。
（注３）　「挑戦」とは、言葉を換えると、ヴィゴツキーが提唱した「発達の最近接領域（ZPD）」のことです。分かりやすく説明している本に『教育のプロがすすめる選択する学び』（17〜19ページ、および136〜140ページ）があります。領域（ZPD）は一人ひとり異なるので、教師は多様な選択肢とサポート（足場かけ）を提供する必要がありますし、全員に同じことをさせるのが、決して効率的でも、効果的でもないことを意味します。学習環境としては、http://wwletter.blogspot.com/2010/05/ww.html で表されているようなものになります。

　このようにして、生徒中心の教え方において重要な目標であるエイジェンシーと自分の学びに対する認識は、すべての生徒が継続して高めていくことができます。このプロセスは、その時点での学習進度がどこであろうと、すべての生徒の成長に有効なものとなります。

　前ページの**表3−2**は、教師が生徒の能力を信じていることを示すための、実践的な方法をまとめたものです。表の最後の空欄に、この目標を達成するためにあなたがすでに行っている、あるいはこれからできる方法を書き加えてください。

 ## 一人ひとりの生徒についての 多面的な知識を広げる

　生徒が抱いている夢や、私たちが教えている教科に対する生徒の感じ方やその理由を知らずに、上手に教えることができますか？　生徒の文化や仲間のアイデンティティーを理解せず、また生徒の感覚に対する影響を知らずに授業を組み立てることはできますか？　また、先週の生徒の理解度も、また今日行ったことが生徒の理解度にどのような影響を与えたかも分からずに、明日の授業において重要な内容を確実に進めるための計画は立てられますか？

　どういうわけか私たちは、そんな大事なことをあまり考えずにやってしまいがちなのです。

　教師の使命は読み書き計算を確実に上達させることだという意識に駆られたまま、授業の内容を考えたり、計画を立てたりするときに三つのR、関係性（Relationship）、関連性（Relevance）、

深い学び（Rigor）が重要であるということを理解していない人が多いものです[1]。生徒一人ひとりと信頼関係を築き、何がその生徒にとって重要なのかを十分に知り、その生徒にとって深い学び（あるいは自立心）が現時点でどのようなものかを理解しないかぎり、教えたいことを教えたり、生徒の将来を切り開こうとしても失敗する可能性があります［参考文献56］。

　生徒一人ひとりを意識的に意味のある方法で知ろうとする努力は、学年がはじまる日、あるいはそれ以前にはじまり、その学年の最終日に終わります（しかし、生徒一人ひとりの成長を中心に考える多くの教師にとっては、生徒との関係は特定の学級や学校に「在籍」する最終日を過ぎても続くものです）[2]。その努力は、不完全なまま終わりを迎える宿命にあるのです。

　授業に必要な情報を得るためにさまざまな方法で生徒を知り、理解することは当然ながら不可能です。30人から150人もの生

---

[1]　三つのRについては、2004年に出版された『一人ひとりを大切にする学校』（147ページ以降）のなかで紹介されています。従来から言われ続けている「読み書き計算」という三つのR（read, write, arithmetic）に代表される教科書をカバーすることばかりに焦点を当てていては、生徒の学びの質も量も極めて貧困な状態が続くことになります。上記の本には、新しい三つのRを学校経営の中核に据えたときにどのような姿になるのか、どのようなことが起こるのかについて詳しく書かれています。また、『理解するってどういうこと？』（96〜98ページ）では、自立心（rigor）、探究心（inquiry）、協調性（intimacy）のある教室環境をつくり出すことの大事さが強調されています。後者では、rigor＝自立心は、「子どもが、他の人から言われなくても、もっと深く、もっと考え抜いて反応し、行動するようになることを、教師は求める」と定義しています。

[2]　この点についても、『一人ひとりを大切にする学校』が参考になります。同窓会ではないつながりが紹介されています。

表3-3　生徒に関する知識を深めるための方法

- ・生徒の強みや興味関心についての調査を活用する。
- ・保護者アンケートで、生徒の好きなところや、教えるうえで知っておく必要があることを尋ねる。保護者に、これまでの学校でのよい経験、悪い経験、今年度のクラスで生徒に学んでほしいこと、できるようになって欲しいことを尋ねる。
- ・生徒の家庭文化を理解し、その理解を深める[注1]。
- ・生徒たちに、自分を象徴するものを持ち寄ってもらい、紹介しあうような取り組みを設ける。
- ・アフリカ系アメリカ人の生徒の文化的な豊かさと、アメリカで黒人として成長することに伴う永続的な課題を学ぶ。
- ・全神経を集中して聴くことを学ぶ。
- ・昼食時、運動場、バスを待っているとき、小グループ、廊下などで、生徒が仲間とどのように過ごしているのかを観察する。
- ・授業以外の時間に生徒が一人でいるとき、どのように行動しているのかを観察する。
- ・生徒に、クラスとしての目標を共有してもらう。
- ・生徒に、夢や希望について尋ねる。
- ・生徒に、幼いころの自分、現在の自分、10年後の自分について語ってもらう。
- ・クラス会、朝の会、アイディア・ジャム[注2]などの「集い」を利用して、さまざまなテーマについて考え方や見方を紹介しあう時間をつくる。
- ・昼食時に生徒たちに加わったり、「教室で一緒に昼食をとらないか」と誘ったりする。
- ・学ぶ方法、座る場所、学んだことを表現する方法など、選択肢を提供したときに生徒がどのような選択をするのかに注目する。さまざまな方法や形式で考えを表現することの大切さについてクラスで強調する。
- ・自分の趣味や興味関心（音楽、スポーツなど）を話すことで、同じ話題について生徒と会話をするきっかけをつくる。
- ・定期的にクラス全体で（サークルになって順番に）話をする。
- ・一人ひとりの生徒と定期的に会話する。すべての生徒と会話をするようにする。
- ・さまざまな理由で内向的になっていて、授業中に発言しにくいと感じている生徒と会話するために、ノートや交換ジャーナルを使用する。
- ・毎回の授業や一日のはじまりに世間話をして生徒とのつながりを取り戻し、友好的な雰囲気をつくる。
- ・教室を歩き回りながら、一人ひとりの生徒、または小グループの生徒と短くても頻繁に話をする。

・生徒の性格、仲間との協調性、リーダーシップ、他人への気遣いなどを書き留める。

・フィードバックと学習計画に焦点を当てた、一人ひとりの生徒との定期的な短いカンファランスを計画する。

・生徒のリストを使用して、授業中、単元、週ごとに、または採点したり成績をつけたりする期間中に、個々の生徒に関してもっと知りたいことが思い出せるようにする。

・生徒にとって何が重要か、リソースをどのように使うか、学んだことをどのように共有するのかなどを知るために、授業計画の一部として、さまざまな長さの自主的な探究時間を含める。

・一人ひとりの生徒の気づき、事例、考えを記録するための記録システム（スプレッドシート、ノート、ファイルフォルダに入れた付箋紙）を作成する。

・授業中に誰が質問に答えているか、誰が議論に貢献しているか、誰がそうしていないかを記録する。記録から分かったことをもとにして、より多くの人が参加できるように工夫する。

・明らかに生徒が授業中に口頭で答えることに不安を感じている場合、ジャーナルやノートに答えを書き、それを教師と共有するなどといった代替策を提案する。

・生徒が悲しそうだったり、緊張していたり、落胆しているようなときは、時間を割いて「大丈夫か？」と尋ねる。生徒の話に耳を傾ける。あなたが生徒のそばにいることを伝える。生徒の幸福に関心を示す。

・友人や家族に接する場合と同じように、困難な生徒に接する。

・一人ひとりの生徒について、自分がどのくらい学んでいるか進捗状況を示す「チェック」を行う。たとえば、3列の表を作成して、1列目には生徒の名前を思い出した順に書きこむ。2列目には、一人ひとりの生徒について知った興味深いことや重要なことを書く。3列目には、2列目の情報を使って、より効果的に学ぶためにそれぞれの生徒と何をしたかを書く。

あなたは、このほかに何を加えますか？

（注1）　主に、生徒や保護者に書いてもらったり、話してもらったりする形で行えます。

（注2）　楽しく創造的な環境で解決策を生み出すことを目的とした、ブレインストーミングのことです。

徒一人ひとりについて、気づきが得られるようになるというのは到底無理です。しかし、「人数が多すぎる」という理由で諦めてしまっては、実りのあるプロセスが閉ざされてしまいます。

　一人ひとりの生徒を知ろうと必死に努力すればするほど、日々生徒の成長を支えられるようになります。また、そうすることによって生徒の成功が導かれ、生徒と教師の関係もより強固なものになります。時間をかけて、私たちが観察力を高め、言葉を超えて意味を聴き取る方法を学ぶのです。そうすれば、共感を実践でき、生徒の能力を高めることができます。

　前ページの**表3-3**は、より効果的に教えるために、生徒一人ひとりをより深く理解するための実践方法を示したものです。表の最後にある空欄に、あなたがすでに行っている、あるいはこれから行えるほかの方法を書き加えてください。

一人ひとりの生徒の成長を最大化するように行動し、計画し、対応する

　生徒を真に理解するにあたって最初の目標となるのは、生徒が成長できるように最大限貢献するために、授業を計画する教師自身の能力をあらゆる面において高めることです。生徒を理解することによって、学習ニーズに対応し、その生徒自身の成功やクラスメイトの成功に貢献し、教科内容の学び／感情と社会性の学び（SEL）が最大化できる可能性が高くなります。

　図3-2は、生徒のニーズを観察・検討し、分かったことを使って計画を立てて実行し、その効果を振り返り、より効果的なアプローチに改善するという継続的で相互に関連したサイク

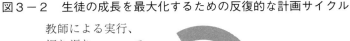

図３−２　生徒の成長を最大化するための反復的な計画サイクル

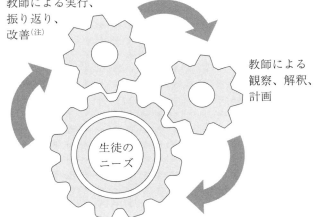

教師による実行、
振り返り、
改善(注)

教師による
観察、解釈、
計画

生徒の
ニーズ

(注)　方法として、環境、カリキュラム、教え方、評価、教室でのリーダーシップや日課などを調整することが挙げられます。

ルを示したものです。

　私たちが立案し、実行する計画は、その範囲、実施期間、実施した授業や単元を振り返るために割く時間など、多岐にわたります。事実、新しい単元の計画を立てるには時間がかかるものです。単に、単元を一度実施したら「それで終わり」というわけではありません。その都度振り返りを行い、これまでの授業が生徒の学習意欲や理解度、課題の質などにどのような影響を与えたのかに基づいて当初の計画を調整するといった一連の流れが必要となります。

　対照的に、ある一つの授業のなかで生徒の身振りや表情を敏感に読み取れる教師は、その場で対処できます。たとえば、ソ

ワソワしているヴォンダと数日間休んでいるリーというクラスメイトを一緒に取り組ませ、「リーがスピードアップできるように手伝ってほしい」と頼むかもしれません。

　サポート役に抜擢されたヴォンダは、普段は課題に取り組んで理解もできるのですが、不安を感じると、じっと座っていられなくなる生徒です。しかし、落ち着いているときはクラスメイトとうまくコミュニケーションがとれます。教師は、ヴォンダが喜んでリーを見守り、その役割を十分果たしてくれると分かっているのです。

　この教師は、ヴォンダの不安を察知し、助けを必要としているリーを手伝うようにと頼むという積極的な行動を起こしたわけですが、それを決定したのは、カリキュラムを作成したり、授業を計画するといったように、必ずしも事前に計画されたものではありません。これは自然に起こった行動であり、サポート役を担う生徒に対する教師の深い理解によってもたらされ、瞬間に実行されたものなのです。

　二人の生徒が新しい協働作業をどのように行うかによって、教師はその日のうちに、一人または二人の生徒をどのようにフォローアップするのかを決定します。

　つまり、生徒中心とは、教室におけるあらゆる側面で生徒の成長と成功を最大化するために、長期的、短期的に最善となる決断を下すということに尽きます。そのためには、生徒が教室に持ちこむさまざまな長所やニーズを考慮した長期的な計画を作成する際には注意を払い、教科内容の学び／感情と社会性の学び（SEL）における成長を継続して観察しながら、その場で、

どのように、どのタイミングで計画を変化させるのかについて
知っておく必要があります。

　これは「完璧な教師」になるという意味ではなく、「観察す
る者」、「思考する者」、「計画を立てる者」、「対応する者」とし
て自らを継続的に成長させるためのものです[3]。

　私たちが生徒に求める場合と同じように、私たち自身も、成
長するために常に一歩を踏み出すことが求められています。生
徒一人ひとりをより多面的に知ることによって、一人ひとりの
生徒やクラス全体がより深く関わりあい、理解が促進されるよ
うなカリキュラム作成の力がつきます。そうすれば、自分が話
している内容やその意味を、より意識して話すようになるでし
ょう。

　また、生徒に「判定を下す」といった評価はせず、学び手と
してのエイジェンシーを育むための、「手段」としての評価の
価値を理解するでしょう。さらに、生徒と共に学ぶ際、生徒が
「声」を上げること、その「声」を信頼するように求めるなど、
「声」を引き出す機会を設けるようにもなるでしょう。

　次ページの**表3-4**は、生徒の目標達成と成長を促進するた
めに、教師が計画、行動、対応するための実践的な方法を示し
たものです。表の最後にある空欄に、あなた自身の方法を追加
してください。

　本書では、生徒中心を心がける教師が生徒についての理解を
深め、学習環境、カリキュラム、形成的評価、授業を形づくる

---

[3]　要するに、「教える者」だけと自らを認識し、行動しないことの大切さ、と
　　言い換えることができます。

表3－4　生徒を尊重し、成長を促すために、生徒に関する知識を活用する方法

- さまざまな学習ニーズ、長所、文化的背景、人種、これまでの学校での経験、安全性や支援を必要とする度合いが異なる家庭環境の生徒にとって安全で、肯定的でやりがいがあり、支えてくれるような感情面のサポートと学習環境をつくり出す。
- 生徒のさまざまな長所や学習ニーズに対応するために必要とされる、柔軟性を備えた教室での日課を開発する。
- さまざまな興味関心、文化、経験をもつ生徒に対して、関心がもてるカリキュラムを作成する。
- 次の学習単元につながると考えられるさまざまな入り口に生徒を導けるような事前評価を開発し、そこをスタート地点としてさらに学ぶ。
- 常に、形成的（継続的）評価で得られる情報を使って、与えられた一連の学習に不可欠な知識、理解、スキルの習得に向けた生徒の進捗状況に目を配る。
- 形成的評価の情報は、目標に対する生徒自身の進捗状況をより良く理解し、そこへ向けての継続的な成長をより効果的に計画するために使用する。
- 一人ひとりの生徒に特化した実行可能なフィードバックを提供し、生徒とともに次の学習ステップの計画を立てる。
- 形成的評価の情報を使って、現在の生徒の状態に応じた授業計画を立て、前進できるようにサポートする。
- 教室の内外で成功するためのスキルと「思考の習慣」（5ページを参照）が身につくように、メンターとして生徒にアドバイスする。
- 観察や会話から得た情報を使って、授業の内容と生徒の興味関心を関連づける。
- 学習のなかで、生徒の成長を支える可能性のある教材を見つけるか、生徒自身が見つけられるように手助けする。
- 学んだことを示す機会が最大となるために、一人ひとりをいかす形ですべての評価を行う(注)。
- 定期的に生徒と保護者にフィードバックを行い、州のスタンダードなどによって指定されている学習目標に対する生徒の状態、学習サイクルにおける思考と作業の習慣、および学習サイクルにおける成長を明確に説明する。
- さまざまなクラスメイトと生産的に活動できるように、また教科内容の学び／感情と社会性の学び（SEL）に関連したさまざまな目的のために、グループを固定せず、頻繁に変える。

・すべての生徒が主体的に考え、問題解決者として位置づけられる
ような課題を作成し、個人の成長と課題の成功を支援するために
さまざまな「足場かけ」を提供する。

あなたは、このほかに何を加えますか？

(注)　生徒の学びを最大限にいかす形での評価については、『一人ひとりをいか
す評価』を参照してください。ここで扱われている総括的に使う評価のみ
でなく、診断的と形成的評価と成績についても書かれています。

ために利用できる方法に焦点を当てています。表3－4では、
そのための幅広い方法も概観することができます。

 生徒を尊重する教師の事例を分析する

　本章で見てきた考え方への理解を深めるために、教師が生徒
とのやり取りやカリキュラムの設計、授業を通じて、生徒を尊
重している様子がうかがえるいくつかの例を紹介していきます。
それぞれの例には、みなさんの考えを深めていくうえにおいて
重要となるアイディアを強調するために、いくつかの質問を用
意しました。

英語の上級クラスにおける高校の授業

　ある高校の英語（日本での国語）の上級クラスを見学しまし
た。アフリカ系アメリカ人の女子生徒が何人かいましたが、彼
女たちはこのクラス以前に上級クラスで学んだ経験がありませ
んでした。当然、彼女たちはこのクラスでやっていけるのかと

いった不安感を抱えていますし、上級クラスに慣れたほかの生徒たちが「クラスの一員」として認めてくれるのかどうかと心配もしていました。

　担当のウィルカーソン先生は、まずアフリカ系アメリカ人作家のアリス・ウォーカー（Alice Malsenior Walker）が著した『カラーパープル』（柳沢由実子訳、集英社文庫、1986年）をクラス全員で読むことにしました。

　この小説は、初めて上級クラスで学ぶ生徒にとっては難しい内容でしたが、非常に説得力のある内容だったので、みんなが毎日ワクワクしながら授業に臨み、議論に貢献しようと意欲的に取り組んでいました。

　しかし、アフリカ系アメリカ人の生徒は、この年の後半に読んだナサニエル・ホーソーン（Nathaniel Hawthorne, 1804〜1864）の『緋文字』（鈴木重吉訳、新潮文庫、1957年）では、同じような熱意を呼び起こせませんでした。それに、授業への熱意を失ってしまったのは、彼女たちだけではありませんでした。

　ホーソーンの小説に関する学習が４分の１ほど進んだある日、ウィルカーソン先生は運転中にラジオで聞いたニュースが生徒たちの興味を引くと思い、授業の初めにその話をしました。そのニュースとは、読者の投票によって選ばれた、アメリカ文学でもっとも魅力あるヒロイン100人に関するものでした。『カラーパープル』のセリーが８位にランクインしていると告げると、アフリカ系アメリカ人の女子生徒たちは大喜びで拍手をしました。

「いい考えがあります」と、先生がおもむろに言いました。「今、セリーに拍手した人たち全員が前に出てきて、みんなの前で一列に並んでもらいます」

戸惑いと不安の表情を浮かべる生徒たちに、『緋文字』のヘスター・プリンよりもセリーのほうが魅力的なヒロインである理由を一人ずつに話してもらいました。そして、「この列の一番端まで行ったら最初に戻って、止まることなく何往復できるかやってみましょう」と先生は言いました。

　3往復半ほどしたところで一人の生徒が眉をひそめ、先生に尋ねました。

「先生は、一体どんな魔法を使ったの？」

　先生も、同じように戸惑いながら答えました。

「いいえ、私は何もしていませんよ？」

　その生徒は、首を大きく振って笑いました。

「本当に？　だって、私たちがセリーの魅力として挙げていることは、みんなヘスター・プリンについても言えることばっかりになっちゃったんだもの。私たち、それに気づいていなかっただけなんですね」

考えるポイント

・教師が生徒を受け入れ、肯定し（86ページの**表3−1**）、生徒の能力を信じていることを示し（92ページの**表3−2**）、生徒一人ひとりについて多面的な知識を組み立て（96ページの**表3−3**）、個々の生徒の見通しを広げるように行動、計画、対応できる（102ページの**表3−4**）さまざまな方法を

今一度確認してみてください。上記のエピソードには、この
なかからどのような行動がとられていましたか？　また、こ
れらの行動の意図に基づいて、あなたは具体的にどのような
行動に移しますか？

・この授業中における予定外の活動は、アフリカ系アメリカ人
の女子生徒たち、ほかの生徒、そしてウィルカーソン先生に
とっても重要な出来事でした。この10分間の即興活動から、
それぞれにとってどのような学びがあったと思いますか？
それは、なぜでしょうか？

小学３年生の教室で

　チュー先生が担当する小学３年生は、これまでに習った作文
の書き方を実際に活用する場面を考えるように言われ、自分に
とって大切な人に感謝の気持ちを伝える手紙を書くことにしま
した。書くことが苦手で気が向かないサムは、「犬に手紙を書
いてもいいか？」と先生に尋ねました。チュー先生は、「サムは、
どうして犬に手紙を書こうと思ったの？　その理由を教えて」
と答えました。

「犬の名前はアルフィー。僕の言うことをよく聞いてくれて、
家に帰るといつも喜んでくれるんだ」と、サムは答えました。

　微笑みながらチュー先生は、「それは感謝の気持ちを表すの
にいい理由だと思う？」と、クラスの生徒たちに問いかけまし
た。生徒たちはうなずき、何人かは自分の飼っている犬や猫を
どれだけ大切にしているのかについて話しました。

　すると先生が、「サム、クラスのみんながあなたの選択に賛

成していますね」と言いました。

　生徒たちが原稿を書いている間、サムは椅子の上で体をくねらせ、机の上で鉛筆を転がしていました。先生がサムの側に座って静かに言いました。

「どうしてアルフィーのことがそんなに好きなのか、もう一度教えて」

　サムは最初の答えを繰り返しました。

「ほかに理由はありますか？」と先生が促すと、サムはうなずきながら、「一緒にテレビを見たり、外で一緒に遊んだりしてくれるから」と言いました。

　再び微笑みながら先生が言いました。

「それも、アルフィーのことを好きでいる大切な理由だと思えるわ。この紙に、どうしてアルフィーが好きなのか、その理由を四つ書いてみて。すぐに戻ってきて、また質問をしますから」

　戻ってきた先生がサムのリストを見て、こう言いました。

「今度は、アルフィーがあなたの話を聞いてくれるのがなぜ嬉しいのか、その理由をもう一度教えて」

　少し考えてサムは、「僕が話すことを、アルフィーが聞きたがっているように思えるから」と答えました。

　先生は、サムが書いた理由の横にその文章を書きました。

「アルフィーに感謝する理由を二つか三つ選んで、それらがあなたにとってなぜ重要なのか、メモをしてみたらどう？　そうすれば、アルフィーに感謝の気持ちが伝えられるかな？」

　サムはうなずきながら、一生懸命、親友であるアルフィーへの手紙を完成させました。そして、それを先生のところに持っ

ていくと、「おお！　すごく頑張ったね」と先生が言いました。

　先生はその手紙を熱心に読み、サムに尋ねました。

「この手紙を全部書いてみて、どのように感じた？」

　少し考えてからサムは、「僕、なかなかやるじゃん」と答えました。

💬 考えるポイント

・生徒を尊重するための四種類の行動（生徒をありのままに受け入れ、肯定すること／成功するという生徒の能力を信じること／生徒の知識と理解を深めること／生徒の成長を最大限に引き出すために行動し、計画し、対応すること）について、再度振り返ってみてください。この例のなかで、四つの行動のうちどの状態が見られますか？

・チュー先生はサムに、なぜこのような話し方をしたと思いますか？　彼女の言葉や行動は、授業中やその後のサムの可能性をどのように広げましたか？

・このやり取りから、日頃の授業の姿や雰囲気がどのようなものであるか、想像できる部分はありましたか？

中学校の歴史の授業で

　新学期の初日、アルバレス先生は８年生[(4)]に、「歴史とは、人生においてもっとも重要なものを求めて努力する（時には、闘う）人々の物語である」と話しました。そして、「人々が守ろうとして多大な努力をするほどの価値あるものは、一体どのようなものか」というテーマで生徒たちに議論させました。

　生徒たちが「信仰」、「自由」、「人々」、「富」、「教育」、「健康」などの意見を述べると、アルバレス先生が時折、これらのものを守るために抗議したり、闘ったり、苦労をしてきた歴史上の事例を紹介しました。また、先生自身が、たとえ大きな犠牲を払ってでも守るために立ち上がりたいと思うほど強く信じていることを生徒たちに語りました。

　次に先生は、盾の輪郭が描かれた画用紙を生徒たちに渡しました。

「自分の人生において、戦士となって今まさに守っている、あるいは守るために戦士になるかもしれないほど自分にとって重要な人、考え、価値観をよく考えてみましょう」と言ったあと、「実際にそれらを守るために戦えとか、戦争に行けと言っているわけではありません。自分にとって重要な存在が馬鹿にされたり、貶（おと）められたり、脅かされたとき、あなたたちに立ち上がってほしいのです」と続けました。

「先ほど渡した紙はアイディアを出すためのものです」と先生が説明しました。そして、その紙に印刷された盾の輪郭を、自分にとってもっとも重要な考え、人物、原因、物事を表現するために必要とされる数に分割し、それぞれの場所に、自分の選択を表す色や記号などのイメージを書きこむように、と説明しました。さらに、デザインに自分自身の写真やイメージを取り入れるようにも求めました。

⑷　アメリカの高校は4年間（9～12年生）と決まっていますが、中学校は2年制、3年制、小中一貫制など教育委員会によってさまざまですので、学年は通しの年数で表示します。

「各自が作成したものを、クラスで共有する時間を設けます。これは、1年がはじまるにあたって、お互いをより良く理解するための方法です。1年を通して、この理解を深めていきましょう。発表が終わったら、部屋の中と廊下にみんなの盾を貼り出します。そして、歴史の授業が進むにつれて、勉強していることにつなげるために、みんなの盾を見ていくことになるでしょう」

先生は、翌週の最初の4日の間に盾を提出するように、と生徒たちに指示しました。そして、効果的に意図を伝えるために、ポイントをまとめたチェックリストを生徒たちに渡しました。また、すべての成果物を展示するスペースが確保できるように、おおよその寸法を伝え、「ボール紙や厚紙、画材も用意していますので、必要であれば持ち帰ってください」と伝えました。

🗨️考えるポイント

・アルバレス先生は、生徒を個人として、また集団としてどのように尊重し、プライドをもたせていると思いますか？

・アルバレス先生は、生徒の盾から、つまり生徒が描こうとした内容やその説明を通して、何を学ぼうとしているのでしょうか？

・アルバレス先生が生徒をどのように見ているのか、どのように生徒と一緒に努力しようとしているのかについて、分かることをできるだけ多く書き留めてください。言い換えれば、この先生の考え方や仕事振りは、どのような点で生徒中心のクラスを表しているでしょうか？

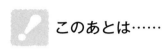 **このあとは……**

　次章では、生徒の多様な学習ニーズ、強み、興味、学び方に対応した学習環境づくりを支援し、コミュニティーをつくるということが何を意味し、実際にどうすることなのかについて探っていきます。それは、協働性と同時に自立性を育み、すべての「プレーヤー」が共通の目標に向かって協力しながらも、一人ひとりが自分の専門分野や個人的な目標にも取り組む機会をもつ「チーム」を構築することでもあります。

　おそらく気づかれたように、本章で強調されていることと次章はつながっています。生徒中心のクラスでは、教師は生徒を尊重しようという意図をもってあらゆることを行い、それが生き生きとした生産的な学習環境をつくることにつながるのです。

　では、第4章へ進みましょう！

第4章
学習環境 ── 生徒中心のクラスをつくる

　すべての生徒が毎日学び、成長できるように、そして自分の
ことをかけがえのない存在だと思えるように、こうした配慮の
できる教師をどの教室にも配置することが、私たちができる最
大の貢献です。

［ドナルド・クリフトン（Donald O. Clifton,1924～2003）**］** 50年に及ぶ研究
と、200万人を超えるインタビューをもとに、1998年、クリフトン・スト
レングス／ストレングス・ファインダー（オンライン「才能診断」ツール）
を完成させました［参考文献17］。

　学習環境の創造──それは、目に見えない建築物をつくりあ
げることと言っても差し支えないでしょう。学習環境は、教師
が生徒と協力してつくる理想や信念、意図を表現する建築物で
す。学習環境は、目に見えるものばかりではなく、教師の日々
の行動や反応として表れ、良くも悪くも教室のあらゆる要素を
形づくっています。

　また、学習環境が、生徒の自信を育むこともあれば損なうこ
ともあります。教師への信頼感を高めることも低くすることも
あり、クラスの絆の強さを左右します。失敗を恐れることなく
取り組む態度を引き出すこともあれば、そうならないこともあ
ります。

　このように、学びを称賛するクラスの文化を築くこともあれば、逆に学びを軽蔑するクラスの文化を招くこともあります。学習環境は、私たちが想像する以上に大きな力をもっているのです。

　実際、学習環境は教育目標の実現に深く関わっています。いわば、自分独自の「声」をどんどん広げていく生徒、目標の達成に向けて協力して取り組む生徒、永続的な知識を獲得したり活用したりする生徒、学び手として自立した生徒、コミュニティーに参画する生徒、そして生涯にわたって成長できる生徒がどれくらい育つかは、学習環境次第だということです（51ページの**図2-3**参照）。

　生徒中心の学びを実現するうえで、カリキュラムの質や量、形成的評価の効果的な実施、適切な教え方や支援、教室内にあるモノの配置などは、確かにカギを握っていると言えるでしょう。しかし、より重要なのは、こうしたすべての要素の前提となっている学習環境です。いわば、教室を左右する「天気」のようなもの、あるいは学びの前提となる「文化」のようなものと言えます。

　あなたは、夜の暗い駐車場で寂しさや怖さを感じながら、その場所にずっといたいと思いますか？　服装や言語、人種や身体的特徴、性的指向などを理由に周囲から距離をとられてしまうとしたら、あなたはそのチームで一緒に学びたいと思えるでしょうか？　ほかの人に比べて劣っていると感じさせられたり、組織にとって価値がないと周りから言われたりするような場所であれば、努力を続けることはできません。

　これとは対照的に、（自分にとってもっとも居心地のよい・訳者追記）「ホーム（家庭）」のような環境について考えてみましょう。

　そこでは、あなたはいつも温かく迎え入れられます。周りの人たちは、あなたの成長を応援してくれます。失敗は、人間であることの一部、そしてより良くなるためのチャンスだと周囲の誰もが認めています。ほかの人とは違う経験や才能、視点が一人ひとりにあり、そうした違いが学びを豊かにすることをその場所にいる全員が理解しているので、あなたの存在はとても大切にされています。

　あなたは自分自身のままで居続けられ、周囲にも、ありのままの姿で受け入れられているのです。こういう状況や環境があれば、算数・数学や歴史の授業で学ぶ際も、クラスの一員としても、生徒は大きく成長できるのではないでしょうか？

　第2章では、教師の力量（能力）に焦点を当てて、生徒を中心とした能動的で創造的な学習環境をつくるための基本を示しました。一人ひとりの生徒、および生徒のグループが居心地よく感じられる学習環境をつくり出すことは教師自身の目標であり、生徒と協力してその目標を達成するためには、教師自身の意志と能力が求められます。

　しかし、そうした目標も、その手段となる意志や能力も、自然に達成されるものではありませんし、容易に手に入るものでもありません。教師の仕事におけるさまざまな面で言えることですが、教師の目標や能力は、専門的かつ個人的に成長する過程において次第に変化していくものです。

　生徒中心の理想的な学習環境が、最初の一日で完成するとは誰も思っていないでしょう。大切なのは、一日一日の授業を振り返りながら、生徒の教科内容の学び／感情と社会性の学び（SEL）にとってとくに重要となる要素は何かを明確にして、その要素に向けてクラスをどのように方向づけていくのかを計画することです。

　計画を実行しはじめたら、クラスの変化をできるだけ注意深く観察しましょう。期待した効果は表れていますか？　どの生徒が変化していますか？　逆に、あまり効果のない方法や生徒についてはどうですか？

　なぜ、プラスの成果とマイナスの結果が出るのかについても考えてみてください。別の方法やもっとうまく行う方法はないでしょうか？　ある方法が「正しい」と分かるまでには、（賢明な親たちが理想の家庭環境をつくる場合と同じように）とても長い時間がかかるものです。うまくいくこともあれば、そうでない場合もあります。

　一般的には、まず一定の状況下で、ごく一部の生徒に効果が表れるようになるでしょう。しかし、当初の目標やそれを達成するための取り組みを振り返っていくうちに、教師自身も少し成長し、気づきや発見が増え、目指す教師像に次第に近づけるかもしれません。生徒のために、そして生徒と一緒に、辛抱強く、粘り強く取り組むことで、目に見えない学習環境の「建築家」になれるように頑張りましょう。

　学ぼうとする意欲が生徒に湧き、「声」を育み、エイジェン

シーを養い、教科内容の学び／感情と社会性（SEL）のスキル
が育つような学習環境の基礎を築くための方法として、少なく
とも次の四つがあります。

　　・生徒との信頼関係の構築
　　・コミュニティーの形成
　　・パートナーシップの確立
　　・モデルの提示とその教え方

生徒との信頼関係の構築

　新学期の最初の日、教室の入り口に立った生徒たちは、全員
が心に同じ質問をもっています。

「これから1年間、このクラスでうまくやっていけるかな？」

　その教室にいる大人は教師だけですから、生徒はこの質問に
答える手がかりを教師に求めようとするはずです。そして、生
徒は考えます。

「先生は私の名前を知っているかな？　正しく読んでくれるか
な？　私のことに興味をもってくれるかな？　私のような年齢
の子どものことを理解して、1日を平穏に過ごせるようにして
くれるかな？　先生は、私の話をよく聞いてくれるかな？　誰
かのことを特別扱いしたりしないかな？　誰かがまちがえたり、
やってはいけないことをしたときに先生はどうするのかな？
授業に熱心な先生かな？　先生は、私を授業に夢中にさせてく
れるかな？」

　こうした質問が声に出されることはないでしょう。それでも、

やがて生徒はこれらの質問に対する答えを見つけます。優れた観察力を使ってデータを集め、分析していくうちに自分なりの結論を出すのです。

　信頼関係は、会話を通して生まれる経験の共有、声のトーンやボディランゲージが与える印象、そして教室内で毎日行われている数えきれないやり取りや、それに対する反応が積み重なって徐々に構築されて（あるいは、逆に壊れて）いきます。私の経験から言えば、生徒たちは、どの教師が信頼でき、どの教師がそうでないかを見分ける能力には長けています。

　教師に２度目の（場合によっては３度目、４度目も）チャンスを与えてくれる生徒もいるかもしれません。しかし、その教師や学習環境が信頼に値するものではないと認識した途端、リスクをとってまで、教科内容の学び／感情と社会性の学び（SEL）のスキルを伸ばそうとはしません。

「信頼しない」という判断を下すのは生徒の脳です。脳は、83ページで述べたように、その持ち主を保護することを第一の機能としています。教室の環境を含め、自らの肉体的・精神的な幸福を脅かそうとする何かがあると大脳辺縁系のスイッチが入ります。大脳辺縁系は、危険に対処するための二つの防衛手段（闘争か逃走か）を用いるべく、それ以外の、思考と想像を司る部分をシャットダウンさせてしまうのです［参考文献86］。

　また、人間の脳は、他者とつながることに強く作用するようにできているので、私たちは他者が経験していることをあたかも自分の身に起きたことのように経験します。したがって、教師がある生徒に対して前向きに励ますと、別の生徒もその励ま

しが感じられるのです。逆に、教師がある生徒を軽んじるような言動をとると、ほかの生徒も同じように軽んじられていると感じる恐れが高くなります［参考文献25］。

　学習環境とは「学習」のための環境です。それは、一人ひとりの教科内容の学び／感情と社会性の学び（SEL）を最大限に引き出すことのできる、生徒を中心とした環境です。したがって、学習環境が果たすべき役割は、生徒と教師の信頼関係を構築し、リスクを低減することで自分の目標に向かって挑戦する生徒たちをサポートすることにあります。

　こうした学習環境をつくることのできる教師は、生徒の学びの妨げとなるものを取り除き、より多くの学びが得られる方法を見いだすために、常に生徒一人ひとりをより深く理解しようと努めています⑴。

　生徒の信頼を得るには、まず生徒との信頼関係を構築し、尊重する重要性を教師自身が認識しなければなりません。そのためには、「歓迎のサポート」⑵を実践する能力が教師に求められます。

　具体的には、生徒の教科内容の学び／感情と社会性の学び

⑴　これを実現する方法が、『感情と社会性を育む学び（SEL）』、『「居場所」のある学級・学校づくり』や『言葉を選ぶ、授業が変わる！』、『学びは、すべて SEL』、さらには『不安な心に寄り添う』、『静かな子どもも大切にする』、『一人ひとりを大切にする学校』で紹介されています。

⑵　自分の居場所がある、先生やクラスメイトに認めてもらえている、と生徒一人ひとりが感じられるような教師の接し方や支援を意味しています。原語の「welcoming support」にしても、35ページの「invitational learning environment」にしても、従来の教師と生徒の主従関係からは脱却している感があります。

（SEL）のニーズに敏感になること、生徒自身の多様性と考え方の多様性を尊重すること、そして第２章で述べたように、教師がパートナーとしての役割を果たす必要があります。こうしたことをカリキュラム、学習評価、教え方、学級経営・クラスづくりの計画および実践に取り入れれば、生徒の信頼が得られるようになります。

　本章を読み進めるうえで覚えておいていただきたいのは、前向きな雰囲気のクラス、生徒のニーズに敏感なクラス、生徒の「声」やエイジェンシーの発達がサポートされているクラス、クラスメイトとやり取りしながら取り組む有意義な活動を設けているクラスでは、こうした特徴があまり見られないクラスに比べると生徒の学びが大きく向上する様子が表れるということです［参考文献２］。

　マックス・ヴァン・マーネン（22ページを参照）の言葉は、生徒中心の学習環境を創造しようとする教師が、生徒との信頼関係を構築するにあたって、生徒に何を伝えようとしているのか（さらには、何を実践しようとしているのか）を的確に捉えたものとなっています。

　　導くということは、まず私自身が先を進むことである。そうすることで、人は私を信頼することができる。なぜなら、池に張った氷が割れないことを、私自身が確かめているからだ。そして、自分が今こうして生きていることを証明しているからだ。大人へと成長し、自分の世界をつくっていくことによって、報いを得ることもあれば、罠にかけられることも

あるということを、私は今なら知っている。教育という世界では（リスクや危険がつきものだから）、先に進んでいったとしても成功するという保証は何もないけれど、それよりももっと確かに約束できる大事なことがある。それは、何と言っても、私がここにいるということだ。だから、私をあてにしてくれていいのだ。［参考文献99・邦訳書『ようこそ、一人ひとりをいかす教室へ』の219ページより］

　このメッセージは、単純明快で説得力があります。
「あなたは私にとって重要な存在です。学ぶことは難しいことであり、時には危険を伴うことがあるかもしれません。これからの学びの道に、『険しい場所がない』と言い切ることはできません。しかし、私はあなたのためにここにいます。あなたが目標を達成するためなら、険しい道も乗り越えて進んでいくことができるよう、私にできることは何でもすることをお約束します」
　次ページの表4-1は、生徒との信頼関係を構築するために教師が行っている実践をまとめたものです。これらの項目以外にもたくさんあると思います。ぜひ、最後の空欄に、あなたが普段行っていることやリストに含まれていない内容を書きこんでみてください。
　また、信頼関係を構築する方法は、生徒中心の学習環境を創造するための別の方法（後述する、コミュニティーの形成、パートナーシップの確立、モデルの提示とその教え方）とも密接に関連しています。

表4－1　生徒との信頼関係を構築する方法

・生徒の名前と正しい読み方を、できれば生徒に初めて会う日までに覚える。遅くとも、新学期がはじまった日か翌日までには確実に覚える。
・最初の数日間は、授業内容を進めるだけでなく、生徒同士がお互いの希望やニーズを伝えあい、人間関係をつくるための時間を設ける。
・生徒の家族について知るとともに、なぜそれが重要なのかを生徒に伝える[注1]。
・生徒と一対一で話すことを毎日の優先事項にする。
・生徒が属する文化や民族ごとの祝祭日、そのほかの特別な行事を把握する。
・生徒の個人的・文化的な興味関心を授業内容に結びつける。
・生徒が家庭や近所、ほかの地理的な空間から教室に持ちこんでくる言語や文化などの豊かさを、生徒とともに理解し、大切にする。
・教師と生徒の交換ジャーナル[注2]（紙のノートまたはオンライン）を用意し、生徒とコミュニケーションをとることを目的として活用する。
・学級経営に生徒を巻きこむ。
・教師自身の経験談を生徒に話すとともに、生徒が経験談を話すことを歓迎する。
・生徒理解を深めていくなかで、各生徒のユニークなところや面白いところ、またそれを見つけた方法を生徒に伝える。
・教師がどのように授業を計画し、楽しくて力のつく授業にするためにどのようなことをしているのかについて、定期的に生徒に伝える。
・教師がクラスの生徒一人ひとりを大切に思っていること、生徒一人ひとりに大きな期待を寄せていること、生徒一人ひとりの目標達成の助けになりたいと考えていることを伝える。
・成長したり、目標を達成するには挑戦する必要があると、一貫性をもって示し続ける。
・生徒に否定的な振る舞いが見られた場合の対処方法をあらかじめ計画しておき、敬意と励ましを示すような対応ができるようにしておく（157ページの「小学2年生の教育で」を参照）。
・生徒を叱責しない。その代わり、生徒がより良い選択や決断をするためにはどのようなサポートをすればよいのかについて考える。
・活動の指示を明確にし、生徒がうまくやり遂げられるように文字に書いて示す。
・生徒が活動している間は常に生徒の間を動き回り、個々の生徒やグループと話す機会を設け、目標達成に向けて生徒が成長できるように努める。
・授業がうまくいかないときには、スムーズに行えるような内容に切り替え、生徒が抵抗なく移行できるようにする。その際、変更

の理由も生徒に伝える。

・教師が失敗したときには、そのことを生徒に伝え、失敗から学ぶ姿を示す。また、生徒を傷つける言動をしてしまったときにはすぐさま謝罪する。

・すべての生徒に敬意をもって接する。クラスメイトから軽蔑されていると思われる生徒には、とくに注意を払う。

・教師がまちがってしまったり、うまくできなかったりしたことを、積極的に生徒に伝える。自分自身を客観的に眺めている姿勢を生徒に示すことによって、教師も不完全な人間の一人であるということが示せる。

・緊張をほぐすために、みんなを和ませるユーモアを使う。

・学ぶことに喜びを見いだせるようにする。

・一人ひとりの生徒に対して高い期待を示すとともに、各生徒にはそこに到達するためのサポートが用意されているということが、いつでも意識できるようにする。

・重要なスキルや概念を、生徒が納得できるまで学び続けられるようにする。これによって、できないと思っていたことでも、粘り強く練習すればできるようになることを理解してもらう。

・年間を通して、教師の配慮や気遣い、関心を生徒に示すようにする。

・生徒一人ひとりの成長やクラス全体の成長を互いに称え、認めあう。

・学習活動や課題（宿題）を考えるときには、各生徒の家庭環境によって、機器やテクノロジー、交通手段、学習の材料、消耗品などの準備がスムーズにできるかどうか、違いがあることを留意しておく。

あなたは、このほかに何を加えますか？

(注1)　協力者から、「なぜそのことが重要なのかな、と思いました。具体的には生徒のルーツとか、なぜあなたが生まれてきたのかとか、そういうことも大切に考えているよってことなのかなと思ったのですが、読者に委ねられているんですかね。今まで自分が生徒の家族を知ることがなぜ重要なのかを子どもに話そうと思ったことがなかったので、ひっかかったのだと思います」というコメントが届きました。日本の学校では、家庭の話題をオープンにするというのは控えられています。個人情報やプライバシーの観点も大切だと思いますが、これを話題にするのは、生徒の学びをサポートするために欠かせないからです。

(注2)　交換ジャーナルを含めて、ジャーナルの多様な活用法については、『増補版「考える力」はこうしてつける』（とくに第6章）を参照してください。

したがって、ここで示した方法は、別の場面でも役立つ可能性がありますし、その逆もまた同じであるという点に注意してください[3]。

 ## コミュニティーの形成[4]

本書の原稿を書いていた1年間（2020年）は、新型コロナウイルス感染症の大流行によって、アメリカ国内はもちろん、世界中の生徒が前例のない不自然な孤立感を味わいました。教師の誰もが、自らも孤立や恐怖に直面しながら、生徒の学力や人間性を育むオンライン学習を開発するためにたゆまぬ努力を続けました。それでも、多くの生徒は大きな孤独感を強いられました。学校や教室に生徒を戻すことが優先され、それが実現すれば、人生はより豊かになり、生徒はより人間らしく生きられるだろうと期待されました。

しかし、再び一日の大半をクラスメイトと過ごせるようになってからも、多くの生徒は「群衆のなかの孤独」を感じただけでした。というのも、とくに中学校や高校では、教室に行儀よく並んで座り、クラスメイトと交流する有意義な機会をほとんどもてずに過ごしているという生徒があまりにも多いからです。

また、人種や言語、社会的な未熟さ、性的指向の違い、学習上の障害、家庭でのトラウマ、服装の特徴などといったことが原因で、あるいはすでに分かりあっているという思いこみによって人間関係づくりがうまくいかず、孤独を感じているという生徒がどの学年にも存在しているという事実もあります。

　日常的にグループワークを取り入れているクラスでも、その活動が大きな効果を上げているとはかぎりません。グループワークでは、一部の生徒は与えられた課題を素早くこなすだけのスキルと意欲がある一方で、ほかの生徒にはスキルや自信、そして貢献する機会がないという状態がしばしば起こります。

　その場合、成績を重視し、チャレンジ精神旺盛な生徒は、グループ内の生徒が何もしないことにイライラし、自分だけで学習プロセスを牛耳ってしまい、役割を独り占めして、最後まで仕上げてしまうかもしれません。その結果、学習のプロセスから「締め出された」生徒は、自らの存在が無視・拒絶されたという孤独感や、一方的に無用な存在と見なされたことへの無力感や怒りなどといった否定的な感情を抱くことになり、その後のグループワークに参加しづらくなってしまいます。

　コミュニティーは、会話なしにはつくられません。メンバーが互いの話に注意深く耳を傾け、敬意をもって応答し、一緒に計画を立て、それを実現するために協力し、問題を解決するためにメンバーそれぞれの強みをいかし、成果物や人間関係を継続的にモニタリング（確認）し、必要に応じて目標達成の喜びを分かちあったり、計画やプロセスを修正するといったことを通してコミュニティーは育っていくものです。

---

(3)　協力者から、「ここに挙げられていることは真新しいことではないと思いますが、これまでの経験の積み重ねで習得してきた技とも言えますね。若手教員が増えている今、さらには働き方改革、人間関係の希薄といった課題もあるなか、ベテラン中堅教員からのこうした技の伝承のあり方も考えていかなければなりませんね。こうして、書籍で一覧になっていることで再確認できました」というコメントがありました。

(4)　ここでは「クラス」のコミュニティーを指します。

図4－1　クラスのコミュニティーを形成するサイクル

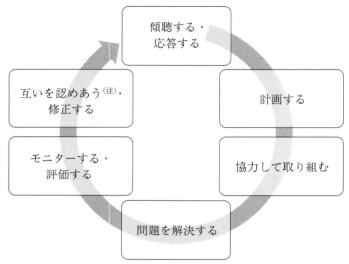

（注）　原語は「celebrate」となっていますので、「祝う」、つまり一人ひとり違っていることやありのままであることを喜びあうというニュアンスが含まれています。

　図4－1は、クラスのコミュニティーが時間とともに成長していくサイクルを示したものです。

　ここで一つ強調しておきたいことがあります。それは、グループのなかにいることやグループのなかで活動することと、能動的で生産的なコミュニティーに貢献するメンバーになるというのはまったく別である、ということです。生徒中心の力強いクラスは、まるで強豪チームのように機能します。そのメンバーには次のような特徴があります。

　・クラスの本質や目的について共通のビジョンをもっている。

・自分たちが行っている活動の本質や目的について共通理解ができている。
・チームの各メンバーは、その人にしかないスキルをもっており、どのメンバーが欠けても全体の効果が低下することを認識している。
・自己、他者、そして全体に対する責任感をもっている。
・メンバーから長所を引き出し、活躍できる場をつくり、その長所をさらに広げている。
・各メンバーの強みを最大限に発揮し、弱みを最小限に抑えられるような小グループの活動を通して相乗効果を生み出している。
・クラス全体の活動でも、各メンバーのもっている力を発揮するためには互いに助けあうことが必要であると理解しており、その方法を学んでいる。
・個人で取り組むスキルと、集団の一員として取り組むスキルの両方に磨きをかけている。
・効果的なクラスづくりの責任を共有している。
・（グループ内やグループ間で）競争することではなく、成長することに価値を置いている。

　クラスとは、生徒が教師やほかの生徒とつながりをつくり、自分の可能性（能力）を高める有意義な活動に参加し、可能性が高まることが実感できる環境です。クラスには全体として共通する特徴がありますが、その一方で個々のクラスは必然的に独自のものとなります。スティール（43ページ参照）が述べる

ように、「それぞれの教室は個人の集まりであり、それぞれの生徒はユニークな経験、才能、視点、そしてニーズをもっている。彼らは、意味のつくり方や適切な振る舞い方についても異なる考え方をもっている」[参考文献89] のです。そして、こうした微妙な違いを意識するかどうかは、教師次第だとスティールは指摘しています。

また、ゲイ（57ページ参照）は、学校で行われるあらゆることの中心にあるのは「クラスの文化」であると述べています[参考文献38]。

クラスの文化の形成にあたっては、生徒一人ひとりが学校に持ちこむ文化を尊重し、それを引き出そうと努める必要があります。それによって、「複雑さゆえの豊かさ」を備えたクラスが創造されるとともに、下記の項目の促進につながります。

・クラスに対する安心感と帰属意識（居場所感）
・人間同士の絆を大切にする態度
・学習における共有されたオウナーシップおよびパートナーシップ
・学びに夢中で取り組む姿（エンゲイジメント）
・学び手としての自覚
・多様な見方があることの重要性に関する理解
・インクルージョン（誰も排除しないという合意）
・個々人の強みの発達
・感情面の発達（共感性）
・社会性の発達

・自分の「声」とエイジェンシーの発達

・学び手としての自信

・達成感

　生徒中心のクラスでは、教師と生徒が協力し、メンバー同士が互いに成長を促しあい、チームとしての目標達成を実現しようとする、健全で信頼できるクラスを形成することに力を注ぎます。生徒たちがお互いに信頼することについて学ぶ手助けをすれば学びの輪が広がり、その良好な関係性によってクラス全員が恩恵を受けられると言われています［参考文献25］。

　クラスづくりの目的は、「生徒との信頼関係の構築」（117ページ参照）のときと同じく、教科内容の学び／感情と社会性の学び（SEL）が促進されるように努め、生徒の成長を最大限に引き出すことです。さらに、クラスは大きな社会の縮図でもあり、生徒が民主主義にとって重要な「公共の利益」のために協力する、賢明で活動的な市民として成長するための場でもあります［参考文献58］。

　クラスのなかで何年もかけて充実した市民活動を経験することを通して、生徒たちは自分自身や所属するコミュニティーに利益をもたらす態度やスキル、そして責任感を身につけていくのです。

　次ページの**表4－2**は、クラスを形成し発展させていくための方法を示したものです。最後の空欄に、あなた自身のアイディアを書きこんでみてください。

表4−2　クラスづくりの方法

- ・最初の1日目から、人間関係を構築することに重点を置く。
- ・朝の会やクラス・ミーティングやサークル・タイムを大切にする。
- ・学級目標を生徒と共につくる。
- ・一学期の初めには、生徒同士が仲良くなるための短時間の活動を何度も行う[注1]。この活動は、年間を通して継続する。
- ・年度初めの早い時期に、生徒がチームワークを発揮し、アイディアを出し、互いに尊重しあって取り組む活動を取り入れる。
- ・年度が進行するのに合わせて、長期にわたって取り組む意味のある課題[注2]に生徒が協働して取り組める機会を定期的に設定する。
- ・クラスを構成する「市民」としての自覚が生徒に育まれるように、よい市民になるとは具体的にどういうことか、みんなが市民性を発揮するとどのような利益が生まれるのか、同じコミュニティーにいるほかの人と一緒に生活をよくするためには一人ひとりがどのような役割を果たせばよいかについて話し合う機会を継続的に設ける[注3]。
- ・クラスでの協働作業や個別作業を、近所、町（市、村、区）、州（県）、国、そして世界における市民の役割や責任と関連づける。
- ・問題解決を日常的な活動として位置づけ、生徒を問題解決チームのメンバーとして位置づける。
- ・インクルージョン[注4]を重視し、生徒がそれについて考えたり理解できるようにする。
- ・転校生を歓迎し、その生徒が教室に溶けこんだり、目標達成に向けて取り組みやすいようにサポートする。
- ・生徒と協力してクラスの「物語」を作成し、年度の進行とともに更新する。以下はその例です。自分のクラスにおいて、○○の言葉を換えてみてください。

  「私たちのクラスは○○なクラスです」／「私たちは、お互いが重要な存在であるということを○○によって確認してきました」／「○○は私たちの成長の足跡です」／「このクラスでは○○の課題に挑戦し、協力しながら乗り越えてきました」

    例文　「私たちのクラスは、チャレンジを重視するクラスです。私たちは、お互いが重要な存在であるということを、授業の振り返りのたびにチャレンジした人を称賛する活動を通して確認してきました。そのなかで、チャレンジした人を認めるコメントを付箋に書きました。それを集めて貼り出した掲示物が、私たちの成長の足跡です。さらに、このクラスでは、授業参観日に学習成果をオブジェにして発表するという課題に挑戦し、協力しながら乗り越えてきました」

- ・個人のアイデンティティーと共にグループのアイデンティティーを大切にする。

・教科内容の学び／感情と社会性の学び（SEL）について、各生徒およよび各グループの長所や成長を発見したり話し合ったりする。
・カメラ係をつくり、協働作業の写真を撮って教室に掲示してもらう。
・協働作業でうまくいっていること、うまくいっていないことについて、より有意義にするための提案も含め、定期的に生徒から意見を聞く。
・個々の生徒または各グループにクラスの当番や係を割り当てる。
・グループワークの一環として、メンバーに感謝したいことを各自が話す。
・グループワークでは、生徒から長所や興味関心を数多く引き出すことができる課題を設定する（または、生徒と一緒に作成する）。
・話し合い、グループワーク、協働作業にスムーズに取り組めるよう、教室内の備品の配置を工夫する。
・生徒たちが学校の外で興味関心をもっていること、課外活動、地域の活動を学習に取り入れる。
・授業および課題の内容やその進め方を設計する際には生徒の「声」を重視する（注5）。
・協働する新しい方法がないかと生徒に尋ねる。
・もし可能なら、美術館、劇場など、近所や学校の敷地内などのいろいろな場所に生徒と一緒に出掛け、「発見の散歩」を楽しむ。

あなたは、このほかに何を加えますか？

（注1）　この項目と次の項目に関しての詳細は、『増補版「考える力」はこうしてつける』（とくに、第2章「自立した学習者を育てる」）や『「居場所」のある学級・学校づくり』、『生徒指導をハックする』などを参照ください。

（注2）　具体的には、「才能を磨く時間」やプロジェクト学習などのことかと思われます。『あなたの授業が子どもの世界を変える』、『教育のプロが進めるイノベーション』、『プロジェクト学習とは』、『一人ひとりを大切にする学校』を参照ください。

（注3）　日本でも「シチズンシップ教育」として、大人になってからよい市民として生活するための資質を育む活動が見られます。47ページの注を参照してください。

（注4）　多様性を認め、自分とは異なる属性をもつ他者を排除せずに一つのコミュニティーで共に生活することを指します。障がいの有無にかかわらず、同じ教室で学ぶようにする「インクルーシブ教育」も当然含まれます。

（注5）　たとえば、どんな内容にするか、グループワークをいつどれくらい行うか、締切をいつにするかについて生徒から提案できるようにします。

生徒と教師のパートナーシップの確立

幼稚園から高校まで、共通して教室は忙しい場所です。「忙しい」（漢字は「心を亡くす」です・訳者補記）の類義語には、「時間がない」、「いら立つ」、「骨の折れる」、「慌ただしい」、「活気に満ちた」、「疲れる」などがあります。状況にもよりますが、これらのいくつかは、教室の様子を的確に描写しているかもしれません。

教師は、教室で起こることのすべてにいつも注意を払わなければならないと思いこみやすいです。しかし、教室を効果的に機能させるためには、信頼できるパートナーをもつことが賢明で健康的な方法となります。

生徒と教師とのパートナーシップは、教師が教室の隅々まで管理するのに役立つだけではありません。このパートナーシップは、生徒中心の教育にとって不可欠な要素であり、少なくとも、❶「生徒中心の学び」というビジョンを明確にする、❷努力目標を共有し、役割を分担する、❸各自の任務を遂行する、という三つに貢献します。

❶「生徒中心の学び」というビジョンを明確にする

一般的に言って、学校で生徒に与えられている役割は、受動的、依存的、従属的なものでしかありません。教師が規則を決め、それを破った場合にはどうするのかを判断しています。また、カリキュラムや教え方を決めているのも教師です（その結

果、融通の利かないカリキュラムや教科書中心の教え方がもたらされています）。そして、多くの生徒にとって不可解に感じられる成績のつけ方をしてしまっています。

　生徒中心の学びのビジョンは、これとはまったく異なります。生徒を中心に据えたクラスは、外から見ても、学級経営の仕方についても、ほかとは異なる特徴があります（生徒の学年、学習内容、教師の力量や経験の違い、学校やクラスの文化などには応じますが）。さらに、生徒を中心とする考え方を本当に実現している教室では、教師は基本的な核となるいくつかのメッセージを生徒に伝えています。具体的には、以下に示す言葉やそれに似た内容のことを、頻繁に、時間をかけて、直接語りかけています。

- ・みなさんは、一人ひとり重要で、価値のあるかけがえのない存在です。このクラスでは、一人ひとりの特徴やニーズをみんなで大切にします。
- ・このクラスの目標は、みなさんが自分自身の特徴をより良く理解してそれをいかすこと、とくに自分自身の長所をより良く理解して、それをさらに伸ばすことです。
- ・私は、個別学習でもグループ活動でもみなさんに上手に教えられるように、みなさん一人ひとりのことも、グループの一員としてのみなさんのことも、深く知りたいと思っています。
- ・みなさんの「声」は、学級にとってとても大切なものです。学級目標を達成するためには、みなさんの「声」が欠かせません。

・一人ひとりがクラスメイトの目標に敬意をもって接し、その達成がサポートできる学級にしていきましょう。そうすれば、私たち自身もよりたくましい人間になれます。

・私はみなさんに、自分のことを理解し、周りの人のことも理解し、そして自分自身の目標やクラスメイトの目標が達成できるためには何をすればよいのか、それを理解する方法を身につけてほしいと考えています。

・これからみなさんは、まだ想像もつかないような方法で成長し、目標を達成することができます。

・私は、みなさんが成長し、目標を達成すると確信していますし、そのためのサポートをしますが、それは私の願いやエネルギーだけでは実現しません。それを実現するためには、私たち全員がチームとなってクラスの機能を引き出していく必要があります。

　生徒にとって重要なのは、教師の口からこのような言葉を聞くことです。そして、さらに重要なのは、生徒がその言葉を信じるようになることです。生徒のなかには、このような考え方にこれまで出合ったことがないという人もいるでしょう。その一方、家庭や学校のなかで、自信、成長マインドセット（89〜94ページを参照）、インクルージョン、積極的な相互依存(5)といった概念を、異質なものではなく身近なものとして経験してきても、その経験や考え方を新しいクラスや教師に期待してよいのかどうかが分からないまま新学期を迎えている生徒がいることでしょう。

　したがって、「コミュニティー」や「チーム」の感覚を育てるためにクラスで重要なカギとなるのは、学年の早い段階から、生徒と共に以下のような質問について考えたり、話し合ったりすることとなります。

・このクラスを、あなたにとって、またクラス全員にとってよい場所にするためには何が必要ですか？

・これまでに、新しい内容や難しい内容を学ぼうとしたけれど、うまくいかなかった経験はありますか？　そのとき、どのように感じましたか？　あなたにとって、何がよくなかったのでしょうか？

・たくさん学ぶことができたときや、自信をもって学んでいたときのことを思い出してみましょう。そのとき、あなたはどのように感じましたか？　あなたの学びを助けてくれたものは何でしたか？

・クラスの全員が自分の「声」を自覚し、効果的に発したりすることができ、学びの面でも、個人的な面でも、人間関係（SEL）の面でも成長できるクラスをつくることはできると思いますか？

・インクルーシブなクラスをつくるというのは、どういう意味だと思いますか？　それはどうして重要なのでしょうか？　インクルーシブなクラスを目指すなかで遭遇する問題があるとすれば、どのような問題でしょうか？

---

(5)　すべてを一人でやり遂げようとするのではなく、苦手なことを得意な人に尋ねたり、大きな課題を複数の人で役割分担したり、教師に助けを求められるということを表す概念です。

・「よい市民になる」とは、具体的にどのようなことを指すと
　思いますか？　それは努力に値することだと思いますか？
・インクルージョンと市民性（シチズンシップ）の実現に効
　果的に取り組むためには、どのような能力や特質が必要だ
　と思いますか？
・私たちが一つのよいチームとして機能し、一人ひとりが責
　任ある市民へと成長し続けていくためには、このクラスに
　どのような約束事やルールをつくればいいと思いますか？
・クラスにいる私たちが誇りをもてるだけでなく、このクラ
　ス以外の人たちにも利益をもたらす質の高い活動があると
　すれば、それはどのような活動でしょうか？
・このクラスでは、みんなが常に同じことを同じように行い
　ませんし、また常に教科書の同じページを同じように学び
　ません。一人ひとりの生徒がそれぞれの能力や興味関心を
　伸ばせるように助けあうことを目標としていますが、その
　場合、このクラスにいる私たちにとって「公平性」とは何
　でしょうか？
・別の活動に取り組んでいる人とも同じチームとして一緒に
　やっていくためには、どのような点を大切にすればいいで
　しょうか？
・長期的に見た場合、他人と競争するのと自分と競争するの
　とでは、どちらの利益が大きいでしょうか？
・みなさんの成長や目標達成に対して、私（教師）にはどの
　ような役割や義務がありますか？　また、あなた自身には
　どのような役割や義務がありますか？　さらに、クラスメ

イトの成長や目標達成に対して、あなた方や私にはどのような役割と義務がありますか？

　適切な時間をかけ、生徒の年齢にふさわしい言葉で、これらの質問について考えたり確かめたりすることによって生徒は、教師やクラスメイトと協力することを学び、生徒中心の学びというビジョンに向けて有意義に取り組めるようになるでしょう。また、こうした会話の時間を共に経験することによって生徒は、「私たちはここで何をしているのか？」、「一人ひとりがかけがえのない存在であるのはなぜか？」に関する「物語」を紡ぎはじめます。

❷努力目標を共有し、役割を分担する

「生徒中心の学び」というビジョンについての理解が進むのに合わせて、そのビジョンを実現するための役割について検討する活動をできるだけ早く行いましょう。そうすれば、ビジョンの実現は「理想」から「共通の努力目標」へと変わります。

　新年度、生徒中心の教室を開始するときには、生徒と一緒に次のような取り組みをはじめるとよいでしょう。

・個人と集団をうまく成長させるクラスとはどのようなものかを説明する。

・クラスのルール（約束事）[6]をつくり、価値づけるべき行

---

[6]　「○○はダメ」のような禁止事項のリストではなく、「期待」や「規範」としてのリストです。詳しくは、『生徒指導をハックする』（とくに第4章）を参照してください。

　　動や称賛される行動の指針を示す。

・クラスを円滑かつ効果的に運営するためのルーティーン（日課）を決める（例——授業開始時・終了時にすること、教材の準備、テクノロジーの利活用、「センター」や「コーナー」[7]での活動の実施）。

・クラスのなかで、協働性や市民性を発揮するための行動指針をつくる[8]。

・係を決めて教室を管理する（例——活動の節目などに教室の整理整頓をする係、教材・機材が適切な場所にあり、正常に動作することを確認する係、学習ファイルを配布・回収する係、訪問者を教室に案内する係、教室で飼っている生き物の世話をする係、そのほか、定期的に行う必要がある仕事なら何でも）。

　これらの取り組みは、常に「クラスづくりの責任を分かちあう活動」の一環として行わなければなりません。

　各生徒は、どのような役割を担いますか？　小グループやクラス全体の活動にはどのような役割がありますか？　それぞれの場合において、教師はどのような責任を果たしますか？　クラスでうまくいっていることは何か、逆にうまくいっていないために修正すべきことが何かについてみんなで考えるためにはどうすればよいでしょうか？

　第5章では、カリキュラムを検討するためのさまざまな方法について探究しますが、そこでは、カリキュラムの性質やつくられ方がクラスにおける生徒の「声」の性質や程度を左右する

だけでなく、その結果として、教師と生徒がクラスづくりの役割をどのように分かちあうのかにも影響を与えることが明らかになります。主に、標準学力テスト[9]に備えるためのものとしてつくられたカリキュラムでは、意図して生徒の意見を取り入れるようにつくられたカリキュラムに比べると、生徒の「声」や「選択」が果たす役割（つまり、学ぶ内容や身につけた知識や技能を表現する方法、授業の進め方などの決定に生徒がどの程度関われるか）が限定的なものとならざるをえません。

　しかし、どちらの場合であっても、生徒には自分のアイディアや好みを表現する機会が与えられるべきですし、それはクラスづくりの初期段階からはじめるべきです。生徒の「声」を学年のできるだけ早い時期に引き出すことが、「生徒を中心とする学び」というビジョンを明確に示し、そのビジョンの実現に向けた役割（あるいは責任）を分かちあえる、もっとも力強い方法なのです。

❸任務を遂行する

　教師と生徒がクラスの「なぜ」（ビジョン）と「何を」（ビジョンを実現するための全員の役割）を考える場合と同じく、「ど

---

(7)　一人ひとりのニーズや興味関心の違いをいかす学習方法の一つです。学級をいくつかの小グループに分けて、各グループで異なる学習を自立的に進めます。詳細は『一斉授業をハックする』をご覧ください。

(8)　行動指針の例は、142ページ以降を参照してください。

(9)　教師以外の人が画一的に行う模擬テスト、学力調査、入学テストを指します。日本の場合、定期テストは教師が作成しますが、画一的な度合いを考えると、標準化されたテストに含めてもいいかもしれません。

のように」（そのビジョンに向けてクラスを成長させる方法）についても考えなければなりません。夢を描くことは大切ですが、実現に向けて動き出さなければならないのです。そのためには、現実のクラスに見られるあらゆるレベルの状況に対処する必要があります。

　表4-3に示すのは、スムーズに経営されるクラス、生徒のオウナーシップが高まるクラス、コミュニティーとしてのクラス、そして教師をサポートする仕組みを備えたクラスをつくるうえにおいて大きな役割を果たす、学級経営におけるルーティーンのサンプルです[10]。もちろん、生徒の年齢やニーズ、学習内容、教師の個性によって、リストの項目は変わってくるでしょう。あなたがクラスで重視しているほかの項目も、このリストに追加してください。

　表4-3を参考にして学級経営のルーティーンや方法を確立すれば、効果的かつ効率的に学習を進められるだけでなく、思いやりのあるクラスの文化を創造することにつながります［参考文献77］。また、各ルーティーンについて生徒と会話をすれば、生徒に対する信頼度を伝えられるだけでなく、すべきことがうまく果たせるように支援の言葉かけができるでしょう。

　クラスでのルーティーンや関連する取り組みは、「コントロールの仕組み」と見なされるようなものではありません。それは、クラスを構成する一人ひとりの学びをより高めるために設計された「協働のプラン」なのです。

　生徒の発達段階や注意力に応じた適切な「量」のルーティーンを計画的に教える必要があります。その際には、英語学習者

表4－3　学級経営のルーティーン

宿題をチェックする。	教室の掲示板（掲示物）を利用して活動する。	活動を続けるために時間の延長を依頼する。
教材や備品を配布する。	教師のサポートが必要なことを教師に知らせる。	確実に習得したことを示すためにやり直す。
教材や備品を自分で手に入れる。	実験器具を設置・撤去する。	授業時間中に移動する(注)。
教室の中を歩き回る。	授業開始のあいさつをする。	今回の成果と今後の目標を確認する。
家具（備品）を移動する。	実験する。	授業や活動を終える準備をする。
騒がしくならないようにする。	作業途中の成果物を保管する。	教材、備品、機材を片づける。
時間を確認する。	教室の掲示板を活用する。	教室を移動したり、同じ教室で別々の教科を学んだりする(注)。
クラスメイトに助けてもらう。	完成した成果物を提出する。	完成した成果物を保管する。
クラスメイトを助ける。	課題ややるべきことを早く終わらせる。	
あなたは、このほかに何を加えますか？		

(注)　教室内あるいは教室外で次の活動に移るために、場所を移動する必要性がある場合です。また、海外では、今日仕事に教室をもっており、生徒は教科に合わせて移動します。

142

（日本の場合は、母語が日本語以外の学習者・訳者補記）が理解しやすい言葉を使うことが大切となります。

クラスのつくり方について話し合うときは、無駄な内容を省き、言葉をシンプルにしましょう。私がクラスのルールや約束事、行動指針を考えるときに大切にしてきたのは、簡潔に、印象深く、包括的に、ということです。

次に示すのは、クラスのなかで考えられるほぼすべての行動や振る舞いをカバーしてくれるガイドラインであり、学年を問わず使えますし、長い間私が愛用してきたものです。

「自分を大切にしよう。この場所を大切にしよう。お互いを大切にしよう」

また、私が参観したある中学校のクラスでは、次の二つのガイドラインが用いられていました。それは、「あるべき人間になるためにするべきことをしよう」と「プラチナ・ルールを実践しよう」[11]というものでした。

さらに、3〜4年生のクラスでつくられた行動指針を紹介します。

・ほかの人、気持ち、場所、持ち物、考え方に敬意をもって接します。

・自分の行動、言葉、選択に責任をもちます。

・感謝の気持ちを表現します。また、悪口を言わず、違いを認めあい、分け隔てなく接します。

・「成功を収める学び手」を目指します。積極的なロールモデルとなり、より高いレベルを追求し、やればできるという気持ちで自己ベストを目指すことが含まれます。

　紹介した例は、前向きで、生徒への信頼を示すものです。生徒が考えうるあらゆる違反行為を予期したかのような、「すべきこと」や「してはいけないこと」のリストに比べると、生徒たちをクラスに歓迎しようとする姿勢が分かりやすく示されていると言えるでしょう。

　また、生徒の負担になりすぎないように配慮しながら、新しいルーティーンとその方法を必要に応じて導入し、クラスのなかに位置づけるというのもよいでしょう。生徒に実行させたいと思うなら、まず、そのルーティーンの練習機会をつくることが大切となります［参考文献77］。低学年のうちは、ほとんどのルーティーンをおそらく何度も練習することになるでしょう。高学年になると、「教室の備品を素早く静かに移動する」などといった複雑な手順のみを（口頭による指示で終わらせるのでなく）練習するだけでよくなるかもしれません。

　1年間の早い段階で、それぞれのルーティーンとはどういうものか、なぜ重要なのか、どのように実行するのかについて話し合う時間を設けましょう（「私たち全員が、自分の成長に役立つさまざまな方法を使って、効果的に学べるようにするためです」という結論が導かれるといいですね）。

⑽　141ページの**表4-3**では、学級経営において生徒が主体で行う活動がリスト化されています。複数の項目を組み合わせることで、クラスにおける教師や生徒の行動の「パターン」を組み立てることができます。

⑾　プラチナ・ルール（白金律）とは、「人があなたからしてもらいたいと思っていることを他人にしなさい」ということです。これに対してゴールデンルール（黄金律）は、「あなたが人にしてもらいたいと思うような行為を他人にしなさい」ということです。

　また、ルーティーンの目的、ルーティーンを役立てる方法、ルーティーンを実行したときの様子を思い出す時間も、年間を通して設けるようにしましょう。そのうえで、もっと効果的に学ぶために、ルーティーンの手順や方法を改善することができないかと一緒に考えてみてください。

　クラスには３種類がある、と言われています。——秩序を欠き、予測不能な要素が多く、学びが著しく損なわれている「機能不全のクラス」。秩序は保たれているが、時折、何らかの形でうまくいかなくなり、学びが制限される場合もある「標準程度のクラス」。そして、生徒の振る舞いや授業の進行にほとんど問題がない「秩序のあるクラス」です［参考文献75］。

　しかし、興味深いことに、専門家は「秩序のあるクラス」はさらに二種類に分けられると言います。その二種類とは、秩序はあるが硬直したクラス（厳格主義）と、秩序があるうえで柔軟なクラスです。そして、後者のクラスにおいてのみ、生徒の「声」、自立性、複雑な思考、創造性が育つとされています。「そのクラスはスムーズに運営されており、しばしばやや緩めの（「緩い」わけではない）仕組みをもち、より幅広いルーティーンと教え方が用いられている」［参考文献75］と言うのです。

　時に私たちは、創造的な活動は「予定どおり（計画性・秩序）」と「行き当たりばったり（無秩序）」の間のどこかから生まれるという考え方にとらわれてしまいます。しかし実際は、『リーディング・ワークショップ』（小坂敦子ほか訳、新評論、2010年）の著者であるルーシー・カルキンズが思い起こさせるように、「私たちの社会でもっとも創造的な環境は、常に変化

を続けるような環境ではない。芸術家のスタジオ、研究者の実験室、学者の図書館は、複雑な仕事の助けとなるように、意図的にシンプルに保たれている。予測可能な状態を意図的に保つことで、予期せぬ成果が起こりうる」[12][参考文献16] のです。

　言葉を少し換えるなら、複雑活動を順序立ててきちんと教えられる教師であれば、学びの意味や関連性、協働が重視されるクラスであっても、難しい考え方やスキルを的確に教えられるということです [参考文献22]。クラスではなく、個人やグループのニーズに対応する場合も、このような能力が不可欠となります。

　教師と生徒とのパートナーシップの基礎となる次の三つの問いに、生徒が答えられるように話していきましょう。

　　・私たちは何者で、何のために存在するのか？
　　・自分自身の成長と目標の実現、クラスメイトの成長と目標
　　　の実現に向けて、私たちにできることは何か？
　　・その任務をどのようにして遂行するのか？

　生徒と教師が互いに敬意をもち、努力しあうと共に、個々の違いやニーズに対応し、振り返ることを大切にする、柔軟で安定感のある学習環境を共につくりあげるという行為を通して、生徒と教師の強い絆は育っていきます。

---

[12]　この環境こそ彼女自身がコロンビア大学のリーディング＆ライティング・プロジェクトを通して、40年間以上普及してきたリーディング・ワークショップ（『読書家の時間』）とライティング・ワークショップ（『作家の時間』）が行われている環境です。

スキルを成長させるためのモデルの提示と その教え方

　クラスは単なる入れ物ではありません。クラスは、人間関係のネットワークです。お互いを尊重し、調和性を重んじ、創造性を高めるという原則を実践しようとする人間同士のコミュニティーとなることが、クラスの理想的な状態だと言えるでしょう。もちろん、この理想的な状態を実現するまでにはたくさんのハードルがあります。

　いかなる年齢であれ、教科内容の学び／感情と社会性の学び（SEL）において必要とされるスキルをもって教室にやって来る生徒はほとんどいません。また、地に足の着いた力強い「声」を身につけている生徒もほとんどいません。さらに、エイジェンシーに自信があるという生徒もほとんどいません。

　教師は、大部分の生徒がこのような実態にあることを認識し、学ぶ人としての姿をまるごと示すメンターとして、一人ひとりの生徒が人間のさまざまな側面で成長していく際に必要とされるスキルや態度、思考の習慣（5〜6ページ参照）を教えたり、モデルを示すことになります。

　生徒は「テストの点数」ではなく生身の人間であり［参考文献59］、学びは、常にテストの成績や通知表の評定で示されるものよりも大切にされなければなりません［参考文献38］。教科内容についての成績を高めることが使命の中心に位置しているでしょうが、それに社会性と感情（SEL）の能力や思考の習慣が伴わなければ能力は十分に発揮できないはずです。したがっ

て、私たちの仕事は、生徒一人ひとりを、知的、社会的かつ倫理的な存在として捉え、総体的に教えることとなります。

バージニア大学の第9代学長であるジェームズ・ライアン（James Ryan）は、2018年の就任演説において、バージニア大学は（学問の面で・訳者補記）偉大な大学として広く知られていることに言及しつつ、その一方で、「同校は未完成のプロジェクトである」とも語りました。

ライアンは、私たちの世界では、時間と空間を共有しているすべての人々、および人々を取り巻く世界をより良くするために、各個人や組織が偉大かつ善良であるように努力を続けることが不可欠であると指摘しました。これは、キング牧師（Martin Luther King Jr., 1929〜1968）が「教育の目的は、知性と人格を育てることである」と強調したことを思い起こさせます。

教師のもつ可能性をいかし、生徒たちを育成し、教職という専門性に正義を貫くためには、目の前にいる多様な生徒たちの「全人格を育む」ことが必要となります［参考文献38］。したがって、教師にとって大切なのは、生徒に教科内容の学び／感情と社会性の学び（SEL）を教えられるように、そのスキルや態度について積極的に教えたり、モデルを示すこと、そしてそのための方法を身につけることだと言えます。そうすることで私たちは、世界をより良くするために必要とされるツールを生徒が身につけていくための手助けができるのです。

『やり抜く力 GRIT（グリット）』（神崎朗子訳、ダイヤモンド社、2016年）で有名なアンジェラ・ダックワース（Angela Duckworth）は、生徒の現在および将来にわたる成長を支える

可能性が高い特性（性格の特徴）とは何かを考えるための枠組みを、研究に基づいて示しました［参考文献59］。この枠組みは、教師がスキルや態度を教えたり、モデルを示すことが何を意味するのかについて教えてくれます。彼女は、同僚と集めたデータをもとにして、その特性を次の三つの系列にまとめました[13]。

対人的特性（協調性、思いやり）――この世界をより良く生き、他者の人生によい影響を与えることに役立つ性格の領域。対人的特性には、感謝、共感、誠実、喜び、社会性と感情の豊かさが含まれる。

個人内特性（意志、やる気）――仕事をすること、自分の目標に向けて努力することに役立つ性格の領域。個人特性の具体例としては、学びにおける自己制御（セルフ・コントロール）、すぐに満足しない態度、困難や逆境に直面したときの忍耐力、楽観的な思考などが挙げられる。ダックワースは、これらを「成長マインドセット」と関連づけている。

知的特性（知性、興味関心）――学ぶこと、理解すること、英知を究めることの原動力となる性格の領域。知的特性の特徴としては、好奇心、開かれた心（オープンマインド）、知的謙虚さ、想像力、創造性、チャレンジ精神、フィードバックへの寛容さが挙げられる。

ダックワースは、「意志と成績」には「思いやりと成績」よりも高い相関関係があることを示しつつ、それでも「思いやり」は社会的、倫理的に必要不可欠な性格だと強調しています。また、成績評価のシステム（および標準学力テストの点数が重視

される仕組み）では、知性や興味関心よりも学ぶ意志が重視されていることの意味について考えてみることも重要です。知的特性とは、単に情報を再生産するのではなく、知識と経験を思慮深く応用するという意味での賢明さを指しているにもかかわらず、です。

　ここで、**表1-1**に示した「いきいきと生活するための特徴のリスト」（16ページ）と、**表2-1**「生徒中心の教室における生徒と教師の成長目標例」（46〜47ページ）をもう一度読んでみてください。そして、同じ時期に、同じ分野の、同じ発達のニーズをもつ生徒はいないということを念頭に置いたうえで、各表の項目のなかから、あなたが生徒の発達にとってとくに重要だと考えるものを選び出しましょう。

　リストアップが終わったらこのあとを読み進めて、次ページの**表4-4**の記入欄（あなたの考え）に、作成したリストのなかから適当な項目を記入してください。さらに、表に示した事例を読んで、具体的な性格の特徴についてモデルを示したり、教えたという過去の経験を思い出してみましょう。また、将来このようなケースに出合ったときの教え方を考えてください。

---

(13)　ここで紹介されている三つの特性は、著者自身が本書で繰り返し言及しているにもかかわらず、その中身については紹介していない感情と社会性の学び（SEL）とほぼ同じと言えます。紹介していない理由は、アメリカでは20年前以上から教育界で広く知られているからです。みなさんは、三つQRコードを参照してください。

表4－4　生徒の学習面、感情面、社会性の成長を支える特徴の
　　　　モデルと教え方の事例

・**対人的特性（協調性、思いやり）**
関連する特徴——感謝、共感、誠実、喜び、社会性と感情の豊かさ

【あなたの考え】

［対人的特性のモデルの提示］
　ある高校の歴史教師は、毎年、生徒に向けて、「私がもっとも大切にしていることは、みなさんについて深く理解することです。みなさんの目を通してクラスを把握したいからです」と伝えています。
　彼は毎日、生徒が教室を出入りする時間帯には廊下に出て、生徒と会話することを習慣にしています。また、各授業の最初と最後に、最近の出来事や映画、音楽と普段の生活との関わりについての話や質問をし、生徒が自分の考えを表現する機会を設けています。さらに、授業中に居心地が悪そうにしている生徒に気づいたら、そばに行ってその様子を確認します。彼は、生徒についての自分自身の学びをいかしながら、教える内容と生徒の経験とを結びつけるようにしているわけです。

［対人的特性の教え方］
　ある中学校の数学教師は、生徒が小グループで複雑な問題に取り組んでいるとき、その様子の記録をとるようにしています。彼女は、前の週にクラスで作成したグループ学習のルールがうまく機能しているかどうかを観察しています。グループ学習を終えたあと、彼女は二つのリストを生徒に提示します。「グループ学習で使われていた言葉」のリストと「使われていなかった言葉」のリストです。そして、小グループでの話し合いと、クラス全体での話し合いを行います。
　その後、次の文について考えるように促します。
「役立つことをしないのは、まちがったことをする場合と同じくらい問題である」
　これらの活動を踏まえて生徒は、もう一度グループになって翌日のグループ活動の目標を決めます。

・個人内特性（意志、やる気）

関連する特徴——学びにおける自己コントロール、すぐに満足しない態度、困難や逆境に直面したときの忍耐力、楽観主義（成長マインドセット）

【あなたの考え】

［個人内特性のモデルの提示］

　ある小学校の先生は、月曜日、生徒に次のように話しました。「金曜日に学校を出たとき、私の気分は最悪でした。理科の授業でみなさんに提示した活動が、みなさんのためになるどころか、多くの人を混乱させてしまったからです。1週間をかけて毎晩その活動について考えて、ちゃんとできることを確認したのですが、期待していたようにはなりませんでした。金曜日の夜はゆっくり休み、家族と一緒に映画を観ました。そして、土曜日と日曜日、数時間かけてその活動をつくり直しました。今日は、もっとうまくいけばいいのですが……。もし、うまくいかなかったら、また戻ってやり直します。このことが、みなさん一人ひとりにとって意味のあるものになればいいなと思っています」

［個人内特性の教え方］

　多くの英語学習者（142ページの訳者補記を参照）を受けもつある教師は、毎年、「困難な課題に粘り強く取り組むことで人は強くなる。なぜなら、一生懸命やれば目標を達成できると信じているからだ」という内容のビデオを生徒に見せています。また、「ロードランナー」というマンガ[注]を使って、「がむしゃらに取り組むこと」と「賢く取り組むこと」の違いについて話しています。

　さらに彼女は、「何かがうまくいかないとき、同じことを何度も繰り返してしまうことがありますが、それは当たり前のことであると同時に、役に立たないアプローチでもある」ということも生徒に話しています。その後、生徒は「賢く取り組む」とはどのようなことなのか、どのようなやり方ではダメなのかについてのリストを挙げ、イラストにしました。

　教師は、「賢い方法」で生徒が学びに取り組むための具体的な方法が理解できるよう、年間を通してこの教え方を継続しました。

152

・知的特性（知性、興味関心）
関連する特徴——好奇心、開かれた心（オープンマインド）、知的謙
虚さ、想像力、創造性、チャレンジ精神、フィードバックへの寛容
さ

【あなたの考え】

［知的特性のモデルの提示］
　アルセロ先生は、各単元のなかで１、２回、どうすれば自分や周
りの人（教師も含む）がもっと効果的に学べるのかについて、生徒
一人ひとりが考えることを目的として、「学ぶ方法の成長記録」とい
う表に記入をしてもらっています。
　表の左側の列には、学習をサポートする方法として、教師に新し
く提案したいことを記入します。中央の列には、同じくクラス全体
に提案したいことを記入します。右側の列には、自分自身の活動を
もっと効果的にする方法を考えて記入します。

［知的特性の教え方・その１］
　アルセロ先生は、これらのリストを統合したうえで、１回に１列
ずつクラス全体に発表し、話し合いを行います。先生は、生徒のフ
ィードバックを受けて、すでに実践しているアイディアやこれから
使おうと考えているアイディアについて丁寧に伝え、自らの成長を
助けてくれたことに対して生徒に感謝します。
　生徒たちは、クラス全体への提案について熱心に話し合ったうえ
で、実行に移すアイディアを決定します。それぞれの生徒は、自分
が作成した表と話し合いで得られたアイディアを検討し、短期間で
達成したい目標を一つか二つ考えます。

［知的特性の教え方・その２］
　ある中学校の理科室のホワイトボードの上には、「あなたの創造性
を育てよう！」と書かれた大きな横断幕が掲げられています。生徒
は、「クリエイターが仕事で経験する四つのステージ」［参考文献
100］と呼ばれるモデルについて学びます。教師は、生徒が理科の授
業で成果物をつくるなかで、それらのステージについて考えたり、
試したり、振り返ったりすることをサポートします。

四つのステージとは、「探検家」、「芸術家」、「審査員」、「戦士」です。「探検家」は、課題の全体像や細部に関連するアイディアを、長い時間をかけて、一生懸命いろいろな場所から見つけ出します。「芸術家」は、さまざまな角度や視点から観察したり、関連づけたり、連想したり、類推したりし、集めたアイディアを使って新しいものをつくり出します。「審査員」は、新しいアイディアを見つめ直し、自分のアイディアの有効性や盲点について評価します。最後の「戦士」は、アイディアを実行に移すために必要なことを思い切って行います。

年間を通じて、生徒はこのモデルを使いながら、さまざまな時代や文化の科学者たちの発明や発見について話し合います。そして、これらのステージを、学校の内外において（科学について考えるとき以外にも）どのように役立てられるのかについて話し合います。

（出典）　［参考文献59］
（注）　『Beep Beep THE ROAD RUNNER』1970年代のアメリカのコミック作品です。

　生徒が成長や発達をもたらすための特徴を十分に身につけていないことに気づいたとき、効果的に教えていくためにも、まずは生徒を非難したくなる気持ちをぐっと押さえる必要があります。そのうえで、そうした不適切な振る舞いを生徒のニーズの現れとして捉え、生徒に必要な支援を考えたり、より効果的な教え方を考えたり、うまく学べる機会を増やしたりしなければなりません［参考文献59］。

　教師の仕事は、生徒の人格が成長するような状況をつくり出すことです［参考文献38］。ビジョン、信頼関係、コミュニティー、そしてパートナーシップを備えた学習環境は、そうした状況をつくるための地ならしを行い、生徒が恩恵を受けられる道を用意します。学習環境の創造に力を入れるというのは、それほど大きな価値があるということです。

学習環境づくりに取り組む教師の事例を分析する

　本章で取り上げた原則への理解を深めるために、それを実践している教師の事例を見てみましょう。各事例後の「考えるポイント」は、あなた自身の取り組みを分析するためのものとして使ってください。

高校の英語（日本の国語）の教室で

　新学期の初め、英語教師のホーン先生は10年生の生徒に向けて、「文学を学ぶということは、多様性が私たちの人生にもたらす豊かさについて、１年間対話しながら考えていくことです」と説明しました。

　この「対話」という言葉が単なる比喩に終わらないよう、生徒たちは数多くの話し合いを行い、各自の専門性を見いだすと同時に成長させ、授業内容と自分たちの生活と経験を結びつけていくことになります。

　1950年代半ばから1970年代初頭にかけてのアメリカ文学の単元では、白人ではない作家や音楽家による文章や音楽を学習活動の導入として使いました。キング牧師（147ページ参照）の「バーミンガム刑務所からの手紙」をクラス全員で読むときには、英語を母語としない生徒や、読むことに困難を抱えている生徒に対して、ホーン先生はさまざまなサポートをしました。また先生は、この単元のいくつかの場面において、「四つのコーナー（教室の四隅）」という教え方を用いて、多角的な視点

がもてるようにもしました。

　この活動で先生は、まずある文章の抜粋とそれに関する質問を提示したあと、同じような反応や応答をした生徒同士を小グループ（教室の四隅に設けたコーナー）に集めました。そして、一定時間話し合ったあと、今度は各コーナーから一人ずつ集めて新たな小グループをつくり、それぞれの視点をもとに話し合いました。

　最後に先生は、クラス全体に向けて、最初に提示した文章と質問をもう一度読み、改めて「現在の自分の考えに近いコーナーに集まるように」と指示しました。

　このようにしてホーン先生は、グループでの話し合いを通して自分の視点が変化していくということを生徒に教えたわけです。

　その後も生徒は、年間を通して、さまざまな情報源からの報道記事、詩や物語、そして文学アンソロジー（教科書など）に掲載されている有名な戯曲の抜粋を読みました。また、アンジー・トーマスの小説『ザ・ヘイト・ユー・ギヴ——あなたがくれた憎しみ』[14]、『アメリカの奴隷制を生きる——フレデリック・ダグラス自伝』[15]、ニック・レイクの『暗闇の中で（In Darkness)』[16]なども読みました。

---

[14]　武器を持たない黒人の若者が警察に殺された事件を題材にしたものです（服部理佳訳、岩崎書店、2018年）。

[15]　アフリカ系アメリカ人のダグラスが、アメリカで奴隷にされるところから政治家になるまでを描いた自伝的小説です。ダグラスは、1863年の奴隷解放宣言の制定を大統領に迫った人物としても知られています（専修大学文学部歴史学科南北アメリカ史研究会訳、彩流社、2016年）。

　生徒は、これらの文学作品とそれに対する自分の反応について文章を書きましたが、必ずしも一般に行われているエッセイ形式ではありません。時に先生は、ラップソングの形式を使って、文章の書き方に関する知識やスキルについて教えました。「ラップの名曲の天才的な言葉遣いを文章のモデルにすることで、生徒たちに高度な背景知識が教えられます。新しい『専門家』を育てることで、この文章についての話し合いが豊かになりますし、クラスの雰囲気が大きく変わることもよくあります」と、ホーン先生は説明しています[17]。

　「専門家」を用いる方法は、年間を通してよく行われました。「移民の時代とアメリカ」の単元では、カーレド・ホッセイニの『カイト・ランナー』[18]やガブリエル・ガルシア・マルケスの『百年の孤独』[19]など、欧米圏以外にルーツをもつ作家の体験を反映した作品を各自が選択して読みました。

　学校やクラスにも、そうしたルーツをもつ生徒がいます。西洋の古典文学以外の作品に焦点を当てることでアジアや南米にルーツをもつ生徒を学習に引きこみ、クラスでの出来事に対するオウナーシップを拡大し、「専門家」として活躍できるようにすることを意図したのです。その結果、これらの生徒へのエンパワーメントが促進されただけでなく、クラス全体にとって、質が高く、親しみやすく、興味深い学びが生まれました。

考えるポイント

・ホーン先生は、生徒の対人的特性、個人内特性、知的特性のうち、どれを伸ばすことに重点を置いていると思いますか？

・この事例では、それらの特性のなかで、どの特徴が機能して
いることが分かりますか？　また、ほかに機能しそうな特徴
はありませんか？　その特徴を効果的に機能させるために、
この事例に何かを付け加えたり、一部が変更できるとしたら、
どのようにしますか？

小学２年生の教室で

　小学２年生を担当するナバロ先生は、お互いを尊重しあい、
信頼関係が構築できるさまざまな活動を行いました。たとえば、
「クラスのいいところ探し」と呼ばれる活動では、親切なこと
や役立つことをしているクラスメイトの名前をカードに書き、
「クラスのいいところ」ボックスに入れるように、と伝えまし

---

(16)　現代におけるハイチの出来事と、ナポレオンに抵抗したハイチの反逆者、
　　トゥサン・ロヴェルチュールの生涯とを重ね合わせた小説です。未邦訳。

(17)　おそらく、四つのコーナーの一つに集まった生徒に、読んだ感想をラップ
　　形式で書くように指導したのでしょう。そのコーナーは、「ラップ形式で書
　　く専門家」の集まりとなります。そこにいた生徒は、別のグループに行っ
　　たとき、新しいメンバーにその経験が話せます。

(18)　アフガニスタンとアメリカを舞台に、人種の違いや戦争がもたらす友人関
　　係の破壊、過酷な人生を描き出した小説です（佐藤耕士訳、アーティスト
　　ハウスパブリッシャーズ、2006年）。また、2007年に『君のためなら千回で
　　も』という題で早川書房からも出版され、映画化されています。カーレド・
　　ホッセイニ（Khaled Hosseini）はアフガニスタン出身のアメリカ在住の作
　　家で、国連難民高等弁務官事務所の親善大使という経歴をもっています。

(19)　鼓直訳（新潮社、2006年の改訳版）など、いくつかの訳で読めます。ガル
　　シア・マルケス（Gabriel José de la Concordia García Márquez, 1928～
　　2014）はコロンビア出身の作家で、かつて植民地としてヨーロッパ人に支
　　配された南米大陸の歴史を幻想的に描き出す作品があります。1982年にノ
　　ーベル文学賞を受賞しました。

158

た。折に触れてナバロ先生は、生徒のカードと自分のカードを
クラスに紹介しました。

　また、生徒がクラスメイトと気持ちよく協働作業に取り組め
るようにするために、決められた時間内にグループでジレンマ
（二つの解決策や選択肢が受け入れられないような板挟み状
態・訳者補記）を解決する「脱出ゲーム」と呼ばれる課題を、
メンバーを入れ替えながら行いました。

　また、生徒が文学サークルや算数サークルの「専門家」に自
己推薦できるようにしました[20]。さらに、クラスの行動指針を
用いて効果的なグループワークをした結果、より良い学びがで
きたという経験を具体的に示すように、と促しました。ナバロ
先生は、クラスの生徒が週を追うごとに互いを尊重しあうよう
になり、チームワークを高めている状態を実感していました。

　それでもナバロ先生は、情緒面で不安定さがうかがえるベン
という男子生徒のことと、周りの生徒が彼をどのように思って
いるのかと心配していました。ベンが怒ったりイライラしたり
することは日常茶飯事で、近くにあるものを叩いたり、投げつ
けるといったこともしばしばありました。

　ナバロ先生は、スクールカウンセラーや特別支援教育のスタ
ッフの支援を得ながら、ベンをできるかぎりサポートし、スム
ーズに仲間に溶けこめるように努めました。しかし、ベンの名
前が「クラスのいいところ」カードに登場することはありませ
んでした。また、ベンのいるグループは、「専門家」に自己推
薦することもなければ、「脱出ゲーム」の課題を終えることも
ありませんでした。

　病気でベンが２日間学校を休んだとき、ある生徒がナバロ先生に言いました。

「ベンがいないと本当に静かだと思わない？」

　彼女は気づきました。この言葉は、ベンがより良い学校生活を送れるようにするために、生徒の理解とパートナーシップを高める必要があることを知らせるサインとなりました。

　ベンが欠席している翌日の朝、ホームルームにおいてナバロ先生が生徒に言いました。

「兄弟姉妹や友人に対して腹が立って、普段言わないようなことを言ったり、怒鳴ったり、あるいは何かを投げてしまったことはありませんか？　そのときのことについて話してください」

　すると、たくさんの生徒が名乗り出て、話を聞かせてくれました。

　先生は、生徒たちの気持ちを落ち着かせたうえで、「今、どのように感じているか」と尋ねました。全員が「ごめんなさい」と答えました。また、「悪いことをした」、「恥ずかしい」と言った生徒もたくさんいました。

「あのね、そういう瞬間は誰にでもあるんですよ。ベンも同じです。今は、私たちよりもたくさんあるだけなのです。そんなとき、ベンを助けるために私たちは何をしたらいいと思いますか？」と、ナバロ先生は尋ねました。

　生徒たちは熱心に話し合い、ベンの調子がいいときは優しく

⒇　たとえば、「ラップ形式で書く」活動を計画する場合は、その専門家として活躍したい生徒をあらかじめ募集するという方法です。

接するようにし、ベンがイライラしているときは、ジロジロと見られていると感じないように自分の課題に集中するようにしよう、ということを決めました。

　この行動指針を実行するようになると、生徒は気持ちよく過ごせるようになりました。

「生徒たちは、自分で決めたことを驚くほど忠実に実行していました」とナバロ先生は話します。「ベンの調子がいいときには一緒に活動するように努力して、多かれ少なかれ、彼の感情爆発をうまく無視していました」

　ナバロ先生は、ベンの前途が長く険しいものになることを理解したうえで、この行動指針は少なくとも二つの点で役立っていると言います。

「ベンのクラスメイトは彼のことを、自分たちのサポートを必要としている友人として見るようになりました。また、彼がイライラしているときには、生徒たちは自分の学びを続けてくれるので、私は心置きなくベンに付き添えるようになりました。これは、彼にとっても、私にとっても、クラスメイトたちにとってもとてもいいことであったと思います」

💬考えるポイント

・ナバロ先生が信頼に値する人物であることは、このエピソードのどのようなところから分かりますか？　最初に思い浮かんだ答えを横に置いて、さらに考えてみましょう。

・ベンにとっての重要なニーズと、事例が紹介されている時点でのクラス共通のニーズは、それぞれ異なる特性カテゴリー

（対人的特性、個人内特性、知的特性）に該当すると思われます。これらの特性の一つ以上の成長をサポートするという観点から、クラス共通のニーズと個人のニーズのバランスのとり方についてあなたはどのように考えますか？　あるいは、あなたならどのような対応をしますか？

 ## このあとは……

　生徒とその学びを豊かにするクラスづくりは、生徒一人ひとりの成長の基礎です。ある意味で、幼い生命を宿す種子の殻のようなものと言ってもよいでしょう。

　アレックス・ペイト[21]は、私たちの社会のどこにでもある否定的なステレオタイプや物語のために罪悪感、劣等感、不安感を抱きながら学校にやって来る多くの生徒たちの実態を、説得力をもって描き出しています［参考文献72］。

> 　彼らは「テロリスト」、「不法入国者」、「エイリアン」だ。あるいは「危険な人物」、「凶悪犯」、「犯罪者」、「たかり屋」だ。

　このような実態に置かれた生徒は、学校のなかで低いレベルのクラスにいることが多く、それが「到達度の格差」を生み出す大きな要因となっています。

---

[21]　（Alexs Pate）『Innocent Classroom』の作成者で、ニューヨークタイムズのベストセラー作家です。邦訳書に『アミスタッド』（雨沢泰訳、新潮文庫、1998年）があります。

162

ペイトによれば、こうした生徒は幼稚園の時点で、準備が整っていないまま罪悪感の山に登ろうとしている状態であり、支援の手を伸ばそうとして歩み寄ってくる人（教師）を信頼することができません。その不信感のもとになっているのは、生徒が抱えている罪悪感なのです。

ペイトは、「無邪気なクラス」と呼ばれる状況を構想します。そこでは、生徒は固定観念や罪悪感に縛られることなく生活し、学びに取り組めます。なぜなら、教科内容の学び／感情と社会性の学び（SEL）では、「無邪気さ」が不可欠であるというアイディアを教師が大切にしているからです。

そこでは、教師は生徒を、ステレオタイプや学力調査の結果で見ずに、一人の人間として見ています。生徒のよいところを見いだし、そこから教えはじめます（悪いところからではありません）。

教師は、効果的に学ぶ方法を生徒に教えると共に、生徒の活躍を期待していること、自分の目標を達成してほしいと願っていること、そして学ぶことで人生が変えられることを示します。こうした取り組みを、時間をかけて継続すれば、教師は生徒や保護者から信頼されるようになります。

このようなクラスの中であれば、生徒たちは少なくとも制約から解放されますし、自分のよさを素直に受け入れ、好奇心をもつ学び手となって、毎日をいきいきと送るでしょう。

人種や肌の色、出生地などの理由からやむを得ず背負わされている重荷について理解し、それを軽減するための努力をすることなくして生徒中心の教師にはなれません。同じように、精

神疾患、虐待、ネグレクト、貧困、いじめ、性的指向や身体的特徴の違いなどに関するある種の固定観念によって耐えがたい重荷を背負わされている生徒を見つめることも大切ですし、そうすべきです。

　生徒を中心とする考え方において教師は、学び手である生徒一人ひとりが、また学級全体が学び、成長できるように伸び伸びと過ごせる「無邪気なクラス」をつくりあげるために最善の努力をしなければなりません。これが、私が理解する「生徒を中心とする考え方」の根本的な目標です⑵。なお、本書で紹介しているほかのアイディアの基盤にあるものもこのような考え方に基づいています。

　とはいえ、やはり学校や教室は、教科内容の学びにおける成長を促す場所でもあります。したがって、生徒の知的好奇心を満たすために何を選択するのかが非常に重要となります。その教科や分野においてもっとも大切なことは何か、学ぶ内容の選択に生徒の「声」をどのようにいかすのか、そして生徒が世界に出合うための計画をどのように作成するのか、これらすべてが極めて重要となります。

　次章では、生徒一人ひとりが「学び」という人から人への贈り物によって生かされていると感じられるように、重要な学習内容を尊重し、価値づけ、活用するとはどういうことなのかといったカリキュラムの問題について考えていきます。

⑵　協力者から、「他者からの評価に一喜一憂することのない気兼ねない集団づくりを目指していきたいです。また、学級だけでなく、学年、学校全体、社会全体と広げていきたいところです」というコメントが届きました。

第5章
カリキュラム──夢中で取り組める学びを提供する

　これまで、多くの地域や学校で使える共通カリキュラムの開発や学習内容の適切な配列、民主主義社会に望まれるカリキュラムなどについて、議論されてきました[1]。しかし、それは社会で守るべき価値や望ましい生活についての話し合いから結論を出すのでなく、むしろ、テストの結果に基づいた問いによって答えを出そうとしているところがあります。

【ジョン・ハッティ（John Hattie）】『学習に何が最も効果的か　メタ分析による学習の可視化◆教師編◆』（原田信之訳、あいり出版、2017年、80ページより）［参考文献46］

　映画『いまを生きる（Dead Poets Society）』（ピーター・ウィアー監督、1989年）でロビン・ウィリアムズが演じた英語教師ジョン・キーティングは、教えることについて何か大きなことを掴んでいました。彼は、自分が教えることになった内容を本当に理解していたのです。その内容に、惚れこんでいたといっても過言ではないでしょう。

───────────────

(1)　残念ながら、この種の議論は日本にはあまり存在しません。学習指導要領は文科省の独占事項となっているために、アメリカではカリキュラムの主要なアクターである学会や教育委員会が日本で声を出すことはありません。

166

　それだけでなく彼は、自分が教えるべき若者たちのことも深く理解していました。そして、おそらく彼らを愛していたのでしょう。映画のなかで印象的だったのは、キーティング先生がこの二つの愛を結びつけ、生徒たちを戸惑わせながらも魅了する、情熱をもって語りかけるシーンでした。

> 　我々はなぜ詩を読み、書くのか。それは、我々が人間であるという証なのだ。そして、人間は情熱に満ちあふれている。医学、法律、経営、工学は生きるために必要な尊い仕事だが、詩や美しさ、ロマンス、愛こそは我々の生きる糧だ。
> 　ホイットマンの詩を「おお　私よ　命よ　幾度も思い悩む疑問　信仰なき者の長い列 愚か者に満ちた都会　なんの取り柄があろう　私よ　命よ」と答え……それは君がここにいること、命が存在し、自己があるということ、力強い劇は続き、君も詩を寄せることができる。力強い劇は続き、君も詩を寄せることができる……君らの詩とは？（映画『いまを生きる』の25.5分～）［参考文献101］

　法律や医学、芸術や演技を本当に愛している人たちならば、おそらくキーティング先生の意見に異論を唱えるでしょう。キーティング先生が詩について語るのと同じく、彼らが愛してやまない何かを追究することは、生きがいを理解する方法であり、その意義を信じ、人や社会に貢献する方法でもあるということでしょう。
　医学、法律、ビジネス、工学など、あらゆる分野の優れた教

師は、キーティング先生のような情熱をもって教えています。
彼らは、生徒のために教科の学習内容と意味をまとめ、これら
の要素が一つになるようにしているのです。

　だから、教える相手に対して、「私はあなたの探究を手伝い
ます。この分野が、どのように私たちをより完全な人間へと近
づけてくれるのでしょうか、また、あなたがもっている才能を
どのように深め、伸ばしてくれるのでしょうか」と言い切るこ
とができるのです。

　本章ではカリキュラムに焦点を当てます。カリキュラムとは、
自分の人間性そのものを探究し、育む力を高めるために教え、
生徒に学んでもらう内容のことです。

　カリキュラムという言葉は古ラテン語に由来し、当初は、馬
が牽引する戦車で走る競馬場を意味していました。教育分野で
カリキュラムは、計画された一連の学習や専門分野を構成する
コース群を意味するようになりました。

　この言葉の歴史は興味深いものですが（学年末に生徒がテス
トで高得点をとれるように、内容を急いでこなし、走らせると
いう最近の傾向を考えると、少し皮肉なことでもあります）、
この定義はジョン・キーティングが考えている「コース」とは
異なるものでしょう。

　現在のカリキュラムの概念では、生徒自身とカリキュラムの
意味や目的を結びつけるという彼の情熱を受け入れる余地はほ
とんどありません。これは、カリキュラムの本質を見失った結
果であると私は思っています。

それは「カリキュラム」ではない！

　バージニア大学での最初のころ、同僚と私は、しばしば研究チームの博士課程の学生に対して、「翌年勤務する予定の学校に連絡をとり、カリキュラムのコピーを送ってもらうように」と頼んでいました。すでに大学院で何科目か勉強しており、カリキュラムについての「新しい」考え方を熟知していた学生たちは、「カリキュラム・ドキュメント」が届いたときに困惑し、「なぜ、教科書が送られてきたのか？」と尋ねました。「カリキュラムを送るようにとお願いしていたのに！」

　このような光景が5〜6年繰り返されたあとも、似たような状況が20年近く続きました。

「なぜ、スタンダード[2]の文書を送ってきたのだろうか？　カリキュラムを送るようにお願いしていたのに！」

　この大学での話は、別に不思議なことでもなく、多くの学校におけるカリキュラムの実態を示すものでした。教科書や一連の到達目標がカリキュラムと同義であるという一般的な理解は、カリキュラムのあるべき姿に対する誤解の産物です[3]。そしてそれは、私たちのところにやって来る学生のかなりの割合が、教育を駄目にしてしまうことにつながっています。

「教科書」はカリキュラムではない

　学校では、カリキュラムという言葉を「教科書どおりの配列」

という意味で使う習慣があるため、カリキュラムの本当の意味や意図を見失っている教師が少なくありません。教育関係者のすべてではありませんが、多くがそうなっています。

　博士論文の研究の一環として、私は中学校の歴史教師とその生徒を観察しました。最初に行った生徒との面談においてある男子生徒が、私が本質を理解しているかどうかを試すような口調で、とても驚くべきことを言いました。

「僕たちのクラスは、教科書が嫌いなんです」

「それは面白い。なぜですか?」と私は言いました。

「なぜなら、教科書は浅いから。教科書は表面的なことしか教えてくれません。本当の歴史じゃないんです!」と彼は、生意気な様子で、それこそ偉そうに言いました。

「それで、あなたの授業ではどうしているの?」

　もしかしたら、教科書は使っていないと言うかもしれないと思って私は尋ねました。

　自信満々に、彼はこう答えました。

「新しいユニットをはじめるときには、まず教科書を読みます。教科書から基本的な背景や足場になる語彙を学ぶんです。でも、そのあとは教科書を閉じて、本当の歴史を学びます」

---

(2)　到達目標、指導事項、基準などと訳されます。日本では学習指導要領に書かれていることです。日本においては、学校での約束事を「○○小学校スタンダード」のように示す場合がありますが、それとは異なるので注意してください。

(3)　同じ課題は日本でも、学習指導要領、教科書、教育課程とカリキュラムとの間で起こっているのではないでしょうか?　なお、「教育課程」が教える側から見た計画であるのに対して、「カリキュラム」は子どもの側から見て、学習して身につけるものを指します。

　この生徒の発言に感じた驚きは、インタビューを重ねるうち
に興味深さに変わり、私が促さなくても大半の生徒が教科書の
問題を指摘していることが分かりました。彼らは、歴史の教科
書は歴史を実感させてくれない、名前や日付や場所が中心で、
全体が語られていない、多くの人にとっての「歴史」が書かれ
ていない、面白くない、役立つことは何も学べない、などと言
っていました。

　この教師の授業では、専門家や教科書に載っている出来事を
経験した人へのインタビューが「本物の」歴史の学びとして行
われていました。音楽、文学、芸術を分析し、一次資料と二次
資料を比較したり、さまざまなメディアの記述を比較したり、
互いにまったく異なることをするといったことも含まれていま
した。また、異なる時代の10代の若者の生活を見ることや、科
学と歴史上の出来事との関連、衣服の生地がどのように文化を
語っているのか、といったことについても。それは、文化や技
術に対して、人類がどのように貢献したのかを議論することで
もありました。

　この生徒たちにとって「本物の歴史」というのは、朝起きて
学校に行く理由そのものです。教科書はその理由にはなれませ
んでした。12歳のある生徒が、教科書とカリキュラムの違いを
よく表してくれました。彼は、なぜこのクラスの多くの生徒が
この授業を今までのなかで「最高の授業」だと考えているのか
について説明してくれました。

　「そうですね。ほかのクラスでは、先生は私たちに何を考え、
何を学ぶべきかを教えてくれます。このクラスでは、私たちが

自分で考え、学ぶ価値のあることを知る方法について学ぶのを先生が助けてくれるんです」

　この教師の授業では、教科書は有効に用いられていましたが、教科書がカリキュラムだと勘違いしている人はいませんでした。本当のカリキュラムは、生徒が探究し、考え、話し合い、把握し、自分の人生と歴史上の人物たちの人生を結びつけることに取り組むという計画だったのです。

　確かに生徒たちは、自分が学んでいる時代や出来事の中心となる名前や出来事、その日付を学びましたが、名前や日付を繰り返すことがこの授業を「最高の授業」にしているわけでは断じてない、ということです。

「学習指導要領」[(4)]はカリキュラムではない

　ある小学校の教室で、生徒たちがワークシートを短冊状に切り抜き、テープでつなげて紙の鎖をつくっている様子を見ました。生徒の一人に「何をしているの？」と説明を求めると、「ペンギンの勉強をしているんだよ」と答えました。

「へぇー」と私は言いました。「今つくっているのはペンギンの話？」

　彼は眉をひそめて、「違うよ」と言いました。

「じゃあ、今つくっているものは何ていう名前なの？」

「食物連鎖だと思う」と言いながら、切ってある紙の上のラベルを指さしました。

────────────────

(4)　原書では「スタンダード」ですが、日本の実情に即して、ここでは「学習指導要領」として翻訳しました。

　おそらく、ペンギンに関係した課題なのだろうと思い、「鎖をつくるために短冊を貼る順番はどうやって決めるの？」と尋ねると、彼は「簡単だよ」と短冊を指さしました。

「これは１番が一番上にあるから、そこからはじめるんだ。それから２番を１番に、３番を２番に引っかけるように貼るんだ。こんなふうにね」

「ペンギンのことを学ぶのは好き？」と尋ねたところ、「好きだと思う。歩き方が好きなんだ」と答えました。

　少し間を置いてから、彼は続けて、「去年の夏、ビーチでペンギンを見たよ」と言いました。またひと呼吸置いてから、「でも、泳いでいたよ」と言いました。

　さらに話を聞くと、そのビーチはノースカロライナ州にあるというのです。ペンギンの生息地ではなさそうです。この生徒は、自分の経験と学習内容を誤って結びつけ、ペンギンとペリカンを混同していました。彼は、この「連鎖」に関する学習活動が、ペンギンやほかの動物の関係についてのものだとは思っていなかったのです。３週間前から、ペンギンについてだけ学んでいたのです。

　この教師は、生態系と食物連鎖に関する理科の到達目標の説明を含む課題を生徒たちに指示していました。この教師にとっては、学習指導要領の項目を個別に取り上げるよりも、各ユニット（訳者注・日本で言うと「単元」に近いもの）に関連づけて多くの指導項目を取り上げるほうがよいと考えていました。

　教師はこのような組み合わせが、生徒の関心を高めるのに役立つということを理解していました。しかし、私が話を聞いた

生徒の場合、たとえ学習内容が面白く、興味をそそるものであったとしても「意味」はなかったと思います。生徒は、「学んでいる」理科に意味を見いだせなかったのです。彼はただ、ノースカロライナで泳ぐ「ペンギン」（ペリカンとの誤解）と、変な歩き方をするペンギンに関係があるということを授業で学んでいただけなのです。

　学習指導要領（スタンダード）そのものは、決して学びの敵ではありません。正しく使用すれば、情報過多な世界における道標になります。学習指導要領は、私たちが生徒と共に、また生徒のためにつくり出す学習体験が逸脱しすぎていないかどうかを確認するのに役立ちます。また、個々の生徒がどのような方法で進歩・向上しているのか、現在の学習状況にどのような「穴」があるのかについてより具体的に理解し、補修できるようにもなります。

　学習指導要領にまつわる問題は、学習指導要領のなかにあるとはかぎらず、私たちがそれを誤って使用することにあります［参考文献35］。

　学習指導要領は、決してスキルの「網羅」や「チェック」のリストと見なすべきではありません。フランス（7ページ参照）が言うように、学習指導要領は「生徒や教師の頭の上に置く棒（矯正器具）として使われるべきではありません。（中略）また、学習者が自分でコントロールできない機会格差や障害があるのにもかかわらず、そこに罰を与えるために使われる不合理な成績指標として使われるべきでもありません」［参考文献35］。

　学習指導要領に基づいた教育とは、すべてのクラスや学年の

生徒に対して学習指導要領を同じように提示し、適用しなければならないということを意味しません。要するに、現在頻繁に見られる「標準化」を意味してはいけないのです。

　学習指導要領は適切に使用されれば、私たちが生徒のために、生徒と共につくる「本物の学び」となり、生徒が朝起きて、学校に来るだけの十分な動機となります。しかし、教科書と同じく、それらは道具であり、十分なカリキュラムにはなり得ません。カリキュラムを夕食とすれば、学習指導要領はその食材のようなものです。夕食を調理する代わりに、食材をそのまま出すことに甘んじていては、生徒中心の学びという目的の達成はできません。

　潜在能力が十分に発揮できるように、栄養となる料理をテーブルに置かなければ、私たちは生徒を栄養失調にしてしまいます。そして、生徒の教科内容の学び／感情と社会性の学び（SEL）をサポートする機会を提供するカリキュラムをつくらずに妥協してしまう場合がよくあります。たとえば、次のようなことです。

　・カリキュラムが正解主義で、簡単に理解できる解答に重点を置いている場合、教師は知的発達に必要とされる複雑な思考の練習よりも、事実の暗記や基本スキルの習得に重点を置いた練習を重視してしまいます。

　・標準学力テストがカリキュラムの中心であり、生徒と教師の成功における指標となっている場合、知的成長を支え、生徒の学ぶ喜びや満足感を高め、理解の応用による関連性の高い問題の解決を意図した授業を行うことはほとんどあ

りません。

・私たちが学習指導要領の長い文言やリストを重視し、さらにはその網羅を義務づけると、ほとんどの場合、生徒は学習内容について深く考えず、情報を繰り返し暗記するだけとなります。

　教育学者のディラン・ウィリアム（37ページを参照）は、学ぶために何が本当に必要なのかについて生徒が見極められないうえに、ほとんどの生徒にとって覚え切れないほどの情報を網羅しようとして「時間との闘い」をさせていることは人間的ではない、と断言しています［参考文献57］。

　それは、深く実質的な学びよりも、浅く表面的な勉強を優先することにほかなりません。ほとんどの生徒から、学ぶ意味づけや理由づけ、学習したことの結果としての活用やフィードバックを受けて学ぶ機会を奪ってしまうからです。さらに、学習指導要領で取り扱われている知識の習得を本当の学びとして提示すると、多くの生徒は、私たちが学ぶように求めるものが生き方やもっている夢とは無関係なものであると考えるようになります。その結果、何らかの形で、そのような生徒は学びの機会を失うことになります［参考文献58］。

・標準化されたカリキュラムとその実施に従事しないといけないとしたら、学び、文化、言語、性格、興味などにおける生徒の違いを理解し、それに対処するという教師の仕事は、不可能ではないにしてもかなり難しくなります。生徒の多様な文化、言語、才能、発達速度、学習方法、そして

感情のニーズを尊重することは、生徒中心の教室において
は基礎となるものです。「標準化は多様性の敵」[参考文献
38] である場合が多いのです。

・カリキュラムが厳格で、規定され、標準化されている場合、
生徒がそのカリキュラムの外にある学習や生活面について
有意義な発言をするという機会はほとんどありません。彼
らは、自らの興味を探究し、質問し、才能を伸ばす余地を
見いだせません。

・カリキュラム、評価、教え方は相互に依存しているため、
学ぶ機会の少ない「カリキュラム」であれば、評価や教え
ることの機会も少なくなります。また、生徒の学ぶ範囲を
狭めると、学びを測定する方法や学習内容と生徒の結びつ
き、そして生徒同士のやり取りによる効果が制限されてし
まいます。

では、もう一つの選択肢である「学ぶ機会の多いカリキュラ
ム」に目を向けてみましょう。

 ## カリキュラムはどうあるべきか

本書が提案するカリキュラムは、生徒の教科内容の学び／感
情と社会性の学び（SEL）の両方を最大限に引き出すための授
業計画です。カリキュラムは、学び手がその教科領域が提供す
るもっとも重要な情報、概念、スキルに出合い、それらの習得
を助けるものでなければなりません。

　優秀な同僚の言葉ですが、カリキュラムとは生徒が使うものであり、教師が提示したり、説明したりするためのものではありません。

　カリキュラムは、テストや大学進学のためのロードマップや小さな標識というよりも、生徒が履いている靴のようなものなのです。カリキュラムは迷路のように入り組んだものではなく、より豊かな人生への道を見つけるために生徒が持つサーチライトのようなものなのです[5]。

　質の高いカリキュラムの中核をなす（したがって、質の高い実践と評価の中核をなす）二つの概念は、「夢中で取り組むこと（エンゲイジメント）」と「理解すること」です。これらが学びの中心となります。

　長い間、認知心理学者は、質の高いカリキュラムは、生徒が「夢中で取り組むこと」と「理解」をどの程度サポートしているのかによって識別できると主張してきました［参考文献33、66、104］。これは、脳が学習するためには、「意味づけること」と「感じとること」といった条件が必要であると示唆する、最近の神経科学における発見と通じるものがあります［参考文献86］。

　実のところ、認知心理学と神経科学は、異なる言葉で同じことを主張しているのです。夢中で取り組むことも、意味づけることも、個人的な関連性や個人的な意味づけの感覚を指してい

---

(5)　協力者から、「カリキュラムは、自分の認識では、学びの前に準備するものというより、学びの『結果』のイメージのほうが強かったので、この表現は最初『？』となりましたが、なかなかいい表現だよなと、前後の文章を読んで考えるようになりました」というコメントが届きました。

ます。その感覚とは、「そのなかに自分がいる」と生徒が思う
ような状態のことを指します。

「これは私が知っていることと同じだ」、「これは自分にとって
興味深いことであり、自分にとって重要なことだ」といったも
のです。そして、「理解すること」と「感じとること」は、何
かがどのように機能するのか、なぜそのように機能するのか、
そしてどのようにある部分が一緒に機能して全体を構成するの
かを把握したときの「あっ、そうか！」という感覚を指します。

　夢中で取り組むこと（感じること）がないと、生徒は内容を
深く学ぼうとはしないでしょう。自分に関連のないものに手を
出すことはあるでしょうか？　理解すること（意味づけるこ
と）がなければ、生徒は「学んだ」ことを保持し、取り出し、
適用し、伝達し、創造することができません。言い換えれば、
教室や人生において、エイジェンシーやスキルを発揮できるよ
うな方法で生徒が学んでいないということです。

　教師が何をどのように教えれば、教室にいる生徒一人ひとり
を夢中にさせ、理解へと導けるのかについて注意深く考える必
要があります。これは、生徒中心の教室を実現するための基本
的な心構えであり、日々目指すべきものとなります。では、そ
のための方法をいくつか考えてみましょう。

夢中で取り組むことを追求する

　フィリップ・シュレクティー[6]によると、学校の果たすべき
役割は、「民主主義国家の市民に不可欠となる学習の必要性に
こたえ、将来、胸を張って、一人前の市民だと言えるようにす

るために、生徒を学習課題に夢中で取り組ませること」［参考文献81］です。

　明らかに、生徒中心の目標に一致する主張です。このような学びが行われるためには、生徒は従順に知識を「受け取る」だけでは不十分で、課題に対して夢中に取り組んでいなければなりません。つまり、取り組む課題が彼ら一人ひとりにとって意味のあるものでなければならないのです。

　夢中で取り組めば、生徒は途中でつまずいたり、行き詰まったりしても、根気よく課題に対して全力を傾けることができます。シュレクティーは、課題を魅力的にするものは何かということを掘り下げており、次のような特徴を挙げています。

成果物に焦点を当てる──（たとえば、テストで知識を証明するのではなく）自分にとって意味があり、他者とつながりのある成果物またはパフォーマンスに向かって努力する。

教科の核となる内容に触れる──教師は、ある分野の専門家がその分野や学問をもっともよく表していると認める理解、事実、命題について、生徒が活用できるように内容を形成する。

生徒が学びに夢中で取り組み、その意味を理解し、アクセスしやすいように教え方を考える──扱う内容については、生徒を

───────────────

(6)　（Phillip C. Schlechty, 1937〜2016）オハイオ州のシンシナティをベースに、教育委員会や学校を対象に教育改革を推進した実践家でした。彼の死後も、その遺志を継ぐ人たちが活動を継続しています。このような（大学にも公教育にも属さない）人たちがアメリカにはたくさんおり、学校や教師のサポートをしているのが大きな特徴です。要するに、「公教育に従事する人たち＋学者」だけでは教育がよくならないことを分かっているのです！

180

できるだけ惹きつけられるように、さまざまな教材、プレゼンテーション形式、メディア、テクノロジーを取り入れます。また、生徒の関心の高い活動や成果物にそれらが組みこまれています。生徒は、課題に取り組む方法を選択することができ、教師は、生徒が選択した方法で成功するための方法が分かるように支援します。また生徒は、学んだことを関連した文脈で活用し、ある授業で学んだことをほかの授業で学んだことに関連づけるように求められます。

明確で説得力のある質の高い目標や基準──生徒は、成功した状態がどのようなものかを認識しますが、その成功の目安、つまり「目標達成のための基準」[7]は、各生徒にとって適切で、挑戦的で、達成可能であると思われるものです。

うまくいかなくても大丈夫であると感じさせる──挑戦的な課題は、本質的にリスクの高い課題であり、失敗は常にあり得ます。生徒たちは、正しい方向を向いて熱心に取り組んでいれば、失敗や不十分な点があっても「罰」を受けないこと、そしてその取り組みに対してサポートがあることを知っています。

居場所を感じる機会──生徒は、（学校や広いコミュニティーのなかで）他者と協働で取り組んでいるとき、または他者の向上に貢献すると認識したものを創造しているときにもっともよく学びます。言い換えれば、学びが盛んになるのは、生徒が「世界と関わり、世界を変える」[参考文献36]ときです[8]。

肯定される機会──生徒は、誠実で肯定的なフィードバックを受けるだけでなく、今取り組んでいる課題が重要であり、その課題のなかで、自分にとって重要なことを理解するために必要

とされる授業が受けられます。

新しさと多様性——生徒にとって新鮮で、驚きや好奇心をかき立てるような課題は、強い活力と動機づけとなります[9]。

選択——通常、生徒は自らの課題をどのように進めるのかについての「声」を有しています。やる気をかき立てるためには、自分の学びをクラスメイトに表現し、共有するための成果物をどのようなものにするのかについて選択する機会が必要となります[10]。

本物の学びであること——生徒は、取り組むようにと求められている課題に、自分が見ている世界を見いだすことができます。ほとんどの教室で、生徒はまったく異なる「世界」からやって来ていることを忘れてはいけません。つまり教師は、一つの単元や探究に対して、一つの方法ではなく、複数の方法で取り組めるように検討する必要があります[11]。

----

(7)　原語は success criteria で、直訳すると「成功基準」です。この「目標達成のための基準」は、達成目標を細かく分けたり具体化したりしたものです。その日に達成したい「目当て」のようなものと考えてください。

(8)　この参考文献の邦訳書である『教育のディープラーニング——世界に関わり世界を変える』以外に、『あなたの授業が子どもと世界を変える』や『「居場所」のある学級・学校づくり』などが参考になります。

(9)　驚きや好奇心をかき立てる学びには、『『おさるのジョージ』を教室で実現——好奇心を呼び起こせ！』が参考になります。

(10)　選択と声を発することについては、『教育のプロがすすめる選択する学び』と『私にも言いたいことがあります！』がおすすめです。

(11)　ここに書いてあることの参考になる本として、『あなたの授業が子どもと世界を変える』、『プロジェクト学習とは』、『一人ひとりを大切にする学校』、『ようこそ、一人ひとりをいかす教室へ』、『イン・ザ・ミドル』、『作家の時間』、『読書家の時間』、『社会科ワークショップ』、『歴史をする』、『だれもが科学者になれる！』などがあります。

　カリキュラムを設計し、最終的にそれをもとにして教えると
き、私たちはこれらの要素を再検討し、生徒のためになるなら
ば、いつでもカリキュラムに取り入れるようにしなければなり
ません。学校が提供するカリキュラムは、生徒の成長のための
触媒にならなくてはいけないと私たちは考えています。しかし、
個人的な経験や教室の観察、調査を通して分かったのは、どの
ようなカリキュラムであっても、それがいつでも重要な学びに
つながるわけではないということです。

　生徒が世界を理解するのに役立ち、生徒の知的成長を促し、
複雑な問題に取り組む能力を養い、継続的に学習する意欲をか
き立てるには、カリキュラムのなかに留まらないものも必要な
のです。本章では、教科内容とそれに夢中で取り組む生徒を尊
重するカリキュラムについて検討していきます。

理解することを追究する

　生徒の学習目標について書くとき私は、ある教科領域におけ
る授業、単元、学年、幼稚園から12年生までのつながりの結果
として、生徒が「何を知るべきか」、「何ができるようになるべ
きか」という観点から話をします。読者のみなさんも、「知る
こと」は事実や情報を蓄積すること以上のものであり、「行う
こと」は基本的な操作の練習や反復以上のものを含むと確信し
ているならば、この二つの学習の柱は適切なものとなります。

　カリキュラムを作成する人のほとんどが、すべてではないに
しても、多くの生徒が学習内容を理解したうえで活動を終了す
ることを意図しているでしょう。しかし、「教科書は、記憶す

ることを期待する事実のみで満たされており、ほとんどのテストは、生徒が事実を記憶する能力を評価する」[参考文献66] だけのものとなっています。生徒が教師から与えられた情報を思い出すかどうかの確認、それが授業の目的となっている場合があまりに多いのです。

　成績に影響するテストを重視するあまり、カリキュラムの範囲を狭め、浅くしか扱えなくなってしまい、テストの点数を上げるための道具に成り下がっています[参考文献102]。つまり、カリキュラムは、生徒が何を知り、何ができるようになることが必須であるかだけでなく、学びの結果どのような理解に到達するべきかについても明示する必要があります。

　カリキュラムそのものが、生徒の目標を達成するために不可欠で大切な知識とスキルを駆使し、学ぶ分野の中核である理解を深め、応用するように導く計画なのです。

「理解する」とは、情報を記憶し、繰り返すことや基本的な技能を発揮することよりも、はるかに広い範囲を意味しています。詩の一節の意味、歴史的な出来事の意義、数学の問題の裏にある考えを把握することも含まれています。また、あるものをほかのものとの関係で捉える能力、あるシステムがどのように機能し、その動作がどのような結果をもたらすのか、その原因は何か、そしてどのような用途に使われるのかを完全に理解するといった能力まで意味しています。

　名詞としての「理解」と動詞としての「理解する」を提示している研究者がいます[参考文献104]。「理解（名詞）」とは、表面的には明らかでない推測、気づき（発見）、アイディアの把

握のことです。「理解する（動詞）」とは、知識やスキルを賢く効果的に使うこと、応用することです。つまり、「理解（名詞）」（発見したことや推測したこと）を応用することです。

　これらの研究者によれば、教師が生徒と共に追求すべき理解とは、名詞と動詞の形を取り入れたものであり、事実を超えて推測することと、知っていることを現実の場面で使いこなすこととなります。どちらも、情報を思い出したり、スキルを繰り返し使ったりすることよりもはるかに複雑なものです。また、どちらも、生徒が世の中で自分の道を切り開くためのエイジェンシーを高めるものとなります。

　人生の課題には、暗記したものをそのまま使う以上のものが求められます。予測不可能な事態に対応するためには、私たち一人ひとりが考えやスキルを修正、適応、統合し、さらには最初に学んだものを使って新しいものを創造するための準備をしなければならないのです。

　慣れ親しんだ教室の文脈で理解したことを、慣れない新しい文脈＝現実の場面に応用する能力は、専門用語で「転移」と呼ばれます（分かりやすく言えば「活用・応用」です）。もし、生徒が単に情報を思い出したり、ほかの人が使っている手順を繰り返す形で問題を解決したり、問題に対処しているのであれば、それは「転移」とは言えません。

　先に挙げた研究者は、「転移には、（新しい文脈で）どの知識やスキルが応用できるのかを見極め、目の前の課題に対処するために知っていることを応用させる場合がよくある」と述べています［参考文献104］。

　もちろん、認知心理学や神経科学の学習理論に詳しい人なら、基礎的な知識やスキルが重要でないと主張することはないでしょう。実際、それらは基礎的なものなのです。科学に対する知識がなければ、科学に関する見識をもつことも、科学を行うこともできません。

　19世紀に生まれた数学者、理論物理学者、工学者、哲学者のジュール-アンリ・ポアンカレ（Jules-Henri Poincaré, 1854〜1912）は、科学や知識一般についてある程度知っていたようです。彼は、次のように述べたと言われています。
「科学は、家が石で建てられているように、事実で建てられている。しかし、事実の集積は、石の山が家ではないのと同じく科学ではない」

　生徒中心の授業における第一の目標が、不確かさを増す世界のなかで、生徒が有意義かつ満足できる人生を送れるようにすることであるならば、単に「石を集める」のではなく、「家を建てる」ための支援が必要となります。
「知識やスキルは、健全な生活を営むために必要ですが、それだけでは十分ではありません。さらに生徒は、各教科領域で意味のある課題に取り組む前に『基本を習得』する必要もありません」[参考文献36]

　多くの生徒にとって、基本的なスキルや語彙、情報を単に記憶するのではなく、その活用を求める魅力的な活動をしているとき、基本はより明確になり、より価値のあるものになります。

　これらの理由から、カリキュラムの文面には、生徒が深く学ぶために何を知り、理解し、できるようになるべきかを明記す

る必要があります。カリキュラムは、生徒が本質的な知識、理解、スキルを互いに連携させ、感情や社会性を意識するものであり、熟考のうえで積極的に活用できるだけでなく、より良い学習を目指して自らの取り組みを自己評価し、正当化し、批評できるようにするための手段なのです［参考文献104］。

　生徒の心に働きかける授業を早くから提唱してきたデイヴィッド・パーキンス（David Perkins・ハーバード大学教育学部のプロジェクト・ゼロの設立メンバー）は、「理解する（動詞）」ことが学びの焦点であるべきだ、と強調しました。

「理解することとは、人が何かをもっているというよりも、何ができるかの問題です。理解することは、所有することよりも行動を伴います」［参考文献73］

　図5-1は、知識、理解、スキルの相互作用を、赤ちゃんのベビーベッドや現代アートギャラリーに飾られているようなモビールの形で表現したものです。モビールにぶらさがっている各要素が連動してカリキュラムに記載された学びの機会を生み出すことで生徒は、知識（具体的な情報）、理解（抽象的またはビッグ・アイディアないし概念）、スキル（ツールとプロセス）がどのように連動し、教科内容の意味と力を明らかにするのかについて理解するようになるのです。

　夢中で取り組むことと理解すること（発見＝理解［名詞］と活用・応用＝理解する［動詞］）の目的に向けて、カリキュラムでは以下のことを行うべきです。

　・教科領域の主要な知識、理解、およびスキルを習得するように教える。

図5-1　学びの経験における、知識と理解とスキル間のバランス
　　　　がとれた相互作用

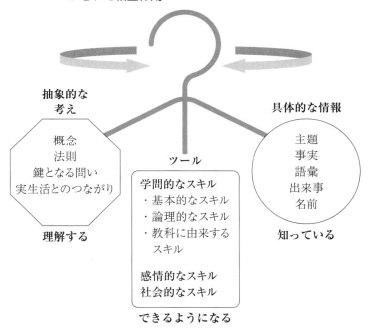

・教科領域、人間行動、物理世界の構造と仕組みを説明し、
　教科領域に不可欠となる重要な概念を、発見、認識、理解、
　応用できるようにする。

・各自の興味関心に基づき、その内容を発展させる機会を提
　供する。

・ある教科領域を特徴づける複雑で曖昧な問題や課題に取り
　組み、その教科領域をより広い世界と結びつけられるよう
　にする。

・さまざまな教科領域において、また生徒それぞれの発達状況に応じて、彼らが初心者から専門家へと成長できるようにする。

・教科で実践的、創造的、独創的な活動をする機会を提供する。

・困難に直面し、それを受け入れ、進んで取り組むようにする。

・自己認識を深め、世界で活躍する自分の可能性を認識できるようにする。

・挫折しても諦めずに努力することを促し、十分な情報に基づいて努力し、協力しあうことの重要性を認識させるだけの説得力と満足感を与えるようにする。［参考文献96］

　かつて、哲学者のジョン・デューイ（John Dewey, 1859〜1952）は、カリキュラムは「生徒が現在と未来の力、能力、態度、経験を主張し、強調するための道具」［参考文献38］であるべきだと宣言しました。より最近では、画期的な書籍『授業を変える──認知心理学のさらなる挑戦』（米国学術研究推進会議編著、21世紀の認知心理学を創る会訳、北大路書房、2002年）［参考文献66］の著者たちが、学校教育における究極の目標は、生徒が学んだことを周囲の世界、たとえば家庭や地域、職場に移せるように準備することだと強調しています。

　この二つの主張は、生徒の可能性を最大限に引き出し、生産的で満足のいく生活を構築するために、生徒の教科内容の学び／感情と社会性の学び（SEL）を確実に発達させるという生徒

中心の目標に合致しています。これらの目標を達成するために
は、生徒が世界の意味を理解するために必要な学習活動に身を
投じ、学校で学んだことが教室の壁を越えて広く役立つと実感
できるようなカリキュラムで学ぶ必要があります。

夢中で取り組むことと理解することに つながるいくつかの道筋

　では、どうすれば生徒を惹きつけ、理解の二つの要素である
発見（「理解」＝名詞）と応用・活用（「理解する」＝動詞）を
可能にするための知識や理解、スキルに焦点を当てたカリキュ
ラムをつくることができるのでしょうか？

　この質問に対する唯一の正解はありません。それは、唯一の
正しいカリキュラムがないことと同じです。しかし、豊かなカ
リキュラムをつくるための、信頼できるデザインを描くための
補助線となる考えはいくつかあります。ここからは、このよう
なカリキュラムを生み出すことにつながる以下の三つの要点に
ついて見ていきます。

①生徒の「専門性」を高めることに焦点を当て、とくに体系的
　な知識とパターンの発見を重視する。

②「ビッグ・アイディア」（5ページ参照）を使って意味づけ
　をサポートする。

③「教科の本質」から学ぶ。

　この三つの要点は、これからご覧いただくように、互いに絡
みあい、連動しています。

①生徒の「専門性」を高めることに焦点を当て、とくに体系的な知識とパターンの発見を重視する

　幼稚園はもちろん高校でさえ、真の教科の専門家を育てることは期待できません。しかし、年齢層や個人の発達に合わせた方法で知識を伸ばす道へと導くことができますし、価値のあることです。なぜなら、専門性を獲得する方法について知ることは、世界を理解し、それを前進させるために重要なことですし、どちらにも年齢制限がないからです。

　専門性の獲得と世界の理解と貢献は、一人ひとりの生徒としても、クラスの一員としても、そして家庭においても役立つものであり、さらには、大人になったあとでも引き続き役立つものです。専門家は、次のようなことをしていると言えるでしょう［参考文献31、66、96］。

　　・専門分野において豊富な知識をもっています。彼らは多くのことを知っていますが、より重要なのは、その分野の本質を知っていることです。たとえば、その専門分野の原動力となる、強力で全体を見通した概念やスキルなどです。つまり、網羅的な知識ではなく、無作為の知識でもなく、大切なものに絞った知識です。

　　・教科内および教科横断的な知識パターンを把握しています[12]。

　　・必要なときにすぐに知識を呼び出すことができます。知識を体系的に捉えているので、ファイルやその中のフォルダにラベルを貼るなどして、階層、関係、機能を示す、知識に関するファイリング・システムの構築ができています。

・知識やスキルを、分野や文脈を超えて応用・活用していま
す。
・気づきや発見を導き出す問いを出すことに長けています。
・効果的、効率的に学ぶための手順と習慣を身につけていま
す[13]。
・自己認識を深め、どのような知識が必要かを判断できるよ
うになり、関連する知識、気づきや発見、スキルを取り出
せるようになり、自らの進歩をモニターでき、必要に応じ
て進め方の修正・改善ができるようになります。また、自
分自身の思考プロセスが適切であるかどうかについて振り
返ることができます。

② 「ビッグ・アイディア」を使って意味づけをサポートする

　膨大な知識の海を泳いでいくための優先事項として、「ビッ
グ・アイディア」を挙げている研究者（ウィギンズとマクタイ）
がいます。これは、知識を首尾一貫した区分にまとめる「麻ひ
も」のようなものであるほか、事実が一緒になって意味をなす
ためにそれらを接着するテープであり、それゆえ、情報を引き
出し、検索ができるツリー状の考えの「まとまり」だとしてい
ます［参考文献104］。

---

[12]　「概念（ないしビッグ・アイディア）レベルの理解」をもっています、と言
い換えられると思います。
[13]　この項目を中心に、このリストに含まれているほとんどの項目をカバーし
ているのが「思考の習慣」（https://bit.ly/3XZmfbh）と言えます。また、『生
徒が使える学習習慣の身につけ方――結果よりプロセスを重視し、回復力
のある子どもを育てる9つの方法（仮題）』という本の翻訳も企画中です。

　ビッグ・アイディアは、私たちが学んでいることの意味を理
解する助けとなり、夢中で取り組むことと理解を高める触媒と
なります。ビッグ・アイディアは、単にその分野の中心的な内
容であるというだけでなく、個人の生活や経験に深く関連して
いる場合が多いため、学ぶ意欲をかき立てます。つまり、生徒
の「分かった！」を引き出して理解へと導く概念です。彼らは、
ビッグ・アイディアはいくつかの形をとることを強調していま
す［参考文献104］。

概念──適応、公平、公正、力、対称性、バランス、有糸分裂、
抑圧など。

原理──「形は機能に従う」、「ある分野の科学理論はほかのす
べての分野でも正しくなければならない」など。

テーマ──悪に対する善、人間に対する非人間性など。

視点──自然対育成、保守対リベラルなど。

逆説──自由には限界がある、虚数、人は変化を求めると同時
にそれに抵抗もする、など。

理論──自然淘汰、ビッグバン、歴史の再来など。

繰り返される疑問──真実とは何か？　地球以外の惑星に生命
は存在するのか？　など。

　ビッグ・アイディアは、広範で抽象的、かつ普遍的であるた
め、教科領域、時代、経験、場所の枠を越えて使われます。共
通の特徴をもつさまざまな事例をまとめることができ、また教
科内容や教科そのものを研究するための見方を示すものとなる
ほか、教科内容や教科そのものの専門家の理解における核とな

る考えを指し示してくれます。このようにして知識を整理し、伝達する力を与えてくれるのです［参考文献33、104］。

　概念と原理は、人々が学習していることに関わり、理解する（関連づけ、活用・応用する）うえにおいてとくに強力なものです。第一に、これらはあらゆる教科の構成要素として有効です。第二に、知識の枠組みとして使用することで知識の意味を完全かつ有用に整理し、専門的な思考へと向かわせることができます。

　多くの場合、概念は一つの単語（エネルギー、希少性、正義など）、または二つか三つの単語がセットになって意味の単位を構成しています（需要と供給、原因と結果などで表されます）。一方、原理とは、ある概念がどのように、そしてなぜそのように機能するのかを解き明かすのに役立つ「真理」です。たとえば、原理を適用すれば、概念が「普遍的」または「一般的」（教科や分野の枠を超えて適用可能）であるか、「教科内容の固有」（特定の分野で特別な意味と重要性をもつ）なものであるかが分かります。

　次ページの表5－1は、普遍的な概念の例をいくつか示したものですが、あなたが授業で使っている、あるいは使う可能性のあるものが追加できるようにスペースを空けてあります。一方、表5－2は、教科に特化した概念や原理の例をいくつか示しています。

　どのような概念や原理、あるいはほかの形のビッグ・アイディアが、あなたやあなたの生徒、そしてあなたが教える内容にとって意味があるのかを判断することは簡単ではありません。

表5-1　普遍的な概念の例

パターン	コミュニケーション	視点
システム	影響	多様性
バランス	原因と結果	組織
相互作用	時間	サイクル
関係	革命	探究
再生	変化	力／無力
表現	秩序	文化
葛藤	相互依存	均衡
あなたは、このほかに何を加えますか？		

詩や芸術作品を解釈するように、あるいは科学の進歩や歴史的出来事を理解するように、概念や原理を「発掘」したり「作成」するためには忍耐と練習が必要なのです。

　本書で引用している書籍は、概念に基づく教育について考えるうえで非常に役立ちます。また、全米数学教師評議会（nctm.org）、全米英語教師評議会（ncte.org）、全米美術教育協会（arteducators.org）、全米社会科協議会（social-studies.org）、全米音楽教育協会（nafme.org）、健康・体育教師協会（shapeamerica.org）といった教育関係者の分野別の学会サイトもよい資料になるでしょう。このほかにも、教科内容に関連する概念について信頼できる情報源をインターネット上で検索することも有効となりますが、資料に頼るだけでなく、自分の感覚も大事にしてください。

表5−2　教科特有の概念と原理の例

教科	教科に特有の概念	教科に特有の原理
歴史／社会	正義／不正　権力 革命　需要／供給 一次資料　希少性	・人々は基本的なニーズを満たすために移動する。 ・地理的な要因は機会を拡張し、制限する。 ・イデオロギーの葛藤が社会的理想の実現を難しくしている。
理科	生息環境 エネルギー／物質 構造／機能 安定性／変化 適応性　作用／反作用	・自然におけるパターンは、情報を分類し、整理するのに役立つ。 ・モデルはシステムの動作を理解するうえで役立つ。 ・物質の形や構造が機能の多くを決定する。
国語	視点　スタイル 声　修辞技法 コミュニケーション テーマ	・詩は人々を思想や信念、感情と結びつける。 ・神話は不確かな世界に秩序を与える。 ・書くことは選択の連続である。
算数・数学	数の感覚　指標 表現方法 等しいということ 集合　部分／全体	・数学におけるパターンは、複数の方法で表現できる。 ・数は、物、言葉、記号で表すことができる。 ・どんな割り算も掛け算で解くことができる。
美術	線　色味 色　統一 遠近法　比率	・芸術活動は個人の反応である。 ・美術活動はその時代と場所の文化や歴史を反映する。 ・美術家は美術の要素とデザインの原理を利用して、視覚的なコミュニケーションを構築している。
音楽	旋律　拍 調和　リズム 躍動　不協和音	・リズムは、音と沈黙の時間とエネルギーを整理する。 ・音楽をつくることは、習得、意味、そしてつながりを求める人間の探求に参加することである。 ・音符と小節は、音の世界を整理するためのものである。

　概念について、ブレインストーミングしてみましょう。あなたが教えている単元または一連の単元で、もっとも重要だと考えられる概念がどれであるかを確認しましょう。そして、それらを試してみましょう。また、ほかの概念を考えることを手伝ってくれるように、生徒に依頼しましょう。あなたの考えだけでなく、生徒の参加と理解も広がるでしょう。以下に挙げる話はその一例となるものです。

　高校の歴史教師であるテイラー先生は、歴史が自分自身を含む人間の人生を照らし出す力をもっていることを生徒に理解してもらうために地道な努力を続けています。ある年、テイラー先生は、「変容」というビッグ・アイディアを中心に授業を展開しました。
　彼は生徒と共に、当初は変容を「ある形態から別の形態に変化する状態または作用」と定義しました。変容の代用として、「変換」、「進化」、「革命」、「退化」といった言葉を使うこともありました。
　図5-2は、学年が進むにつれて段階的に生徒に紹介した概念図です。この概念図を上から下へ、一連の文章のように読んでいくと次のようなものになります。
「変容とは、歴史が安定と変化のバランスを求めて絶え間なく満ち引きしていると考える際の方法である。その結果、過去に根ざし、未来に波及する歴史的なサイクルが生まれる。この循環は、芸術、科学、経済、哲学など、人生の主要な側面、そして私たち自身の成長にも表れる」

図5－2　歴史は時間の経過とともに変化するパターンを学ぶことであり、
　　　　しかもそれは、生徒の生活に類似していることを示す概念図

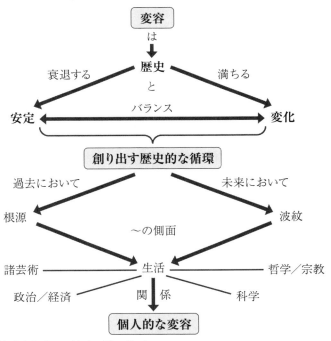

（出典）Original graphic by Wes Taylor

　このような概念と流れで歴史を学ぶことは示唆に富み、現在
の出来事にも活用・応用でき、生徒の興味に関連するための、
魅力的で、彼らの生活との関連において強力なものとなりまし
た（「安定と変化の波が、過去に根ざし、未来に波及するバラ
ンスを求めている」これ以上の青春の定義を見たことがありま
せん！）。
　時間が経つにつれて、生徒たちは理解を深めながら図を修正

していきました。本章の後半では、テイラー先生と生徒が行った、概念図を中心とした学習活動、および専門知識への移行と学問の本質を描くことについてより詳細な説明がありますのでご覧ください（215〜217ページを参照）。

　図5−2と図5−1（187ページ）は、教科の本質に由来する概念を使用して生徒の参加と理解をサポートするように設計されたカリキュラムが、学びをダイナミックで忘れられないものにし、耐久性を高め、さまざまな年齢の学び手に適用できることを示しています[14]。

③「教科の本質」から学ぶ

　中学校の教師になって15年ほどが経った頃（同時に博士号取得を目指していた頃）、私はあるアイディアにぶつかり、地球の自転が止まってしまうような、衝撃的とも言える体験をしたことがあります。このような体験は、歌や映画、会話、自然との触れあいを通して起こることがあります。私の場合は、大学院の講義で課された非常に密度の濃い本、フィリップ・ヘンリー・フェニックスの『意味の領域──一般教養のためのカリキュラムの哲学』（佐野安仁ほか訳、晃洋書房、1980年）［参考文献74］を読んだときに起こりました。

　この本のなかでフェニックスは、私にとって興味深いことを述べていました。学問が「生まれた」のは、初期の人類が環境を十分にコントロールし、わずかな余暇をもつようになったときだとするフェニックスの説明によれば、初期の人類はすでに人生を理解する必要性を感じており、理解できるものは何でも

子孫に伝えようとしていました。そして、数学、芸術、歴史、科学、音楽、文学など、今で言うところの学問分野に沿って人生を体系づけました。

　この本を読むまで、私は学問の起源がどこにあるのかについて考えたことがありませんでした。それまでの私は、学問は教科書出版社が生み出したものだと思っていたのです。

　この本のなかで紹介されている考え方は、教師としての、また一人の人間としての、私の世界を覆すものでした。フェニックスは、このように自分たちの理解を整理し、共有することで、初期の人類は最初の意識をもったときから死ぬまで、すべての人間が求める問いを投げかけている、と仮定しています。
「人生とは何か、その人生において私は何者なのか？」

　この文章を読んで私は、地球上で過ごした時間のほとんどを学問の研究に費やしてきたにもかかわらず、その答えを見つけることはおろか、そのような質問をしたことがほとんどなかったことに気づきました。そのとき私は、歴史という学問は、かつて歴史教師の同僚が言ったように、「死んだ人たちの研究ではない」ことに気づいたのです。また、美術という学問は、絵画やデッサン、土器など、飾っても恥ずかしくないものをつくろうとする学問ではありません。さらに、数学は計算のためでもありませんし、科学はあらかじめ決められた実験を行っていくためにあるわけではないのです。

---

⑭　概念やテーマを使った学びには、『テーマワーク』（http://eric-net.org/detail/TW-25.html）と『増補版「考える力」はこうしてつける』（とくに第7章の「概念図」）がおすすめです。

　これらの分野には、これまで私の視界から消えていた、永遠の問いに対する答えが隠されていたのです。

「人生とは何か、その人生において私は何者なのか？」

　次の発見は、さらに厄介なものでした。私は英語がもつ美しさや深さ、英知を愛しており、勇気、ユーモア、恐れ、そして疑いについて、自信にあふれた大好きな生徒たちに教えていました。しかし、私は英語を、粗筋や主人公、修辞技法、文法構造などについて話すための方法として教えていたのです。テーマという概念さえも、いつのまにか機械的なものに置き換えていました。

　フェニックスの本を読み終えたかどうかまでは覚えていませんが、その夜、私は眠れなかったことを覚えています。そして、翌日、私の生徒である中学生と一緒に授業を行ったとき、私は別の教師になっていたのです。規則を学ぶことから意味づけを学ぶことへと移行するために何をすべきかについて知っていたわけではありませんが、私にはそこに到達する使命がありますし、今もその使命をもち続けています。

　その過程で、教科の特徴や知識、そして自分の世界を探究することに飢えている生徒の能力や興味を尊重する方法で教科を教えるときにこそ得られるものがあることを発見し続けました。ここでは、そのいくつかを紹介します。

　カリキュラムの基盤を学問分野に置くことによって、生徒たちはレゴブロックのように機能する概念の体系が身につけられます。授業を受けながら、生徒たちはこれらの概念を利用して、自分たちの周りや自分たちを超えた世界の「構造」を理解する

のに役立つ知識を構築しようと学びます。やがて生徒たちは、新しく出合った知識について、次のような、基本的な質問[15]に答えられるようになります。

・この情報は何を意味するか？
・なぜ、この情報は重要なのか？
・この情報が効果的に使われるために、どのように構成されているか？
・なぜ、これらの概念は意味があるのか？
・これらの概念やスキルはどのように機能するのか？
・これらの概念やスキルを生産的に使うためにはどうしたらいいのか？

　また、このアプローチは、すべての知識が相互に関連し、その関連性の重要性を理解する際に役立ちます。生徒たちは、次のような質問をすることになるでしょう。

・ある文脈で学んだ概念やスキルは、ほかの文脈とどのように結びついているか？
・ある文脈で学んだ概念やスキルは、ほかの文脈で学ぶことによってどのように変化するか？
・新しい文脈では、自分の考え方や取り組む方法をどのように調整する必要があるか？
・その調整が効果的であるかどうかは、どうすれば分かるのか？

---

[15]　このセクションのすべての質問は、[参考文献96] から引用しています。

202

・あるものを見つめることは、別のものを理解するためにどのように役立つのか？
・同じ問題に対して、なぜ人によって視点が違うのか？
・時間、場所、文化、状況によって、視点はどのように形成されるのか？
・多様な視点を検討することの利点は何か？
・問題、出来事、課題に対する異なる視点の利点は、どのように評価するのか？
・自分が学んでいることと、自分の人生や時代との間にどのようなつながりがあるのか？

　このような問いに取り組むことによって、生徒は教科領域の実践者や専門家のように考え、行動できるようになります。さらに、以下のような問いを探究することによって、世界にポジティブな影響を与えることを目標にして、問題に取り組み、問題を解決し、新しいアイディアを生み出すでしょう。

・この教科の知識と実践は、どのような理論によって規定されているのか？
・専門家は、その分野の知識やスキルをどのように整理しているのか？
・この教科の枠組みを形成している概念や理論は、この分野の専門家によってどのような行動に移されるのか？
・この分野の専門家は、どのような問題や課題に取り組んでいるのか？
・この分野の専門家は、どのような方法、ツール、プロセス

を使って問題を解決し、新しい知識を生み出しているの
か？

・この分野の専門家は、新しい問いを生み出し、新しい知識
　を創造し、問題を解決するために、どのような方法を用い
　ているのか？

・この分野における専門家の仕事の原動力は何か？

・この分野における目標達成の基準となるものは何か？

・この分野の倫理的な問題や常識的な部分は何か？

　最後に、カリキュラムを学問や専門分野に裏付けられたもの
にすることは、生徒が以下の問題を考える際、自分自身の興味、
強み、特性、目標について振り返ることを促す方法となります。

・この分野の専門家は、どのようなことを考え、創造し、仕
　事をしているのか？

・それらはどの程度身近なもので、驚くような、興味をそそ
　られるものなのか？

・この分野では、どのような職業や趣味の可能性があるのか？

・自分が貢献できると思えるのはどの分野か？

・この分野の専門家はどのような困難に遭遇しているのか？

・彼らは、その困難にどのように対処しているのか？

・自分ならどのように対処するのか？

・この分野における仕事の指針となる倫理的な原則は、自分
　自身の倫理的な原則とどのような点が共通していて、どの
　ような点が異なっているのか？

・この教科は、どのような知恵で世の中に貢献し、それが自

分にどのような影響を与えているのか？
・この教科を、どのように形づくることができるのか？
・この教科は自分をどのように形成するのか？

　生徒に、ある教科領域について本当によく理解できるように、つまりその性質、構造、意味が理解できるように教えられれば、彼らの時間をより効率的に使うことができますし、彼らが教科内容の意味をさらに理解できるようになる可能性が高くなります。テーマ毎に教えるよりも、学んだことを定着させられるのです。

　さらに、教科領域の本質に従って教えることで、深さ、複雑さ、一貫性といったレベルまで高められます。これは、生徒中心の考えが、生徒が学ぶ内容のすべて、あるいはほとんどを選択することを意味すると解釈されている場合には不可能です。先にも紹介した教育学者のディラン・ウィリアム（37ページを参照）の文章を読むと、実際に運用されるカリキュラムと生徒個人の「声」や人生、生活との関連性が対立するものではないと思い起こされます［参考文献117］。

> 　カリキュラムは、できるかぎり生徒との関連性を大切にすべきで、生徒の興味関心、ニーズ、希望を考慮に入れるべきですが、教え方とカリキュラムに関しては、生徒の状況に基づいた選択の枠内で行われるべきです。つまり、生徒は早い時期から、どのように学ぶか、また年齢が上がるにつれて何を学ぶかについても発言権をもつべきです。

　カリキュラムは、生徒が専門性を高め、すべての生徒に要求されるよりも深く興味関心が追究できるような機会を提供すべきです。しかし、生徒がその教科の学習を続けるかどうかに関しては、十分な情報を得たうえで選択できるようになるまで、特定の教科の学習をやめることは許されるべきではありません。

　このため、学校には、生徒に教科を適切に紹介し、理解してもらえるだけの豊かな経験を提供するといった責任があります。それは、生徒が自分で何を失っているのかが分かるようにするためです[16]。

　カリキュラムが、生徒が夢中で取り組む［参考文献81］ことと理解［参考文献104］のための重要な要素（実質的で十分かつ正確な知識、成果物の重視、質の高い取り組みに対する明確で説得力のある評価など）を提供するように設計されるならば、私たちは生徒中心という目標に則した、大きな学びの入り口に立っていると言えるでしょう。

　その状態は、教科書や学習指導要領、指導書や指導案をもとに教えたり、あるいは逆に、カリキュラムが生徒の選択頼みで、

---

[16]　協力者から「ここに書いてあることは分かるけど、難しいですよね。学校段階や年齢にもよりますが、教員の生徒を見る目が変わらないかぎりこれはできないよな、って思いました。義務教育って何？とか、結構、本質的なことまで言及しないといけなくなるので、現段階では、うかつに学校のなかでは口にできないと考えました」というコメントが届きました。どうして現在の学校では、本質的なことを議論するのが難しいのでしょうか。教科書？　テストのプレッシャー？　授業以外のペーパーワーク？

学び方を学ぶ機会がほとんど設定されなかったりすることに比べると、生徒の能力を高め、より魅力的な人生を築くための手助けができる可能性がはるかに高くなります。そして、親和性、肯定感、新規性、多様性、選択肢といった要素を計画に組み入れて、生徒と協力することによって達成されます。

　私たちの前にあったこれまでの歴史のなかで培われた知恵は、教科に内在しています。適切に理解されれば（これが難しい！・訳者補記）、私たちがこの世界にいる間に貢献できる、価値あるすべてのものの基礎となるものです。

　教科は、人間のもっとも永続的な疑問に答えるためにつくられました。教科は、歴史、文学、科学、芸術、音楽、演劇を体現し、過去や現在の文化における人々の貢献と生徒を結びつける門戸を提供するものです。そして、教科に内在する力を使って教えれば、教科は非常に魅力的なビッグ・アイディアの宝庫となり、自分自身や周囲の世界を理解するための直接的な道標となるのです。

カリキュラム―評価―教え方のつながり

　もっとも基本的なレベルで言うと、以下のようになります。

カリキュラム――私たちが教えること、つまり生徒に何を学んでほしいのかということ。

教え方――生徒に学んでほしいことを教える行為やその過程のこと。

評価――教えることと学ぶことがどのように進んでいるのか、

つまり生徒の成長にとって重要であると私たちが判断したこと
を、生徒がどの程度学べているのかを確認すること。

　この三つの要素は非常に密接に結びついており、またそうで
なければならないため、完全に切り離すことは不可能です。し
かし、生徒中心のクラスにおける三つの要素の役割と可能性を
理解するために、本章と続く二つの章では三つの要素を別々に
検討していきますが、三つの章すべてで一体化する瞬間が見ら
れるでしょう。

　カリキュラム―評価―教え方のつながり（以下、CAI ＝
Curriculum-Assessment-Instruction のつながり）を離れて、
三つの要素のどれかを完全に理解することはできません。また、
このつながりを理解することなく、強固なカリキュラムを開発
することもできません。CAI のつながりは、次の問いについ
て考えることを常に求めているのです。
①生徒が学んだ結果、何を知り、何を理解し、何ができるよう
　になるべきなのか？
②生徒が必要な知識、理解、スキルを身につけ、成功するため
　に、どのような方法で夢中になって生徒に取り組ませること
　ができるのか？
③生徒が学んだことを、どのようにすれば知れるのか？
④生徒が知らない場合、私はどうしたらよいのか？
⑤もし、生徒がすでに知っていたら、私はどうしたらよいの
　か？
⑥誰のためになって、誰のためにならなかったのか？

⑦以上の観察から、短期的にも長期的にもより良い教師になる
　ために私は何を学べるのか？

⑧以上の観察から、生徒がより良い学び手になるための支援と
　して、私は何を学ぶべきなのか？［参考文献4、46、104］

　質問①はカリキュラム、質問②、④、⑤は教えること、質問
③、⑥、⑦、⑧は評価に関するものです。一見すると、そう見
えるかもしれません。カリキュラムをもう少し詳しく本章で探
究し、第6章では評価を、第7章では教え方について探究しま
すが、CAIの三つの要素にまたがる質問は一体化しており、
相互に依存しあっていることに気づくでしょう。

 ## カリキュラム・デザインの本質と目的

　前節で挙げたウィギンズとマクタイは、「最良のカリキュラ
ム……は、単に何が網羅されているのかという観点からではな
く、生徒に求めている学習の観点から書かれている」と述べて
います。このようなカリキュラムは、生徒がある学習範囲を完
了したときに何を達成すべきなのか、その結果を達成するため
に生徒は何をする必要があるのか、そして、その達成をサポー
トするために教師は何をする必要があるのか、を明示していま
す。

　「要するにカリキュラムは、内容と活動の単なるリストではな
く、求められているアウトプットとそれを達成するための方法
を特定するもの」［参考文献104］なのです。

　ウィギンズとマクタイによると、カリキュラムの目的は、生徒が取り組みの結果として、何を知り、何を理解し、何ができるようになるべきかを明確にすることです［参考文献104］。その結果は、生徒の成果物やパフォーマンスで表現されるべきものです。言い換えれば、生徒が知識を不慣れな文脈で応用・活用、またはそのほかの方法で使用できなかったら、学ぶべきことをまだ学んでいないという状態になります。

　教えることと評価の実践は、生徒が理解という目標を達成し、その理解を明らかにするような方法でパフォーマンスを行うことについて、生徒と教師が確認するために重要となる役割を果たします。カリキュラム・デザインは、その成功のための三つの要素すべてについての計画を示しています。「カリキュラム」、「評価」、「教え方」の間には密接なつながりがあるため、これらの要素において最大限の効果を得るためにも、三つすべてを効果的に使用する必要があります。

　カリキュラム・デザインは、静的または「設定された」ものと見なすべきではなく（教師と生徒の成長やニーズの変化に応じて進化します）、また「閉鎖的」でもありません（教師の専門知識や関心と同様に、生徒の「声」、関心、およびニーズに対して十分な機会を提供する必要があります）。

　また、カリキュラム・デザインは標準化を義務づけてもいけません。つまり、学習の意図としてカリキュラムに明記されている知識、理解、スキルはすべての生徒に適用されますが（個別の支援計画をもっている生徒は除く）、カリキュラム・デザインにおけるほかの側面には柔軟な余地があるはずです[17]。

スティーヴン・レヴィー[18]は、「カリキュラムは誰が決める
のか？」という問いに対して、「三つの層に分ける」と答えま
した。さらに、それは基準を設計する人、教師、生徒の協働に
よる創造であるべきだと述べました。私は、この主張を支持し
ています。[参考文献55]。

　　生徒の教育過程においては、総合的かつ一貫した学習課程
　に触れられるようなカリキュラムの枠組みが必要です。また、
　電気について３年続けて学ぶことがないように、学年を超え
　た教科の連携が必要です。文の構造、分数、科学的手順など
　をいつまでに習得させるのか、その概要も必要となります。
　　私が教育システムに求めるのは、教えるべき教科の広いス
　ケッチと、それを自分のデザインで自由に教えられることで
　す。地域社会が生徒に身につけてもらいたいこととして決め
　た、「思考の習慣」、「心構えの習慣」、「取り組みの習慣」を
　定義してください。そして、そのテーマを生徒と一緒に探究
　できるだけの余地を私に与えてください。すべての教師が同
　じように教える必要はないと思いますが……。
　　私は、自然な活動を通して教えたいのです。学ぶというこ
　とは、人が集まるという自然な営みであることを生徒に知っ
　てもらいたいのです。生徒の経験や疑問からはじめたいし、
　生徒自身の興味に従ってほしい。でも、カリキュラムで決め
　られた内容やスキルは守らなければなりません。生徒自身の
　経験や興味関心から、教えるべき教科の枠組みのなかで、世
　界の深さや広さへと導いていくのです。

　私は、生徒自身の興味関心や疑問から、要求されるカリキュラムの領域へと導くつながりを見つけなければならないのです。[参考文献55]

　生徒が中心となっている教室のカリキュラム・デザインは、問題解決学習、探究学習、プロジェクト学習、体験学習、ソクラテス学習、完全習得学習[19]、またはそれらの組み合わせなど、数多くの教育的アプローチを利用することができます（ただし、これらに限定されるものではありません）。教師と生徒の役割のバランスがとれた質の高い一斉指導も、生徒中心の授業で行われます[20]。

---

[17]　協力者から、「非常に共感します。現在の学校のほとんどは、カリキュラムが緻密な計画になってしまっていて、年度途中の変更ができない（と思いこんでいる）状態になっていると思います！」というコメントが届きました。到達目標は、アプローチの仕方は同じである必要のないことを意味しています。つまり、一斉授業である必要はないし、それをしてしまっては目標を達成できない生徒を多く生み出してしまう可能性があるということです。柔軟なカリキュラムの運用の仕方として『ようこそ、一人ひとりをいかす教室へ』や『一斉授業をハックする』を参考にしてください。

[18]　(Steven Levy) 幼稚園から大学まで教えた教師です。主に小学校で教え、その記録となる『Starting from scratch（ゼロからの出発－生徒とつくるカリキュラム）』は教育関係者の必読書となっています。

[19]　問題解決学習、探究学習、プロジェクト学習などについては、『PBL　学びの可能性をひらく授業づくり』、『だれもが科学者になれる！』、『社会科ワークショップ』、『歴史をする』、『プロジェクト学習とは』などを参照ください。ソクラテス学習とは、ソクラテス・セミナーのことだと思われます。問答を通して学ぶ人と、それを取り巻いて観察する人がおり、両者に学びがあります。完全習得学習とは、一人ひとり学習ペースが違うことを前提として、完全に学習目標を達成して次に進めるように個別学習を行うことです。

表5−3　学ぶことを重視したカリキュラムを計画するための基
　　　　本的な枠組み

ステップ1「この単元に取り組んだことで、生徒は何を知り、何を理解し、何ができるようになるべきか？」という質問に答える。

ここでは、単元を構成し、単元における学びの成功を定義する以下の要素をリストアップする必要があります。
・重要な知識
・重要な理解（概念）
・重要なスキル

ステップ2「生徒がステップ1で指定した目標を知り、理解し、できるようになったかどうかをどのように把握するのか？」という質問に答える。

ここでは、以下の内容を含んでいます。
・ステップ1で必須とされた知識、理解、スキルの習得と応用／活用することを効果的に実証するための総括的な評価（パフォーマンス課題および成果物を重視するが、テストやスキルチェックのための課題、教師の観察などの証拠も含む）の説明。
・生徒自身がこのステップでの取り組みについて自己評価する機会。

ステップ3「教師が意図した規準を生徒が達成するために必要な知識、理解、スキルを身につけられる方法は何か？」、「生徒が知っていることをどのようにすれば知れるのか？」という質問に答える。

ここでは、以下の内容を含んでいます。
・教師が生徒を惹きつけて、ステップ1の学習意図に夢中で取り組めるようにする。または、夢中で取り組める方法。
・学ぶ単元を通して、教師および生徒がステップ1の学習意図に対する生徒の進歩について理解し、フォローするために必要な形成的評価の提案。
・課題や目標達成のための基準と、その根拠となる目標値。
・ステップ1の要素の習得に必要とされる追加の時間や、サポートが必要な生徒を支援するオプション。また、それらの要素について早期に習得してしまった生徒を先に進めるための方法。
・生徒がとくに関心のあるテーマについて学ぶ時間、協働作業、およびそれぞれの学びのニーズに対応するための時間。
・ステップ1の学習目標の達成に向けた取り組みについて、教師と生徒が意見を述べる機会。

　これらの学ぶ手段（方法）が効果的に実施されたとき、生徒中心のクラスにおける三つの主要な目標も押さえられます。

❶生徒一人ひとりの教科内容の学び／感情と社会性の学び（SEL）を最大化する。

❷生徒の「声」とエイジェンシーを促進する。

❸急速に変化する不確実な世界を理解し、それに貢献するための基礎となる知識、理解、スキルの理解とその応用・活用を強調する、しっかりとした分野別カリキュラムから学ぶ。

　左に掲載した**表5−3**は、『理解をもたらすカリキュラム設計』に書かれている枠組みです［参考文献104］。

　コロンビア大学の物理学と数学の教授であるブライアン・グリーン（Brian Greene）は、教える生徒一人ひとりを教師が信じ、授業が生徒の人生に積極的な変化をもたらすと深く信じるとき、カリキュラムを通して描く学びの旅は、その分野における固有の力と疑問を明らかにしながら生徒の心を惹きつけ、伸ばすことになるとラジオ番組のなかで断言しています。また彼は、「教師が安易な教え方をしてしまうと、生徒は学びに物足りなさを感じる」とも述べています［参考文献40］。

　　野球のルールを知れば野球の楽しさが倍増するように、宇宙のルール、つまり物理の法則を理解すればするほど、その

⒇　これをイメージするには、『イン・ザ・ミドル』、『増補版　作家の時間』、『増補版　読書家の時間』、『国語の未来は「本づくり」』などで紹介されているミニ・レッスンがよいと思います。

なかで生きる自分をより深く味わうことができます。そう信じているのは、私自身がそれを目の当たりにしたからです。

　私がブラックホールやビッグバンについて話したとき、子どもたちの目は輝きました。イラクにいる若い兵士たちから、「相対性理論や量子物理学の一般的な説明を読んで、何かもっと大きなもの、私たちを結びつける普遍的なものがあるという希望を得た」という手紙をもらったこともあります。ですから、理科や数学に徒労感をもって取り組んでいる生徒に出会うと心が痛むのです。そのようなことは必要ない、と思っていますから。

　確かに、暗記すべき事実の集合体として提示されている理科や数学が宇宙の謎を解き明かす力を示すものではなく、抽象的な計算が連続したものとして教えられると、すべてが無意味で退屈なものに思えてきます。さらに問題なのは、「あなたには、数学や理科を理解する能力がない」と教師に言われてしまった生徒がいるという事実です。これは、完全な機会の損失となります。

　若い人たちに、科学がもたらす爽快なドラマが理解できるような教育をする義務が私たちにはある、と信じています。混乱から理解への過程は貴重なもので、感動的な経験であり、学び手としての自信の基礎になるものだと思います。

　学びを活性化し、生徒が学び手として認識できるようなカリキュラムを作成することは、もはやアート（芸術）の領域に入ります。すべての芸術がそうであるように、やはり練習が必要

です。カリキュラムは、私たちが過去の知恵を現在の市民に伝え、彼らがこの地球上で過ごす時間、そしてその先の時間をより良く過ごすための確かな位置を確保するうえで重要となる仕組みなのです[21]。

夢中で取り組むことと理解することを重視したカリキュラムの事例を分析する

本章で取り上げた原則に対する理解を深めるために、それを実践している教師の事例をいくつか見てみましょう。また、196〜198ページで紹介した高校の歴史教師であるテイラー先生が作成したカリキュラムについても深く検討します。各事例の最後にある「考えるポイント」を参考にして、自分なりの分析をしてみてください。

高校歴史の授業

テイラー先生が行った歴史の授業は、生徒にとっては最初から興味深いものでした。安定と変化がバランスを保ちながら満ち引きをする、変化していく歴史を学ぶという考え方は、これまでの授業と違って驚きでした。いわゆる、学校で習う「歴史の授業」ではありませんでした。

最初の授業が終わる頃には、生徒はすでに歴史を学ぶための旅への出発準備ができており、自ら考え、つながりを見いだし、見慣れたものを予想外の方法で見ていました。1年間の授業全

---

[21]　ここで書かれていることと似た（すべての教科にも当てはまる？）形で書かれているのが『算数・数学はアートだ！』ですので、ぜひご一読を！

体を通して、歴史というサイクルのなかで人々がどのように変化と安定を求めていたのかについて調べたうえで、どのような人が変化を好み、どのような人が安定を好むのか、また、なぜそうなるのかを調べたのです。

　生徒は、現在学んでいる時代のサイクルと以前学んだ時代のサイクルを比較し、音楽、芸術、哲学、経済、政府、リーダーシップ、家、交通、その他多くの社会的要素が各時代によって形成されただけでなく、そのあとも形成していることを目の当たりにしたわけです。

　また生徒は、あるサイクルの根源が別のサイクルへ波及するといった可能性を示唆しはじめた経緯を辿り、その時代が次のサイクルにどのような影響を及ぼすのだろうかという仮説を立てました。ソーシャルメディア、さまざまな報道、歌詞、映画やテレビからの抜粋など、自分たちが生きている時代を検証するために、定期的に「過去の時代」というレンズを使っていたのです。

　授業が進むにつれてテイラー先生は、思春期とは安定と変化のバランスを求める満ち引きであり、過去に根ざし未来に波及するものであるという前提についての賛否を生徒に問いました。

　思春期を「歴史」というレンズで、歴史を「思春期」というレンズを通して考えるという類推を繰り返し使うようにと先生は促しました。このコースの概念図（197ページの**図5-2**参照）に示されている考えを用いて、生徒が自らの関心事をより深く理解する機会を定期的に与えました。過去において、その地域はどのような状態だったのか？　もたらされた変容の潜在

的な利益とコストは何だったのか？　などについてです。

　テイラー先生は、１年間の授業全体を通して、読むべき本や文章、話し合い活動、学習課題に注意深く組みこみ、グループワークや個人の執筆、成果物に対して、教科の到達目標から推測される知識やスキルが確実にいかされるよう、必要に応じたサポートをしました。また、歴史家が用いる手法や思考法を学びに取り入れ、ルーブリックやそのほかの教科の到達目標を使って、そのアプローチを強調しています。

　生徒には、課題の進め方や学んだことをどのように示すのかについて選択肢がたくさん設けられました。教師のほうでは、生徒が目標や質の高い成果物の基準、そして歴史家の間で行われている一般的な思考タイプに沿った表現方法を理解し、選択する際には手助けをしています。

　さらに、多くの生徒が、概念図（**図5−2**参照）上で注目した領域の一つまたは複数が、学んだ時代においてどのように発展してきたのかについて探究しました。この作業は、「歴史とは、過去に根ざし、未来に波及するであろう安定を求める潮流の研究である」という説を検証する機会となっています[22]。

考えるポイント

・あなた自身の、歴史の授業における経験を思い返してみてください。どの授業が、一貫して内容に取り組み、学んでいることの意味について理解を促し、学んだことをもとに意見を

---

[22]　まさにこのような視点で、小学校と中学校の歴史の授業用に書かれた本が『歴史をする』ですので、ぜひ参考にしてください。

218

述べたり、問題を解決したり、行動を起こすといった力を与えてくれたでしょうか？　そのような結果を可能にしたのは、カリキュラム（そして、もちろん教え方）のどのような点でしたか？

・もし、学んだことをほとんど忘れてしまうような授業があったとしたら、内容の提示の仕方（および教え方）はどのように違っているでしょうか？

幼稚園クラスの授業

バージニア州の小さな学校のなかにある評判の高い幼稚園クラスの教師4人は、あまりにも多くのテーマやスキルを「網羅」しなければならないために、園児が「学び」に対する意味を理解する術がないという現状に懸念を抱いていました。

新学期がはじまると、4人は校長に対して自分たちが学ぶための補助金を申請して、月に1回、午前中に6か月間ミーティングをするために、代用教師を雇う資金を得ました。4人の目標は、カリキュラムをより一貫性のあるものにし、生徒にとって有益なものにするための方法を考えることでした。

会議室に集まった4人は、まず自分たちが教えている「テーマ」をすべてホワイトボードに書き出したのですが、その結果、50近い項目があることに衝撃を受けました。その内容は、音の学習、物語の読解、絵の探究、問題解決、科学実験から、家族、色、天気、詩、硬貨、地球、感覚、歯の治療などと多岐にわたりました（ただし、テーマはすべて同じではありません。あるものはスキル、あるものはプロセス、あるものはイベントでし

たが、教師たちがこの違いに気づくのはかなり先でした）。

　全リストを調べ終わったあと、ある教師が、「子どもたちは、首にかけたバス番号なしでは自分が乗るべきバスを見つけられない。このような状態で、子どもたちはどうやってよく学べるというの？」と言いました。

　早速、より合理的な説明ができるように、情報の分類からはじめました。3時間後、4人はホワイトボードに五つの列をつくり、各列の頭にテーマを整理した概念をつけました。それぞれを、「協力」、「コミュニケーション」、「文化」、「変化」、「探究」とし、各概念の下には、それに相応しい「テーマ」を並べました。

　このような整理によって論理的に妥当性が保たれ、大いに納得できましたが、ほかの教師も考えていたであろう疑念を一人の教師が口にしました。
「整理する前は、出しっ放しの靴下が多すぎる気がしていたんです。それらを全部引き出しに入れたので整理はされましたが、それでもまだ多すぎるように思います」

　4人は数時間をかけて、何を学ぶことがもっとも重要なのか、そして園児がその成果を得るために、もっとも意味のある方法を提供するためには学習体験をどのように構成すればよいのかについてじっくり考えました。そして最終的に、「分かちあいと思いやり」、つまり園児が互いに思いやり、考えを共有することについて学ぶことが、幼稚園が目的とする核心である、と結論づけました（教師たちは「感情」という言葉を使いませんでしたが、これは「感情」についての目標であり、彼女らが非

常に大切にしていることでもあります）。

　コミュニケーションは生徒と接するすべての核心であると考え、このスキルを中心的として、二つ目の感情に関する目標である「感謝」と共にデザインしたわけです。そして、園児にとってもっとも必要だと思われる分野を調べると、「パターン」と「変化」の概念は、すべての分野にわたる「テーマ」であるという結論に達しました。

　そこで4人は、自分たちが名づけたさまざまな要素を含む同心円を描き、その円を統合する文章を書きました。それは、次のようなものでした。

> 　私たちは、園児たちが自分自身を大切にし、他人を大切にし、自然を大切にすること、そして自分自身を評価し、他人を評価し、自然を評価できるような方法で園児たちと一緒に学びながら教師として努力したいと考えています。
> 　そこで、自分自身、他人、そして自然をより深く理解し、感謝できるように、自分自身、他人、そして自然のなかの「パターンと変化」を探究していきます。学びながら、自分自身について、他人について、そして自然について……自分自身、他人、そして自然と共にコミュニケーションをとっていきます。

　課題（やテーマ）の羅列から一貫性のある概念中心に教えるといった変更は、しばらくの間、波紋を投げかけましたが、教師たちは自らの思考や計画が新しい焦点である概念と一致する

まで話し合いを続けました。その結果の一例をご紹介しましょう。

　この学校では、毎年春になると動物の学習をするというのが恒例となっており、最終的に生徒たちは、自分の興味のある動物を「養子」として迎え、「自分の」動物についての本をつくっています。本のページには、その動物についての事実と、生徒が描いたイラストが添えられています。そして、学年末に学校図書館で開催される「作家歓迎会」では、子どもたちがつくった本を保護者と共有しています。この催しは、みんなが待ち望む伝統行事となっています。

　カリキュラムに概念をベースとしたアプローチを新しく取り入れたことで、この活動の学習目標は、単に動物の事実を掲示するよりも少し複雑なものとなりました。次ページの**表5－4**では、教師と園児が動物の学習で生み出した二つの概念と原理を紹介しています。

　年々、原理を繰り返し用いるようになっていったのですが、最初に原理を用いた際、すでに生徒が楽しむためにつくられた一連の「活動」から、生徒の考えを捉え、理解を広げるための有意義な探究と話し合い、そして共同開発された「成果物づくり」へと教え方はシフトされています。とはいえ、これは活性化されたカリキュラムの一例でしかありません。1年を通して生徒たちは、州のスタンダード（学習指導要領のようなもの）で定められたさまざまなスキルを実践し、磨き、応用し、非常に有意義な学びを行いました。

表5−4　ビッグ・アイディア──人間を含むすべての動物には
　　　　　　パターンと変化がある

概念：パターン
原則（理解）：科学者はパターンを使って動物を分類する。
1．動物の分類は、予測可能なパターンを共有している。
2．動物の大きさ、動き、体の特徴、生息地、食べ物の種類などは、
　　パターンで分類できる。
3．動物のライフサイクルにはパターンがある。
4．動物の「科」にはパターンがある。
5．天候と生息地が、動物の身体と生活の基本パターンを決定す
　　る。
6．人間やほかの動物の生活には相互依存のパターンがある。
7．動物のコミュニケーションの仕方や理由にはパターンがある。

概念：変化
原則（理解）：
1．動物は成長するにつれて変化する。
2．変態とは、完全に変化することである。
3．動物の分類によって、動き方、見方、身の守り方などが変わ
　　る。
4．生き延びるために習慣を変える動物がいる。
5．身を守るために体色を変える動物がいる。
6．環境の変化に適応できない動物は絶滅してしまう。

「作家歓迎会」では、幼稚園クラスのときに動物の絵本をつく
った経験がある年長児の保護者から、今年の絵本に反映されて
いる思考の深さに対する驚きの声が聞けました。また、多くの
保護者が、家庭や家族で出掛けたとき、一緒に読んだ本の内容
についてや家族や友達と過ごす際、とくにパターンや変化につ
いて生徒が驚くような質問や観察をしていることを、年間を通

じて教師たちに伝えていました[23]。

　新しい幼稚園カリキュラムが幼い生徒に与えるポジティブな影響について、地元で高い評価を受けている高校から印象深い感想が寄せられました。年度末が近づいたころ、この高校に勤務する大勢の教職員が幼稚園クラスの教師に連絡をし、「自分たちのコースで、概念中心の学びをどのように活用したらよいのか教えてほしい」と頼んできたのです。

　この依頼の発端は何だったのでしょうか？　高校教師のうち6人ほどが同僚たちの間でオピニオンリーダーと見なされていた人たちで、その年に小学校に併設された幼稚園クラスに自分の子どもを通わせており、その効果を直接見ていたのです。ある高校の教師が次のように述べていました。

「5歳児ですらこれだけの効果があるのです。高校生にどのような効果があるのか、と想像してみてください」

考えるポイント

・もし、あなたが、概念やビッグ・アイディアによる教育という考え方に不慣れな場合、このアプローチに移行する際にもっとも困難となる事柄は何ですか？　また、もっともやりがいのあることは何でしょうか？　すでに概念やビッグ・アイディアを中心に授業を構成している場合は、その移行に際してもっとも困難であったことは何ですか？　また、もっともやりがいを感じたのは何でしたか？

---

[23]　ここで紹介されたのと同じアプローチで、年間を通して小学3年生に教えた事例が『いい学校の選び方』の127〜130ページで紹介されています。

・幼稚園の例について考えてみましょう。（授業で直接探究した分野以外では）園児がパターンと変化について見たり考えたりする姿を思い浮かべられますか？　この幼稚園の教師は、授業が進むごとに、園児の思考の果てに、パターンと変化の概念をしっかり設定していたかどうか想像できますか？

・カリキュラムにある情報だけでなく、ビッグ・アイディアに生徒の思考の焦点を合わせるために、あなたはどのような工夫をしていますか？　また、どのような工夫が考えられますか？

 ## このあとは……

　私が教えている大学生の一人であるアダムは、「一人ひとりをいかす教え方[24]は常識だ」と言い切りました。彼がそのような結論に至ったことをうれしく思い、その考えを説明するようにと私は求めました。

　彼はまず、自分の学校での経験を挙げ、生徒が本当に学びに打ちこむためには、肯定的でやりがいのある学習環境が必要である、と述べました。そして、カリキュラムが平板で刺激的でない場合は、生徒の学びも概して平板で刺激的なものではなくなることが予想される、と説明しました。さらに、学ぶ側のことを十分に考え、すべての生徒にとって魅力的な学習環境とカリキュラムをつくりあげた教師は、「生徒の学習状況を毎日知りたいと思うのが道理である」と述べ、形成的評価を用いました。

「もちろん、そのような教師は、そのために形成的評価を自然な形で使っています」とアダムは言いました。そして、「今は分かっていると思いますが、頻繁な形成的評価を通じて、教師はいつ、どのように、誰のために一人ひとりをいかす教え方が必要なのかについて知ることができるのです！」と続けました。

　彼の最後の主張は、次のように常識的なものでした。「そして、もちろん、柔軟性のないクラスで柔軟に教えることはできません。柔軟性のあるクラスをつくる方法を学ばなければなりません」

　ここまで私たちは、「学習環境」と「知的好奇心を刺激するカリキュラム」の本質について見てきました。アダムが言うところの、どちらか一方が欠けても生徒の学びを維持することは難しい、という点は正解でした。

　本書の第4章と第5章にその記述がまとめられています。生徒とその学びに焦点を当てたクラスにおける形成的評価の役割に関するアダムの考えは、教師と生徒の成長と成功においてしばしば見落とされる形成的評価の力を検証する第6章にうまくつながっています。

　その後、第7章において、変化のある教え方とアダムが述べたほかの要素との関連について見ていきます。

---

(24)　数年前から「個別最適化」が叫ばれるようになったにもかかわらず、「一人ひとりをいかす教え方」は残念ながら日本ではあまり知られていません。詳しくは、本書の著者が書いた『ようこそ、一人ひとりをいかす教室へ』を参照してください。

第6章
評価——学びと成長のために評価を活用する

　学校で行われるもっとも重要な評価は、誰も見ることができません。それは、一日中、生徒の頭の中で行われているからです。生徒は、自分が何をし、何をつくり、何を決断したかを評価し、何が十分であるのかについて決定をしています。このような生徒自身の評価によって、どれだけ課題を気にかけ、どれだけ一生懸命に活動し、どれだけ学ぶのかが決まるのです。

　自分自身の評価が、自らの行動がどれだけ親切で礼儀正しいか、どれだけ尊敬と責任をもつかを左右しています。生徒一人ひとりの評価が、クラスで何が「十分なでき」であるかについての基準を設定しているのです。結局のところ、生徒自身の評価がすべてなのです［参考文献10］。

[ロン・バーガー（Ron Berger）ほか] 小学校の教師を28年間務め、その実践をベースにして『子どもの誇りに灯をともす——誰もが探究して学びあうクラフトマンシップの文化をつくる』を執筆して賞を取ったあと、1991年にハーバード大学教育学部とアウトワード・バウンドが設立したExpeditionary Learning のディレクターを務めました。現在は、同組織のアドバイザーです。

　私が若い教師だったころ、評価という概念に対して感じていたのは、よく言えば不安であり、実のところ、ほんとんど敵対心と言ってもいいものでした。評価とはテスト、テストとは成

績、成績とは通知表のことでした。これらはすべて、教室に重
苦しい雰囲気をもたらし、生徒と私が日々行っている学びに対
する興奮や満足感とは相反するもののように思えました。

　通知表が配られる日、生徒たちと一緒に教室のドアの前に立
っていたことを鮮明に覚えています。ある生徒は、「成績が悪
いと外出禁止になるんだ」と、緊張した面持ちで冗談を言って
いました。別の生徒は、机に顔を伏せ、あくびをしながらただ
座っているだけです。また、「成績がよければご褒美がもらえ
る」という冗談を言っている生徒もいました。

　教室に入った生徒と話しているうちに、私は気づきました。
1学期の通知表を渡す今日の時点であっても、きっと次の2学
期の通知表を、驚くほど正確に仕上げられるにちがいないとい
うことに。

　私が生徒だった頃から変わらずにある、学校の代名詞とも言
える「テスト・成績・通知表制度」は恐ろしいほどまちがった
ものに思えます。しかし、教師になった私はこの制度を継続し
ていました。なぜなら、私にはそれに代わるだけの、筋の通っ
た代案がなかったからです。この思考をもっと深く追究するだ
けの自覚があったら、次のように自問していたかもしれません。
「テスト・成績・通知表制度は、生徒のためになっているだろ
うか？　評価の目的は何だろうか？　私が本当に評価したいこ
とは何だろうか？　成績は、生徒とその保護者に学びに関する
有意義な情報をどれだけ伝えているのだろうか？　テスト以外
の学習評価方法にはどのようなものがあるのだろうか？　学習
意欲があり、そのために必要なスキルとマインドセットをもっ

た生徒の育成にもっとも貢献できる評価方法は何だろうか？」

このような質問を自分に投げかけられるほど、私は意識的な評価をしていませんでした。

 ## 学校における評価のあり方

2000年のアメリカ教育研究学会（AERA）の会長講演においてコロラド大学の名誉教授ロリー・シェパード（Lorrie Shepard）は、外部の評価テストの悪影響について深い懸念を表明していました。彼女は、このようなテストが重視され、学校や教師、生徒が判断されてしまうことが理由で教師のスキルが低下し、専門家としての資質が失われる可能性があると考えていました［参考文献31］。

標準学力テストの点数を上げることに授業の大部分を集中させた代償として、授業と学びは破滅的な影響を受けているだけでなく（それは、現時点でも続いています）、さらに問題を悪化させる原因ともなっています。それは、標準学力テストをほとんど神格化する場合と同じような考え方が、学校や教室での評価方法を支配しているという事実です[1]。

生徒が学ぶべきことを学んでいるかどうかを確認するためには判断が必要であり、生徒の成績を判断するために定期考査が

---

(1)　日本の場合は、断然「入試」でしょう。いわゆる全国学力・学習状況調査や、各自治体で実施される学力テストの影響はアメリカほど大きくないと思います。単なる、時間と税金の無駄遣い程度です。

必要とされ、生徒自身や保護者にその成績レベルを伝える最善の方法であるという、私が新米教師の頃にもっていた感覚を打破している学校はほとんどありません。また、生徒や保護者の多くが、テスト・成績・通知表制度が学校や学校教育の中心であり続けることを期待しており、要求さえしているのです。

　このやり方が正しいと認識されていることは、毎週指定された回数の成績を生徒につけるようにと多くの学校が教師に要求し、その成績を保護者が閲覧できるように、ウェブサイトに速やかに掲載するという現状にもっともよく表れています。成績重視があまりにも浸透しているため、小学校高学年以上の生徒が課題を受け取ると、「これは成績に関係ありますか？」と大合唱するほどです。もし、その答えが「いいえ」なら、その課題を「なぜ、わざわざやらなきゃいけないの？」という疑問で追いやってしまいます。

　多くの学校では、いまだに「評価・成績・通知表」という三つの言葉が同一視されています。実際のところ、これは学びにおいてきわめて有害です。ある教師は、「従来の成績は競争的で、懲罰的で、生徒と教師によるゲーム感覚を助長するため、学びとはほとんど関係がない」［参考文献69］と指摘しています。

　成績を懲罰的に用いることで行動や成果が向上するという証拠がないにもかかわらず、学校は学びではなく成績競争を促し、しばしば教師は、学習をコントロールする仕組みとして用いています。教育コンサルタントのリーヴス（Douglas Reeves）は、成績評価に関する五つの根強い神話の一つ目として、「成績が生徒をやる気にさせること」［参考文献76］を挙げています。し

かし、実際には、生徒の成長をほとんど促さない成績評価方法を私たちは用いているのです [参考文献11]。

さらに、多くの生徒にとって、成績はやる気をそぐものであり、人間性を失わせるものでさえあります。本章の冒頭に登場したバーガーは、「小学3年生になる頃には、クラスで誰が良い成績をとる『良い生徒』で、誰が悪い成績をとる『悪い生徒』なのかが明らかでした」（[参考文献8] の邦訳書『子どもの誇りに灯をともす』162ページより）と回想しています。

> 生徒たちは、成績が悪い生徒が馬鹿なのだと思っていたし、成績が悪い生徒自身もそれを認め、学校が大嫌いであることを公言していました。成績でCやDをとることが多い子どもは、自分をCやDがふさわしい生徒だと思い込んでいました。頑張ることになんの意味があるのか？　そう考えて小学3年生で既に努力することを諦めてしまったら、高校生になった時に彼らはどうなってしまうのでしょうか？（前掲書、162ページ）

このような場合、成績は生徒の学習環境から魅力を奪ってしまいます。これは、多くの教師が懸命に築きあげてきた信頼を損ない、生徒自身に尊厳をもたせるどころか卑下させるものとなり、あまりにも多くの生徒が「自分は勉強には向いていない」と思いこんでしまいます。

また、このテスト・成績・通知表という評価方法は、学習を簡単だと感じているような生徒の学習意欲をも低下させます。

能力レベルが高いにもかかわらず、課題が少なかったり、易しすぎたりして、退屈な状態に陥ってしまうのです。さらに、最小限の努力でよい成績をとることに慣れてしまい、努力する必要がない、と考えるようになってしまいます。

　結局のところ、成績がよいということは「頭がよい」ということであり、頭のよい人は成績のために努力する必要はない、ということになってしまうでしょう。このような生徒は、自分のレベルにあった（少し難題の）課題を提示されると、しばしばその課題を拒否し、「ほかの人よりも難しい」課題を「不当に」与えた教師に対して怒り出すことさえあります。

　アール（56ページを参照）は、成績に関連する多くの成績優秀な生徒と成績不振とされる生徒との経験を次のように捉えています。

　　一部の生徒は、学校で確実に褒められ、成功することが麻薬となり、それらがもっと必要だと常に思うようになります。一方、ほかの多くの生徒は、毎年「デキがよくない」と言われ続けることで知的な面において自信を失い、一種の倦怠感に襲われてしまいます。［参考文献31］

　そのため、成績優秀な生徒は学ぶために努力するのではなく、成績のために努力するといったことを簡単（ほとんど自動的）に習慣化してしまうのです。一方、苦労している生徒は、低い成績という非難から逃れられず、学ぶことを諦めてしまいます。

　大きな投資（多くの時間と努力）をしても結果が出ず、長期

間にわたって失敗を続けるよりも、はなから投資をしないで失敗するほうが気楽なものです。どちらの場合も、モチベーションの低下を引き起こすことになります［参考文献28］。

まとめると、成績をつける（判断を下す）ことを目的としたテストなどの「総括的評価」のみが、学校の評価を支配しているということです。生徒の学びは、テストや通知表の形で保護者や生徒に伝えられることを前提としており、それは同学年における相対的な位置関係を示します。教師は、教室でのテストや成績を生徒の学びに役立てたり、伸ばしたり、深めたりすることを意図しているかもしれませんが、それはほとんどの場合、実現には至っていません[(2)]。

40年以上前に私が教室で観察した様子は、今なお多くの学校や教室において同じです。年度初めによい成績を修めた生徒は、全体的にその状態が続きます。年度初めに悪い成績をとった生徒も、全体的にそれに沿った歩みとなります。

成績不振が続く生徒は「補習」クラスやグループに分けられてしまいます。高得点をとり続ける生徒は、「成績優秀者」のクラスやグループに入れられます。その中間の子どもたちは、「一般」または「標準」のクラスやグループに入ることになります。その後、各グループに与えられた課題は、生徒の学習上の軌道を変えるよりも、教師が生徒に対して抱いているイメージを固めることにつながります[(3)]。

---

(2) 同じことは、全国的あるいは自治体レベルで行われている学力テストにも言えます。入試に対しても同様ではないでしょうか。

(3) 一度固まってしまった生徒のイメージは卒業するまで続くと思われます。学校や教師がそれを促進しているとすれば、恐ろしいことです。

234

　教師としてこのような不幸な結果を目の当たりにしながらも、経験上、評価方法についての考え方、枠組み、そして実施方法は根本的なものと見なされており、それが本質的に正しく、変えられないものであると信じこんでいるのです。

　ある学校で、成績が学習に与える影響について触れたプレゼンテーションを行っていたとき、休憩時間にある教師が私に次のようなアドバイスをしてくれました。

「ここでは、成績をどうにかしようと思っても修正することはできないでしょう。この州には三つの宗教があります。バプティスト（キリスト教プロテスタントの最大教派の一つ）、フットボール、そして成績です。これらのうち、どれかに手を加えるというのは賢明ではありません」

　実は、１番目と２番目に少し違いがあるだけで、アメリカのほとんどの州で同じことが言えます[4]。実際、「アメリカの学校における成績評価の多くは、証拠ではなく、伝統に基づいています」［参考文献14］。

 ## より良い方法を思い描く

　生徒中心のクラスにおける評価は、多くの学校や教室で一般的に行われている評価とはまったく異なる目標をもち、まったく異なる結果を求めています。生徒中心の教育方法におけるほかのすべての要素と同じく、評価は生徒を判断するためではなく、教科内容の学び／感情と社会性の学び（SEL）を最大化す

るために設計されています⁽⁵⁾。

　実際、このようなクラスでの評価は、生徒の成長を止めるためではなく伸ばすために存在しています。今こそ、テスト・成績・通知表という従来の評価モデルから脱却し、学習のプロセスと個々の生徒の成長に役立つ評価に焦点を当てるべきです[参考文献69]。では、成績や通知表よりも生徒の思考や学びを最適化することを重視した評価とはどのようなものでしょうか。アールは、次のような仮説を提示しています。

　　私は、こんな日を思い描いています。それは、評価や評定が不吉で恐ろしいものとは見なされず、教えることと学ぶことから切り離されず、学びにつながる重要なアイディアを罰したり、禁止したりするために使われないという日です。その代わり、評価と教えること／学ぶことは相互に影響しあい、それぞれが貢献し、両者を向上させるようになります。

　　評価は、生徒が何を知っているのか、何を理解しているのか、何ができるのかを明らかにするだけでなく、それらの新しい学びがどのように生まれたのかを捉え、生徒一人ひとりの思考の深さ、幅、成長を示すさまざまな種類と質の高い成果物を提供します。この豊富な情報をもとに教師はさらなる学びを促し、焦点を絞った授業ができるのです⁽⁶⁾[参考文献32]。

---

(4)　信じる教会や好きなスポーツは変わっても、3番目は変わらないということです。

(5)　これに特化した本が『成績だけが評価じゃない！』ですので参照してください。

　また、アールは、評価に関するビジョンとして、生徒中心の鍵となる目標を正確に反映した三つの主張をしています。まず、学校の第一の目的は、そこに来る生徒一人ひとりの学びを最適化することである、と述べています。次に、生徒一人ひとりについて、学校はすべての子どもを、優れた学習能力をもつ者として扱うべきだと述べています。学校側で生徒を選別し、学校が考える有能な生徒像に合わない生徒を排除することはもはや許されません。

　そして、最後に、学びの最適化とはどういうことかを詳しく説明し、すべての生徒が読み書きと計算における基礎的なスキルを学ぶだけでなく、幅広い教科で能力と自信を身につけ、学校の内外で成功するための基礎となるスキル（たとえば、情報の評価・解釈・応用、クリティカルな思考と分析、新しい問題の解決、情報に基づいた判断、個別作業とグループ作業、曖昧な状況で適切な行動方針を見極める能力など）も習得できると説明しています。

　さらに生徒たちには、新しい情報に対応して新しい知識を使いこなせるように、また急速に変化し、予測不可能とされる世界でも、賢く礼節をもって自らの役割を果たすのに必要とされる「思考の習慣」（5ページを参照）を身につけるためのツールを使って常に練習するように、と言っています。

　アールの主張は、重要なことを学ぶ生徒の能力に関する成長マインドセットを反映しています（本書の第2章と第3章の重要なポイント）。また、学んだことを理解し、未知の文脈に移すことに重点を置いた教科内容の適切な知識を中心とするカリ

キュラム（第5章のポイント）を反映していることに、おそらくみなさんも気づいていることでしょう。さらに、この主張は、生徒が現在および将来の世界において生産的で満足できる生活が送れることを目的として、教科内容の学び／感情と社会性の学び（SEL）に向きあえるように生徒の準備を促すという教育観（第1章のポイント）とも関連してきます。

　より望ましく、公平で、優れた教え方と学び方のビジョンを達成するための要点は、「覚えたことを判定すること」から「学び方（思考の習慣）を身につけること」へと、評価の焦点の移行を支える考え方の理解となります。本章の残りでは、この転換が何を意味するのか、なぜそれが重要なのか、そして、それが実践ではどのように見えるのかについて探っていきます。

評価を理解するための基礎

　私たちは異なる文脈で異なる用語を理解して使用しているため、生徒中心のクラスにおける評価の役割を説明するときには、さまざまな種類の評価の特徴と目的を説明する用語について共通理解を図るところからはじめなければなりません。

　クラスでの評価には、基本的に「総括的評価」と「形成的評価」の二種類があります。

---

(6)　このあともアールが描いたことは続きますが、これが書かれたのは30年近く前のことです！　訳者の一人吉田は『テストだけでは測れない！一人を伸ばす「評価」とは』を著すときにもっとも参考にしたのが彼女の本や資料でした。

238

総括的評価

　総括的評価とは、「学んだこと」に対する評価です。前述のとおり、その目的は、生徒の学習成果を判断したうえで達成度を点数化し、生徒、保護者、および生徒の状況を一定期間ごとに知る必要のある人々（たとえば、中学・高校で生徒の時間割や履修スケジュールを決める進路指導カウンセラー）に報告することにあります。

　ある生徒が学年の途中でどのような状況に陥っているのかについて知ることは、その生徒の教育に携わる関係者に貴重な情報を提供しますが、生徒が学び手として成長するのを助けるという点では、総括的評価の機能には限界があります。先にも紹介したディラン・ウィリアム（37ページ参照）は、その理由を次のような比喩で説明しています。

　　水泳大会の４分の１が終わったときにコーチが、水泳選手に「C+」と書かれたカードを渡すことはないでしょう。そのカードは、水泳選手のパフォーマンスの向上にまったく役立たないからです。またコーチが、腕、脚、呼吸、タイミングという発達領域に２点ずつの配点をして、選手に対して「5.5点です」と伝えても意味がありません。

　　それに対して、コーチが練習や大会を注意深く観察し、選手が各領域において行っている状態をメモしておれば、それをもとにして各領域の長所を詳しく説明できますし、選手がパフォーマンスを向上させるために、タイミングや呼吸法の

修正に関する内容について具体的に説明することが可能となります。[参考文献106]

　総括的評価は事後評価であり、総括的評価で測定される内容・項目に習熟するために生徒は十分な時間、練習、およびサポートを受けたという前提で行われます（その前提は、必ずしも正確ではありませんが）。こうした最終評価は、学習または探究の単元において数回だけ行われる（または行われるべき）ものです。

　総括的評価のもっとも一般的なものは、単元または探究の主要なテーマが変わるとき、単元または探究の終わり、そして成績評価期間、学期、学年末に行われています。その目的は、カリキュラム設計の計画で必須とされた知識や理解、スキルについて、生徒の習熟度を測ることにあります。

　一般的に総括的評価は、学習目標または学習意図についての能力の程度を表す評定（５段階評価や ABC などの評価）として行われます。これらは、テスト、成果物、パフォーマンス、またはこれらを組み合わせるといった形がとられています。理想的な形は、教室で教えることと学ぶことが総括的評価の結果を十分に支える根拠となっており、すべての生徒がテスト、成果物、パフォーマンスを通じて習熟度が示せる状態です。

　前述のように、通常、総括的評価は次の学習に移るときに使用されています。総括的評価が終わると、教師も生徒も次のテーマや単元や探究に移るタイミングだと思いこんでしまいます。そのため、教師からの集中的なフィードバックと生徒自身の注

意深い分析が組み合わされ、学習意図に対する習熟度を高め、学習者としての自立度を高めるスキルと「思考の習慣」を伸ばす方法に関する重要な学びのツール（手段）として総括的評価が使われることはほとんどありません[7]。

形成的評価

　総括的評価とは対照的に、形成的評価は学習サイクル[8]のなかで頻繁に行われ、その目標も総括的評価とは大きく異なっています。

　ここからは、「事前評価」、「継続的な評価」、「学習のための

表6－1　タイミングと目的別の評価の種類（訳者作成）

タイミング	単元のはじめ	単元の学習中		単元の終わり 学期の終わり
評価		形成的評価		事後評価 （総括的評価）
	事前評価 （診断的評価）	継続的な評価		
		学習のための 評価	学習としての 評価	
説明	生徒の知識・理解・スキルなどの前提状況（レディネス）の把握。誤解の把握。	教師が、生徒の学習状況を把握することで、次の指導にいかすために行う。	生徒が、自分の取り組みを分析し、目標や基準に照らして、学び方や進み方を確認・改善するために行う。	学習目標に対する生徒の習熟度を評定。

評価」、「学習としての評価」という四つのキーワードに注目して、形成的評価の目的とその実践について掘り下げていきます。

「事前評価」は「診断的評価」と呼ばれることもあり、その実施のタイミングによって区別される形成的評価の一種です。新しい単元の学びや探究がはじまる前に行う事前評価は、すでに導入される内容についての知識をもっているのはどの生徒か、またもっていないのはどの生徒かを適切に把握できるためきわめて有効です。

　事前評価は、その単元のテーマに対して抱いている生徒の誤解を教師が発見するのにも役立ちます。これは、誤解が学習にとって問題となる前に、正確な理解へと生徒を導くための貴重な情報となります。

---

(7)　定期テストや入試に代表されるように、総括的評価の性格上、生徒たちはもちろん教師も、テストを受けたり成果物を提出したりした段階で「すべては終わり」と思っているのではないでしょうか。

(8)　「指導のサイクル」と言い換えられます。今行われている授業のほとんどが直線的なもので、学習、指導ともサイクルになっていない状態が最大の問題と言えます。それを打開するために編み出されたのが、作家、読書家、市民や歴史家、科学者、数学者が回しているサイクルを、年間を通して回し続けるという教え方・学び方です。これだと、生徒たちが対象とするものを好きになり、かつ確実に力をつける学び方なので参考にしてください。サイクルの図は、下の四つのQRコードのとおりです。なかでも、最初の作家と読書のサイクルと社会科のサイクルが、本章で扱っている評価の位置づけも含めて分かりやすいです。

生徒が事前評価を受けるとき、教師も含めて、これから扱う新しい内容を習得していることは期待されていません。また、事前評価で扱われる内容のほとんどはまだ教えられていないため、採点するべきでもありません。

単元や探究の最初ではなく、全体を通して行われる形成的評価は、一般的に「継続的な評価」と呼ばれます。また、一部の専門家（度々登場しているアールなど）は、評価の目的を反映した継続的な形成的評価をさらに二つに分け、「学習のための評価」と「学習としての評価」としています［参考文献31］。「学習のための評価」は、単元や探究の間いつでも行うことができ、授業において継続されることが望ましいものです。その役割は、教師がより効果的に教える方法を見いだすのを助けることとなります［参考文献90］。

形成的評価を中心に考えている多くの教師は、ほぼ毎日、あるいは授業時間中に何度も評価を行い、生徒の進歩状況を理解して、次の授業計画に反映させています。学習のための評価は、生徒の進捗状況を明確にするだけでなく、教室での観察や会話を通して、感情と社会性の学び（SEL）についても明らかにすることができます。

要するに教師は、生徒の学びをさらにサポートするために、授業の次のステップを調整することを目的として、学習目標または成果（最終的な到達目標）に照らしあわせて現在の学習状況をより明確に理解するために「学習のための評価」を使っているということです[9]。

「学習としての評価」は、「学習のための評価」とも関連しま

すが、違った目的もあります。それは、生徒が指定された学習
成果、学習目標、または学習意図に向かってどのように進んで
いるのかをより明確に理解することを助けるのです。これは、
主に自己評価のことで、生徒が学習目標を認識し、自分自身の
学習成果についてより把握できる状態に焦点を当てたものです
［参考文献31］。

「学習としての評価」を重視する教師は、次のようなことを生
徒に教えています。

- ・学習目標や「目標達成のための基準」（181ページの注を参
  照）に細心の注意を払いながら作業を進めること。
- ・目標や基準に照らして、自分自身の取り組み状況を把握す
  ること。
- ・新しい内容を理解する手段として、新しい知識をすでに知
  っていることと関連づけること。
- ・自らの取り組みについて分析的に考えること。
- ・理解できないことがあった場合、打開するための質問をす
  ること。
- ・自分の取り組みに行き詰まったとき、前進するための方法
  をいくつか身につけておくこと。
- ・どのように学習したり、勉強したり、質の高い学習成果物
  をつくったりするのかについて意識すること。

---

(9) 日本には「見取り」という言葉があり、教師の間で大切であるという認識
があります。「学習のための評価」こそが「見取り」と言い換えられそうな
ので、本章を通してさらに意識し（かつ実践し）ていくことが望ましいで
しょう。

・学びに取り組む際の姿勢や「思考の習慣」を振り返ること。

・まちがいの価値を認め、そこから学ぶこと。

・学習の過程では、明確な答えが出せないという曖昧さが生まれる場合もあるので、一時的にでも判断をして、前に進む必要があるということ。

　これらのリストをよく見ると、（多くの人が指摘しているように）学習としての評価は、本質的に学習のプロセスそのものであるということに気づくかもしれません［参考文献11、31、46、66］。生徒中心を目標にしている教師だからこそ、自立した学び手としての学びをきちんと把握するようになるのです。

　とはいえ、学びの把握を決して生徒任せにはしていません。その代わり教師は、学年を通じて生徒が「学び方を学べる」ように信頼性の高いサポートを継続して行います。「学習としての評価」はその手段の一つなのです。

　表6-2は、「学習としての評価」をサポートする教師の実践例を紹介したものです[10]。評価が総括的か形成的かは、評価の本質やその方法ではなく、評価する目的とタイミングに関係します。つまり、同じテストやほかの方法が、形成的な目的にも総括的な目的にも使用できるということです［参考文献46］。

　同様に、一つの評価が、学習のための評価と学習としての評価の役割を果たすこともあり得ます。このような場合、教師は、①短期的な計画や授業をより効果的に行うために一人ひとりの生徒の反応を分析・考察し、②学習目標に対する継続的な成長を促すために、一人ひとりの生徒が自らの反応を分析して次の

表6−2　「学習としての評価」のための効果的な方法

・生徒が安心できるように、挑戦しやすく、学びのサポートが常に得られる学習環境をつくる。
・自己評価のスキルを教師がモデルで示しながら生徒に教える。
・目標設定の仕方を示し、生徒自身が目標に向けて進捗状況をモニターできるように教える。
・学習目標と目標達成のための基準を反映した、多様なレベルの成果物のモデルを提供する。
・よい見本となる明快な基準（ルーブリック）を生徒たちと作成することを通して、課題を達成するためにその基準が使いこなせるようにする。
・満足のいくデキを示すスキルや姿勢を生徒が示せるような、難しい課題に挑戦できる機会を頻繁に提供する。
・生徒のメタ認知と学びをモニターし、これらに関する教師の観察をベースにしたフィードバックを提供する。
・生徒自身が自分の思考を認めると同時に自問自答するために、セルフ・モニタリングに関するスキルを生徒に教える。

あなたは、このほかに何を加えますか？

(出典)　[参考文献31]

⑽　日本の学校では「見取り」がよく言われるのですが、その実態はほとんどありません。そして、評価は教師が生徒に対してするもの、という捉え方が根強く残っています。本章を読んでいくと、「学習のための評価」と「学習としての評価」（つまり自己評価）を、従来の教師による評価（評定）と同等以上に重視していく必要のあることが分かります。

学習ステップを計画する時間、機会、支援を提供します。

　これまで、総括的評価の理想的な結果は、すべての生徒が意図された学習成果を達成することであると述べてきました。それに対して形成的評価の目標は、それが事前評価であれ、学習に対する継続的評価であれ、総括的評価とは異なります。形成的評価の目標は、生徒が何を達成し、何をまだ達成していないのかを確認することなのです［参考文献46］。

　このことから、生徒の誤りが予想されるのはもちろんのこと、成長の伸びしろを浮き彫りにするために形成的評価が必要とされます。もし、形成的評価を行った結果、完璧な文章や完璧な作業だけが見られたならば、そのクラスの生徒は適切なチャレンジをしていたとは言えないでしょう。

　形成的評価に関する重要な注意点は、評価の際に発見したことに対して成績をつける／評定するべきではないということです。この評価は、生徒が新しい情報に出合い、新しい理解やスキルを身につけるという、長期間にわたる学習サイクルの一環として行われます。自分の能力を疑っている生徒がサイクルの早い段階で成績という形で評定された場合、その結果を受けて「諦め」という感覚に陥ってしまうこともあります。
「ほら、いつもと同じだ。私は学校ではダメなんだ」と。

　一方、高い成績をとることに慣れている生徒が学習サイクルの早い段階で成績を受け取ると、思ったより成績がよくなかった場合、内容をより深く理解するためのステップではなく、成績を上げるために必要とされることに意識が向いてしまうことがあります。

　近年、学校では、生徒の学習を促進するための形成的評価の意義に焦点を当てた研修が行われるようになりました。しかし、多くの教師が形成的評価を行う際、採点して次に進むのか［参考文献31］、評価の結果を見ても次にすべきことが分からないために、そこで形成的評価をやめてしまう［参考文献97］という様子が広範な観察結果において指摘されています。

　形成的評価の専門家は、それを効果的に使用することを提唱していますが、その目的は、ほかの場合よりも効果的かつ効率的に生徒が学習できるように、教えることと学ぶことを調整するための情報を得ることである、と述べています。

　言い換えれば、教師の教え方と生徒の学び方に改善をもたらさない評価は形成的評価とは呼べない、ということです[11]［参考文献11、46］。

　評価に関する基本的なキーワードと原則を理解したうえで、なぜ形成的評価が生徒中心の教室での学習に効果を発揮するのかについて、より深く掘り下げていきます。

生徒中心の教室における形成的評価の可能性

　ディラン・ウィリアム（37ページを参照）は、形成的評価について次のような実践的議論を展開しています。

---

[11]　ここで使われている資料は、20年前から10年前であることに注目してください。日本の教育現場でも、こうしたことを意図した「指導と評価の一体化」という言葉は定着していますが、その理解と実践においては改善の余地が大いにあります。

　評価は、教育における中心的な過程に位置づけられます。もし、生徒が教えられたことをすべて学べるのであれば、評価する必要はなく、教えたことを記録しておけばよいだけです。しかし、教師なら誰でも知っているように、多くの生徒は必ずしも教えられたことをすべて学び取っているわけではありません。彼らの成果物を見ると、本当に教室にいたのか？　と疑わしくなることさえあります。

　実際、教室で行われている特定の活動の結果、生徒が何を学ぶかについて予測することは不可能です。そして、生徒のスタート地点が分からなければよい授業ができないので、評価する必要があります。たとえすべての生徒が同じ地点からスタートしたとしても（ありえないことですが！）、学んでいる教材について、それぞれが非常に短期間のうちに異なる理解に到達しているはずです。だからこそ評価は、教えることと学ぶことの架け橋となるのです。

　教室で起こったことが、私たちが意図したとおりの学びをもたらしたのかどうかについて知れるのは、評価を通してだけなのです。［参考文献108］

　生徒中心のクラスにおける形成的評価は、成功するための「立役者」となります。教師と生徒、生徒と生徒とをつなぐ、教えることと学ぶことの「架け橋」なのです。教室で起きていることが生徒の学習目標に向けた成長にどの程度プラスの影響をもたらしているのか、さらに言えば、生徒一人ひとりの成長にどのような違いがあるのかについて教師が知れるのは形成的

評価があるからです。なぜなら、生徒中心のクラスでは、誰もが「個人的で特異な方法で学ぶ」［参考文献31］ことを教師が理解しているからです。

　したがって、教師の関心は、「クラス全体の生徒」ではなく、一人ひとりの成長と幸福にあります。要するに、形成的評価とは、一貫して、持続的に、そして一瞬一瞬、学び続ける生徒たち一人ひとりを、教師が注意深く観察することなのです。

　どの生徒が学びの目的と本質を理解しているのか？　また、どの生徒がそうでないのか？　理解できている証拠や理解できていない証拠はどこにあるのか？　新しい学習内容をはじめるにあたって、前段階の知識やスキルに関する能力や自信を得るために後戻りする必要がありそうな生徒は誰なのか？　十分なチャレンジが得られないまま学習しているのは誰なのか？　生徒の取り組みレベルはどうなのか？　自信は？　モチベーションは？　どの生徒が学習過程で自らを成長させ、どの生徒が迷ったり、固まったりしているように見えるのか？　どの生徒が効果的に協働して取り組んでいるのか？　また、グループ内のほかの生徒の成功に貢献できていない生徒は誰なのか？

　学習の推進を妨げているものがあるとき、生徒中心の授業を心がける教師は、「学びを正しい方向に進めるためには何を変える必要があるだろうか？」と自らに問いかけています。その際に焦点となるのは、常に生徒の次の目標です(12)［参考文献108］。

---

(12)　このページで書かれていることは、見事なぐらいに、日本で多くの教師が「見取りと子ども理解は大切だ」と捉えていることと同じではないでしょうか？

一方、ハッティ（28ページ参照）は、形成的評価をわずかな分単位の時間であっても、毎日の授業実践に組みこめば生徒の学習効率を70%は向上させられると報告しています［参考文献46］。また、アールによると、効果的な形成的評価は、短期的には生徒の注意を学習内容のもっとも重要な側面に向けさせ、スキルを練習し、学習を定着させる機会を生徒に与え、教師が生徒の学習ニーズに対応した次の授業や学習活動が計画・指導できるようになるとしています。そして、中長期的には、教師が学習意図や目標達成のための基準を生徒に伝えて強化するだけでなく、生徒が効果的な学び方を選択し、採用する能力を高め、エイジェンシーや自立性を高め、生徒自身が有能な学び手であるという意識が高められるとしています［参考文献31］。

もちろん、その後の学習過程や活動、キャリアの選択にも好影響を与えます。

形成的評価を行う過程

形成的評価は、特定の方法や手段というよりも、教える過程や実践そのものと言えます。それは、生徒の成長に関する手がかりを継続的かつ意図的に探し、その手がかりを解釈し、教え方と学び手における次の学習ステップとの不一致を改善するために行われる調査活動のようなものです。

多様な形態、一つの目的

事前評価、継続的な評価、学習のための評価、または学習と

しての評価のいずれかにかかわらず、形成的評価は非公式なものであれ公式のものであれ、どちらにも存在します。

　非公式（インフォーマル）な形成的評価は、物事がどのように進んでいるのかについての一般的な感覚を教師に与えます。たとえば、天気と気候の違いを生徒が理解している場合はグリーンカードを、概ね理解していると思うが、まだいくつか質問がある場合はイエローカードを、理解するために天気と気候についてもう少し読んだり、話す必要がある場合はレッドカードを掲げるように生徒に求めてもいいでしょう。

　そのほかの非公式な形成的評価の例としては、「縦の長さ×横の長さ＝面積」を示す絵を描くようにと言われたとき、何人かの生徒が「聞き流している」様子を教師が観察したり、宿題について数人の生徒と戸惑いが感じられるやり取りをするといったことが挙げられます。

　このような場合、学習がどのように進んでいるのかという、学習状況についての一般的な感覚を教師は得ますが、重要なことは、非公式な形成的評価のデータを収集することによって全体像を把握し、特定の生徒の学習状態や、ある方法で反応した、または同様の反応をしたように見える生徒の学習状態を結論づけるものではないということです［参考文献97］。

　対照的に、公式（フォーマル）な形成的評価は、教師が生徒の活動を学習目標に関連づけることを可能にします。要するに、公式の形成的評価は、個人またはグループの学習ニーズを理解し、それに対応するうえで有効なのです。

　公式の形成的評価では、教師が生徒と話したり、生徒を観察

したり、生徒の成果物を分析したりするための明確な目標をもつ必要があります。また、オンラインもしくは紙媒体において、生徒が目標に対して進歩している様子をある時点で記録するシステムも必要となります。一般的には、一人ひとりの生徒と学習ニーズを関連づけられれば、生徒の学びを計画したり、発展を考えたりする際、それらをより正確で、より強力なものにすることができます。

　教師は、さまざまな形式や方法を用いて、刻々と変化する生徒の学習状況を形成的に評価することができます。もっともよく知られている方法の一つが「出口チケット」です。これには、特定の質問に対するひと言の回答から、テーマや問題に関連する重要な情報や考えをまとめて「3分間書く」という反応まで、さまざまな形式があります。

　たとえば、ベトナム戦争に至った経緯について読み、議論した歴史の授業の最後に、次のような質問を生徒に投げ掛けることができます。

❶アメリカが戦争に参加することになったもっとも重要な出来事、または状況は何だと思いますか？

❷ほかの合理的な回答ではなく、あなたがその回答を選択した理由は何ですか？　必ず具体的な例と理由を挙げてください。

　出口チケットは、文章が流暢に書けるようになる前の幼稚園児や小学校低学年でも使えます。たとえば、小学1年生のクラスでは、教師が読んだ物語の「はじまり」、「中盤」、「終わり」を示すイラストを描いてもらってもいいでしょう。

　また、出口チケットは「３－２－１カード」という形式をとることもできます。たとえば、小学２年生が物語を聞いて、作者が読者に興味をもたせるためにどのような言葉を使ったのかについて話し合ったあと、「３－２－１カード」を使って、「物語のなかであなたが聞き続けたいと思ったことを三つ、作者があなたの注意を引いた言葉を使った場所を二つ、物語が終わったあとのことについて知りたいことを一つ、文字に書くか、イラストを描くように」と生徒に求めてもよいでしょう。

　このバリエーションとして、「１－２－３出口チケット」というものもあります。一般的にこれは、生徒にもっとも重要なこと（例として、分数やドイツ語の語順、核融合と核分裂について）を一つ尋ねることからはじめ、そこから、二つのこと、三つのことを尋ねるという形で進んでいきます。

　どのような種類の出口チケットでも、生徒が学習内容だけでなく、その過程を振り返る際に役立ちます。たとえば、「３－２－１出口チケット」では、生徒が現在の学びのなかで改善できると思う点を三つ説明し、その改善のためにとるべき手順を二つ、そしてその改善をサポートするために教師ができることを一つ説明するようにと求めることができます。

　形成的評価は、教師による生徒へのカンファランス、生徒が個人で、または小グループでの作業を教師が観察するとき、生徒が教室またはオンラインでプレゼンテーションを行うとき、生徒が提出する課題の分析、クラスで何がうまくいき、何がうまくいかないのかを生徒に直接尋ねるときなど、多くの場面で行えます。

　本章の後半部分に掲載したいくつかの教室における事例紹介においても、形成的評価のほかの方法が見られます。

効果的な形成的評価を貫く原則

　生徒の学びを形成的に評価する「手段」は、効果的な形成的評価の基礎となる「原則」や「実践」ほど重要ではありません。これらは、形成的評価を単なる教室での「イベントや活動」と区別するものであり、生徒の学びを最大化するための取り組みを示す形成的評価の特質を明らかにするものです。

　表6-3に、形成的評価を効果的に促進する原則と実践を示しました。これに対して256ページの**表6-4**は、形成的評価の潜在的能力が発揮されず、生徒の学習が妨げられる状況を示しています。

　形成的評価を実施した回数を数えるだけでは、生徒の成長という点ではほとんど意味がありません。形成的評価の力は、次の二つの状況において影響を受けます。

❶評価から得られた情報を利用して、評価から得られた気づきがない場合よりも生徒の学習ニーズに対応した授業を行うとき。
❷評価の結果、生徒に教師がフィードバックすると同時に、生徒自身の学びを改善するために、そのフィードバックをどのように考えて、活用するのかについて生徒に教えるとき。

　生徒によるフィードバックの活用と教師による評価情報の使用は評価実施後に行われます。どちらも、効果的な形成的評価

表6－3　効果的な形成的評価を特徴づける条件

- 形成的評価は、授業のサイクルを通じて継続的に行われるが、押し付けがましくない形である。
- 評価は、逆向き設計[注]で授業をつくるうえで、学びの意図／学習目標と連動する形で設定されている。
- 評価は、生徒ではなく、課題と学びに焦点を当てている。
- 生徒は、学びの意図／学習目標や到達基準を明確にもっている。
- 生徒は、単に記憶するだけでなく、理解することを目指している。
- 生徒には、学んだことを表現するための方法に関する複数の選択肢がある。
- 生徒は、形成的評価が、自分自身のことを判断するためではなく、自分の学びを助けるために設計された、成績に影響しない評価過程であることを認識している。
- 生徒は、効果的で実用的なフィードバックを受け取っている。
- 教師は、学びの進捗状況において現在生徒がどこにいるのか、どこにいる必要があるのか、その方向に進むために何をすべきかを明確にし、成長を支えている。
- 教師と生徒は、学びにおいて、動機づけと自己概念がどのような役割を果たしているのかについて理解している。
- 生徒は、理解できないことがあった場合、それを素直に認めて、振り返られるように質問することをすすめられている。
- 生徒は、自分自身の反応や考えについて分析し、そこで発見したことを利用して、自分の学びを成功に導く力をもっている。
- 生徒たちは、互いの学びをサポートすることに関心をもっている。
- 教師は、考えや結果を蓄積し、授業計画の修正、および改善を続けている。

（出典）［参考文献10、31、36、46、90、106］
（注）『理解をもたらすカリキュラム設計』のなかで提唱されている単元設計は、通常の①目標設定、②授業計画、③評価の順でつくられているのを、②と③を入れ替えた形で設計するものです。

表6－4　効果的な形成的評価を妨げる条件

> ・教師は、すべての生徒が学び、成功できるという信念に基づいた、一貫した実践を行っていない。
> ・生徒は、教室の環境が安全でない、またはサポートされていないように感じている。
> ・生徒は、教師およびクラスメイトに対する信頼感をもっていない。
> ・教師は、生徒の学びの質よりも量を評価している。
> ・フィードバックよりも採点に重点が置かれている。
> ・生徒同士を比較することに重きを置いている。
> ・フィードバックは、生徒がより効果的に学ぶためというよりも、学級経営や人間関係をうまく機能させることを目的として使われている。
> ・教師が一人ひとりの生徒を十分に理解せず、生徒の長所、学びの必要性、文化や背景にあるものなどを把握していない。
> ・教師は、形成的評価の情報を使用したほうが生徒のニーズに対応した授業が計画できるにもかかわらず、形成的評価の情報を使って授業計画を立てていない。

(出典)［参考文献10、11、31］

の実践においては不可欠です。なぜなら、フィードバック（学習としての評価の基礎）は生徒の学びを推進すると共に、形成的な測定または観察（学習のための評価の基礎）に対する生徒の反応から得られた気づきや発見を活用することによって教師の授業実践（の継続的な修正と改善・訳者補記）が進むからです。

　以下の二つの節では、効果的な形成的評価の実践における二つのフィードバックの役割について、それらがなぜ重要なのか、

そしてそれらがどのように生徒中心の教え方と関係しているのかについて見ていきます。

 ## 生徒の成長をサポートする 教師のフィードバック

　長い間、評価は判断の婉曲表現であると私は考えていましたが、「評価」のラテン語の語源は「傍らに座る」または「共に座る」を意味しており［参考文献10］、聞き手、学び手、メンター、案内役としての教師というイメージを思い起こさせるものです。

　フィードバックは、学習としての評価の中心であり、評価の焦点を生徒の「判断」から、生徒が学びにおける重要な次のステップを、いつ、どのように行えばいいのかを知るためのアイディアと方法を身につける「支援」へとシフトさせます［参考文献31］。つまりフィードバックは、そのような学びの基礎となるものであり、「奇跡を起こすこと」なのです［参考文献60］。

　実際、ジョン・ハッティ（28ページ参照）は、形成的評価が生徒の学力向上において「0.79」の効果量をもつと報告しています［参考文献46］。この数字は、すべての学校教育効果量における平均値の２倍となっています。

　フィードバックという言葉は工学に端を発しており、現在のシステム状態に関する情報を使って、そのシステムの将来の状態を変えるという状況を指します［参考文献106］。

　しかし、学校において「フィードバック」という言葉は、しばしば、そしてまちがって、生徒の行っていることに対して「教師が発するコメント」という意味で使われています。「よく

できました」、「ここはもっと頑張る必要がある」、「ここは進歩しているのが分かる」などといったコメントは、フィードバックの定義から外れており、生徒とその学習を前進させるための支援を提供していることになりません[13]。

　教師からのフィードバックの目的は、生徒がそれを利用して、現在のパフォーマンスを望ましい結果にどのようにして合致させられるのかということになります。つまり、どこが基準から外れているのか、なぜ基準から外れているのか、そして基準を取り戻し、成功に向けて前進するためのステップを理解することです。

　より正確に言えば、生徒が思慮深い学び手の特徴であるスキルと「思考の習慣」を身につけ、メタ認知的に考え、学び手としてますます自立していく状態を助けるものです［参考文献31］。

　私たちは、このようなプロセスを、「生徒がエイジェンシーを身につける動き」として認識しています。エイジェンシーは、生徒中心の教育における主要な目標であるだけでなく、人生における多くの課題にうまく取り組むための自信とスキルをもっている人の特徴でもあります。

　このように考えると、生徒中心の教室におけるフィードバックは、学び手、問題解決者、そして成功するための設計方法を生徒に教えるための、体系的で、生徒の学びにかかわるさまざまな情報に基づいた継続的なプロセス（過程）であると言えます。表6−5は、フィードバックを生徒のために役立てる際のヒントを集めたものです。また、以下はフィードバックを提供する際にもっとも重要となる指針です。

表6-5　フィードバックを効果的に使うためのヒント

・生徒が、必要としているときに提供する。つまり、ある課題に取り組んでいるときか、これから取り組もうとしているときなど。
・取り組んでいる課題や活動の学習意図ないし目標達成のための基準に焦点を当てる。そのことを、生徒が知っているようにする。
・成果物ないし、その作業経過で見たことについて、生徒が理解できる言葉でフィードバックをする。
・まちがっていたり、効果的でなかったりする点と、その理由を中心に、成果物ないしその作業をよくするために必要とされることに焦点を絞る。
・望ましい成果に近づくために、生徒ができることに焦点を絞る。
・いくつかのことがより良くできるように、集中して効率的に教える。重要なのは、フィードバックを提供する量ではなく、生徒がそれを受け取り、どれだけ行動に移せるかである。
・生徒が感情的に反応しないように、考えられるような言い回しでフィードバックをするのが効果的である。

あなたは、このほかに何を加えますか？(注)

(注)　有名かつ効果的なフィードバックとして、「Seven Keys to Effective Feedback ASCD」で検索すると Grand Wiggins の記事（https://www.ascd.org/el/ articles/seven-keys-to-effective-feedback）が掲載されています。また、フィードバックについて日本語で読める関連情報としては、『オープニングマインド』（第4章）と『「学びの責任」は誰にあるのか』（第5章）があります。

---

(13)　協力者から、「これらのコメントは発してしまいがちです。これらのコメントに加え、評価の基準に照らした、生徒とその学習の支援を前進させるために、具体的な支援を加える必要がありますね」というコメントが届きました。

褒めたり、批判したりしない——教師は常に、授業に価値があり、生徒が歓迎されていると感じるように手助けすべきである。そうすれば生徒は、教師や環境全体を信頼できる土台と認識する、とハッティは述べています。しかし、フィードバックについては、生徒が行動に移せるように情報提供すべきです［参考文献46］。

焦点を絞る——あまりに多くの問題についてフィードバックを行うと、生徒が受け入れられる許容範囲を超えてしまい、やる気をなくしてしまう可能性があります。

ある生徒の成果物や作業をクラスメイトの成果物や作業と比較するのは避ける——フィードバックは競争を促すものではなく、あくまでも学びを促すものでなければなりません。

　フィードバックのタイミングも慎重に検討する必要があります。教師からのフィードバックが生徒にとってもっとも有効なのは、現在の内容や課題に関連した知識、理解、スキルをもってはいるが、どのように前進したらよいのか分からない、つまり次のステップがどのようなものかが分からないときです。言い換えれば、生徒がフィードバックを必要とするときは、課題が「適度に挑戦的」である場合、つまりその生徒にとっては少し難しすぎるため、次のステップに関して何らかの不確実性が生じる場合となります。

「森の中で迷っている」生徒へのフィードバックは役に立ちません。その場合に必要なのは、フィードバックではなく教え直しです。課題が生徒にとってまったく、あるいはほとんど簡単

すぎる場合もフィードバックの必要はありません［参考文献46］。

　このような場合に最適となる対応は、適度に困難な課題に導くことです。少しだけ生徒の手が届かないところにあるため、手を伸ばすためのフィードバックが必要となるのです。もちろん、フィードバックの内容も考慮しなければなりませんが、それは生徒によって異なります。

　たとえば、基本的な知識や語彙を身につけようとしている生徒に対しては、何が正しいのか、何がまちがっているのかを明確にするための修正を目的としたフィードバックが必要となります。また、学習内容の基本的な概念は理解したが、概念間の関連を見いだしたり、広げていない生徒に対しては、正しい学習目標に進んでいるのか、正しい方法を活用しているのかを確認するためのフィードバックが有益となります。

　さらにフィードバックは、その方法をどのように拡張できるかを示したり、その方法の使用が生産的でない場合はほかの方法を示唆する必要があります。また、ある学習内容において上級レベルの学習をしている生徒に対しては、概念やスキルの効果的な活用を示し、学習内容を理解したり適用したりする範囲を広げ、深めることにつながる抽象的な思考を続けながら取り組めるように示唆を与えるといったフィードバックが有益となります［参考文献47］。

 ## ピア・フィードバックと生徒の成長

　生徒中心の考え方が浸透しているクラスでは、積極的なクラ

スメイト同士のやり取り（ピア・フィードバック）が、すべての生徒の教科内容の学び／感情と社会性の学び（SEL）に貢献します。こうした双方向のやり取りは、生徒間の信頼関係を築き、永続的な友情を築き、出来事や考え方に広い視野をもたらし、意欲を高め、内容やスキルの意味づけに貢献することになります。また、学ぶ際に、決して一人ではないことを確信させます。さらに、彼らはお互いに貴重なフィードバックの源となり、学びにおける不確実性を減らし、自信と共に粘り強く取り組むといった意欲を高めます。

　もちろん、生徒間のピア・フィードバックが自動的に効果を発揮するわけではありません。ある研究によると、授業中に受けた口頭でのフィードバックの80％はクラスメイトからのものであるということが分かりました。また、この研究では、そのフィードバック情報のほとんどがまちがっている、と結論づけています［参考文献46］。

　有益なピア・フィードバックにつながる要因の一つは、ポジティブな関係と確かな信頼関係が成立しているという学習環境です。そして、もう一つの要因は、生徒がフィードバックの目的と方法、そして単に発言して次に進むのではなく、フィードバックにまつわる会話の仕方を理解するために教師が積極的な役割を果たすこととなります[14]。

　また、教師がフィードバックのための質問や言い回しを提供すれば、生徒はクラスメイトのよいパートナーになれます。たとえば、ガイド役となる質問、文章のはじめ方、質問の仕方に関する例などは、課題をうまく終わらせるためのフィードバッ

クを生み出す際に活用できます［参考文献46］。さらに、課題に沿ってつくられた「見える化シート」、あるいは「ワークシート」が役立つこともあります。学習内容やその手順のためのガイド役となる質問がある場合にはとくに有効となります。

　もう一つ例を挙げれば、生徒に過去数年間の成果物例を示して、その成果物をより明確に、またはより効果的に改善できると思われるフィードバックを提供するように、と求めるのもいいでしょう。その後、教師主導の、クラス全体での話し合いやフィッシュボウル(15)において、もし自分がその成果物を作成したとしたら、どのようなフィードバックがもっとも役に立つのかについて話し合えば生徒の考えが明確になりますし、その考えを定着させることもできます。

　有益なフィードバックの特徴に関するリストを教師と生徒が一緒に作成し、ピア・フィードバックのやり取りの経験に基づいて時々リストを修正するというのも有益です。フィードバックについて話し合うことで、どのようなフィードバックがクラスメイトの成長を助ける可能性が高いのか、またクラスメイト

----

(14)　協力者から、「ただ対話するだけではダメで、その目的や方法を教師が教えるということが重要ですよね。担任をしていたクラスで本当に思い出深いのは、生徒同士がお互いに伸ばしあう関係性はあったけど、私がさまざまな場面で問いかけをし、生徒にその方法を伝えていたような気がします」というコメントが届きました。このテーマに関しては、『ピア・フィードバック』がおすすめです。

(15)　フィッシュボウルとは金魚鉢のことです。輪の中で話し合いをする（金魚役の）グループと、それを取り囲んで観察、評価する（鉢役の）グループに分かれて行う活動を指します。双方にとって、非常に有効な活動形態となります。

が素直に聞けるようにフィードバックをどのように提供するのかについて、継続的に考えるきっかけともなります。

ピア・フィードバックと生徒中心の教え方の関係は多面的です。信頼、尊敬、パートナーシップに基づいた学びのコミュニティーが確立されていれば、教師と生徒のフィードバックが生徒の成長を支援するために効果的となります。さらに、クラスメイトとの間でフィードバックを効果的に提供したり、受け取ったりする方法を学ぶ機会があればあるほど、コミュニティーとしての意識も高まります。

生徒の「エイジェンシー」と「声」を育むことが、生徒を中心にした教室の目標となっています。この二つの特性は、フィードバックの提供を含むクラスメイト同士のやり取りが大切にされているクラスであればより実現しやすいと言えます。と同時に、ピア・フィードバックを行えばメリットがあると体感することによって、生徒たちはエイジェンシーを伸ばし、「声」が高められるようになります[16]。

 ## 形成的評価から得られた情報を教師が活用

生徒中心の教え方とは、定義上、個々の生徒のニーズとクラス全体のニーズに対応した授業を行うこととなります。教師が形成的評価から得られる情報を活用することは、その目標を達成するための鍵となります。

授業の間、教師は生徒とコール＆レスポンス（79ページを参照）のような形で関わりあいをもち続けます。教師（または、

教師と生徒）は、単元、一連の授業、または学習成果やパフォーマンスへの道筋を決め、学習活動のなかで特定の知識、理解、およびスキルが成長するようにステップの作成に気を配ります。そして生徒は、その単元や授業に関連した取り組みを行います。

　教師は、生徒が「群れ」で学習しているわけではないことを知っていますので、授業が展開する様子を見聞し、一人ひとりの生徒やクラス全体の学習の進み具合、生徒の自信や意欲の度合いなどに関する手がかりを体系的に記録していくことがよくあります。

　そして教師は、生徒が取り組む様子を観察したり、生徒が提出した成果物を見るといった機会を頻繁に設けます。このとき教師は、生徒に対してフィードバックを行うほか、それぞれの学びにおける成長や失敗についてより明確に把握します。

　次に教師は、生徒の形成的評価のデータを見直し、以下のようなパターンを見つけるといった努力を行います。

　どの生徒が重要な概念（ビッグ・アイディアの一部）を理解しているのか、あるいは理解していないように見えるのか？　目標とするスキルを適切に使っている生徒、使っていない生徒は誰なのか？　言語や語彙に問題があるのは誰なのか？　自信やモチベーションが低下しているのは誰なのか？

　課題に対する取り組み方が分からない生徒には、教え直しが

⒃　ここでは指摘されていませんが、ピア・フィードバックの効果には、自分に対するフィードバックができるようになることもあります。それは、自己修正・改善能力（文部科学省の言う「自己調整力」）を身につける練習としてもっとも効果的な方法となります。

必要となります。方向性は理解しているが、さらなる練習を必要とする生徒には、弱点を補強するための機会を与えなければなりません。

弱点は生徒によって異なるため、さまざまな足場を用意し、さまざまな時間を設定し、さまざまな練習を行う必要があります。一方、順調に上達している生徒には、より深く考えられ、未知の世界に踏みこめるような「次のステップ」が必要となります。

今、あなたが準備している明日の授業、または来週月曜日の授業が、形成的評価の分析によって示された学びの機会とならない場合もあります。そういう場合は、授業の変更が求められます。そうでなければ、一部の生徒、あるいはほとんどの生徒の学びが阻害されることになります。

生徒中心のクラスでは、授業が終了したからといって学びが終わるわけではありません。さまざまな生徒に与えた影響に関する証拠を教師が解釈し、生徒の知識や理解、スキルの成長を助けるようなフィードバックを提供し、その成長をさらにサポートするために今後の教え方を組み替えるといった形で学習は継続します。

ある生徒は、学習内容や学習過程における能力をもとに自らの目標を修正するでしょう。また、別の生徒は、新しい学習内容と直近の学習過程をもとにして、自分に役立つ新しい方法を考え出すかもしれません。これらを踏まえて、教師と生徒の間でやり取りをし、教えることと学ぶことに対する成功につながるサイクルを進めていくわけです。

学習に役立つ成績評価

　各教科の成績が記載されている従来の通知表を発行しないという学校も少なくありません。その代わりとして、生徒や教師の記述式評価[17]、生徒の成果物のポートフォリオ、生徒のパフォーマンスなどを「学習の質」を示す手段として用いる場合があります。多くの場合、これらのプレゼンテーションは一般聴衆に公開されているほか、生徒の学習成果に対してフィードバックが行われています。このような評価に転換した学校の教師や生徒は、成績評価が中心でなくなったことで学びへの関心が高まっています[18]。

　ほかの学校では、ABC などの成績評価に代えて、州または学校ごとに定められた到達目標に対する生徒の達成度を示すという成績評価を採用して、より透明性の高い指標を示すところが増えています。これらの学校では、昔ながらの謎に満ちた成績評価をやめて、到達目標に対する達成度を明確にするといっ

---

[17]　原文は「narrative」。日本の成績通知表では「所見」が近いです（その分量を見ると、とても「近い」とは言えませんが）。特別支援学級の成績通知表などでは、5 段階評定ではなく、こうした記述式の評価を用いることが多いと思います。生徒の進歩や課題について、記号や数字で表される成績はなく、詳細に説明したもののことです。個別化された目標や学習過程に基づいているため、生徒や保護者にとっても実際に役立つフィードバックとなっています。具体的な例は、『イン・ザ・ミドル』の第 8 章および『一人ひとりを大切にする学校』の第 8 章を参照してください。

[18]　ポートフォリオやパフォーマンスやプレゼンテーション（エキシビション）についても、『一人ひとりを大切にする学校』を参照してください。

た評価に置き換わっています。

　もちろん、多くの学校では、伝統的な成績評価が依然として残ったままです。そのような学校であれ、生徒中心を目指すクラスであれ、教師間で正直に、かつ勇気をもって話し合う必要があります。果たして、従来の成績評価は学習を奨励する最善の方法なのか、従来の成績評価方法が個々の生徒やクラスに悪影響を与えていないのか、成績評価の目標とは何なのか、そして現時点でのエビデンスが示す学びに適した成績評価の方法とはいったい何なのか、といったことについて話し合うわけです。

　決して、理論よりも習慣に基づいた取り組みに固執する必要はありませんし、またそれを続けるべきではありません。

　ロン・バーガー（227ページを参照）らは、「生徒を育むうえにおいて、生徒が気にかける度合いほど重要なものはない。（中略）生徒は、気にかけてもらえないなら頑張ろうとはしない」［参考文献10］と主張しています。それに対して成績は、外発的な動機づけ、いわゆる報酬と罰です。成績評価を使うのは、外発的動機づけによって生徒が学びに関心をもつようになる、という仮定（思い込みや誤解？・訳者補記）から来たものです。

　テストや成績のために「学習」するという生徒もいます。一方、さらなる失敗や苦痛から自らを守るために、学びから逃げ出してしまう生徒もいます。つまり、このような状況に陥っている生徒たちは成績に依存しているということです［参考文献106］。実際、学ぶことにやりがいを感じ、学び手として自らの能力を信じて学習に励んでいる生徒は、報酬のために学習している生徒よりも学業面で成長しています［参考文献28］。

　成績が重視されている学校においても、テスト・成績・成績通知表といったサイクルを、学び中心、生徒中心に向かわせている実践例をいくつかを紹介しましょう［参考文献8、31、69、70、97、106］。

- 生徒の学習意欲を高めるために、カリキュラムや授業を魅力的なものする（たとえば、生徒の体験や興味関心と結びつける、本当に存在する利用者のために有意義な成果物をつくる、生徒の「声」や選択の機会が確保できるように設計するなど。第5章を参照）。
- 生徒が学習目標を明確に理解できるようにする。
- 学習目標を反映したテストをつくる。
- 生徒が到達基準を知り、それを達成するために何が必要かを理解する。
- 生徒と協働してルーブリック（評価基準表）を作成する。
- 総括的なテストや成果物にのみ成績をつけ、形成的評価、授業での練習、宿題にはつけない。生徒が新しい内容を学んでいる間は成績をつけない。
- 通知表に評定をつける際、それ以前の学習成果よりも最近のものを重視する。
- 教え直しや再試験の機会を含め、生徒がベストを尽くせるように何度も機会を提供する。

　参考までに、ロン・バーガーは、自身が設計した成績評価の選択肢は「A」と「未完成」の二つだけである、と述べています。学習成果は、何度も下書きをすることが期待されて

おり、生徒にとって質の高いものになるまで完成とは見なされません［参考文献8］。

　また、教育学者のガスキー（Thomas R. Guskey）は、50年以上前にベンジャミン・ブルーム（Benjamin Samuel Bloom, 1913〜1999）が「未習熟」に異なるレベルを割り当てることは不要であると主張した事実を指摘しています［参考文献42］。そして、ブルームやキャロル・ドゥエックも、「未完成」というカテゴリーを好んでいるようです［参考文献28］。

　また、バーガーと同じく（おそらく、ドゥエックもそうでしょうが）ブルームは、「十分な時間と適切な支援さえあれば、（中略）95％の生徒はある教科を高いレベルで習得できる」［参考文献42］という信念をもっていました。

　ブルームの「適切な支援」の一つは、教師が生徒に対して、診断的（生徒が示すべきことを正確に繰り返し、その基準をどのように満たしたかを示す）かつ処方的（生徒が学習を改善するために何をすべきかを指摘する）フィードバックを一貫して提供することとなっています。

• ほかの生徒との比較よりも、自分自身の成長を重視する。
　ちなみに、ハッティは、教師と生徒が前日の状態から一歩前進することに焦点を当てる「＋1ティーチング」（28ページ参照）を称賛しています［参考文献46］。一方、ウィリアム（37ページ参照）は、「－」、「＋」、「＝」という三つの記号による成績を提案しています。「－」は以前の課題より質が低いことを意味し、「＝」は以前の課題とほぼ同じ状態であるこ

とを意味します。そして「＋」は、以前の成果物よりも進歩していることを意味します。進歩することなく「＋」は得られません［参考文献106］。

• 評価方法を学習目標に一致させる。カリキュラムが理解と応用を重視している場合は、テストよりもパフォーマンス課題や成果物を作成するほうが学習内容をより明確に測定することができる。

• できるだけ多く、学習内容を表現するための選択肢を生徒に与える。

• 成績を計算するときには、平均値だけを使わないで中央値や最頻値も使う。

• 生徒と成績について話し合い、学びのサポートとなるようにする。また、生徒の取り組みが成績にどのように反映されるのかについて生徒が妥当な感覚をもっていることを確認する。

• 生徒が成長過程に集中し、効果的な学習方法を理解し、学び手としてますます自信がもてるように、「学習としての評価」に時間を割く。

• 生徒と保護者の間で生徒の成長に関する理解を共有するために、記述型評価を基盤とする通知表を使う。

• 成績における「3P」アプローチ[19]を検討する。

この形式では、パフォーマンス（学習目標／スタンダードの習得にのみ焦点を当てている）、プロセス（思考と学習の習慣）、

---

[19]　「3P」アプローチについて詳しく知りたい方は、本書と同じ著者による『一人ひとりをいかす評価』の193～196ページを参照してください。また、第6章には、より効果的な成績のつけ方が書かれています。

およびプログレス（出発点からの進歩）の評定を生徒が受けます。これら三つの成績は、平均化するのではなく、別々に報告されるべきです［参考文献41、43］。

　この三つの成績は、健全な「思考と学習の習慣」、成長、そして最終的には成績目標の達成との間に強い関連性があることを生徒と保護者が理解する場合に役立ちます。また、生徒が成功するためには、行っている取り組みには重要となる複数の側面があることを強調しています［参考文献43］。

「3P」アプローチでは、生徒一人ひとりを尊重し、励まし、伸ばすために多くのことを行っているわけです。成績評価と報告における主要な目標は、生徒の達成度やその他の資質について、利用可能で理解しやすい情報を主要な関係者（つまり、生徒や保護者）に伝えることであり、またそうあるべきだから、「3P」アプローチを検討する必要があるのです［参考文献14］。

　私は、「学校における評価をより幅広く、より賢く利用するべきである」と言っているわけで、必ずしもすべての成績を廃止しなければならないとは言っていません。学校、生徒、教師、および保護者が成績に固執するあまり、生徒の学びが「二の次」になっている現状に注意を促す必要があるのです。とくに、過剰な成績評価が生徒にもたらす潜在的なダメージを認識することが重要です。このことは研究によって十分に立証されており、教室でもその様子がはっきり見られます。

　そして、確実に行われた形成的評価から生まれるフィードバックを支持して、バランスをとることを主張しています。このアプローチよって、教師の質と生徒の自立性を高め、多くの生

徒の達成度を上げ、「教室でいついかなる時も大きな違いを生み出すことができるような、生徒と教師の学びのパートナーシップを築く」［参考文献61］のです。この状態は、教師が学び続け、前進を続けるための大きな励みとなります[20]。

 ## 生徒中心の教室での形成的評価の事例を分析する

それでは、さまざまな学年や教科の教師が形成的評価の原則を適用し、実践している事例を見ていきましょう。三つの教室を紹介しますが、最後の事例のあとに形成的評価を考察するための「考えるポイント」を掲載しています。

中学校（高校までを含む）の数学

ジェニファー・マキャラ先生は、教室での形成的評価、とくに「学習としての評価」に強い関心をもっています。彼女と同僚は、生徒がメタ認知に取り組むのを助けるために、「ラーニング・ターゲット・トラッカー（学習目標に向けての進捗状況を追跡する）」という自己評価ツールを開発しました。また、各章の評価を準備するために、生徒が復習できるように章ごとに「締めくくりのコーナー」[21]を設置しました［参考文献21］。

それぞれのコーナーは異なる学習目標に焦点を当てており

---

(20)　評価全般、とくに成績に関することについては、前述の『一人ひとりをいかす評価』以外に『聞くことから始めよう！』（仮題）、『成績だけが評価じゃない』、『成績をハックする』が参考になります。

(21)　コーナーとは、生徒の興味やニーズなどを踏まえて学ぶ場所が選べるという学習方法です。詳しくは、『一斉授業をハックする』を参照してください。

図6−1　締めくくりのコーナーの学習目標と問題の例

コーナー1
スキル：連立方程式を解き、答えがあっていることを証明できる。
学習目標＃8：代入法によって、連立方程式を解くことができる。

以下のなかで、代入法によってもっとも簡単に解ける連立方程式
はどれか？
それは、どうしてか？　自分が選んだ連立方程式を解きなさい。

$$1 . y = 5x - 7 \qquad 2 . -3x - 8y = 20 \qquad 3 . -3x + 3y = 4$$
$$-3x - 2y = -12 \qquad -5x + y = 19 \qquad -x + y = 3$$

（章ごとのテストは、通常六つ〜七つの目標で構成されていま
す）、相当する問題と回答が用意されています（**図6−1**参照）。

　締めくくりのコーナーをはじめる前にマキャラ先生は、学習
計画表の「学習目標」の列に、優先順位の低いものから高いも
のへと番号を付けるように指示しました。その順番で、「締め
くくりのコーナー」に取り組むのです(22)。

　生徒の様子を観察していると、現在の長所と短所の自覚に基
づいて一人ひとりをいかせる素晴らしい方法であることが分か
りました。また、「締めくくりのコーナー」を完成させることで、
すべての生徒が理解を深めるための主体者になるといった経験
ができました。

　マキャラ先生は、生徒たちが友だちの後を追ってコーナーに

行くのではなく、自らが評価した順番でそれぞれのコーナーに行っていると話してくれました。生徒たちは、「次のテストでは、どの学習目標が焦点になるのかがはっきり分かってよかった」とコメントしていました。

　次のテストが近づくと、生徒たちは再び「締めくくりのコーナー」の設置をマキャラ先生に要求し、最終的にはそれが教室での定番となりました。

　学習目標に優先順位をつけて生徒がコーナーに移動する際、興味深い副次的な効果が明らかになりました。マキャラ先生は、一人ひとりの生徒がどの学習目標を達成するためにサポートを必要としているのか自分の目で確認できたのです。その結果、一人ひとりの学習進度がより理解できました。次ページの**表6-6**は、マキャラ先生のクラスにおける生徒追跡ガイドの例です。

中学校の数学

　ヘザー・タケット先生は、総括テストが返却された際、疑問点から学習できるようにするために「テスト修正（直し）チーム」という方法を開発しました。かつて彼女は、テストのまちがいを訂正するようにと生徒に求めていましたが、質問があまりに多く、一人ひとりと長時間向きあわないと訂正ができないことに気づきました。しかし、その解決策は簡単に実現できないものでした。

　そこでタケット先生は、テストを返却するときに生徒を4人

⑵　生徒自身ができそうなところからはじめ、徐々に難しいものを確認していくというイメージだと思います。

276

表6−6　生徒追跡ガイドの例

代数1

名前　＿＿＿＿＿＿＿＿＿＿＿＿＿＿＿＿＿＿＿

第4章の締めくくりのコーナー

学習トラッカーで記録した結果をもとに、それぞれの学習目標をどの
程度分かっているのか、自分で評価してください。そして、1から4
までの番号を付けて、各コーナーに優先順位を付けます（1は「この
目標についてもっと練習が必要」、4は「この目標は得意」です）。

コーナー	学習目標	学習目標をどの程度理解していますか？			
1	方程式を解くことができる。	1	2	3	4
2	代入法を使って連立方程式を解くことができる。	1	2	3	4
3	消去法を用いて連立方程式を解くことができる。	1	2	3	4
4	連立方程式をグラフにして解くことができる。	1	2	3	4
5	文章問題を方程式または連立方程式に変換して解くことができる。	1	2	3	4
6	関係（左式と右式のペア）が関数であるかどうかが判断できる。	1	2	3	4

1	2	3	4
まだ理解していないので、一人ではできない。	時々手助けが必要だが、だんだん分かってきた。	自分でできるけど、少しまちがえることがある。	私はまちがえずにできるし、ほかの人にこの概念・考え方を教えられる。

ずつのグループに分けてチームにして、テストでまちがった問題について説明し、修正するために必要とされる支援が受けられるようにしました。各チームは、テストに苦戦した生徒が1人、まあまあできた生徒が1〜2人、そして非常によくできた生徒が1人という構成にしました。

　タケット先生は、各問題を4段階の評価基準で採点し、4点以下の問題は修正して提出しなければならないようにしました。その結果、修正する必要のない生徒が出ることはまずない、と考えていました。「テスト修正チーム」による最初の実験結果は非常に素晴らしいもので、先生はこれを、総括的評価サイクルで常に行うようにしました。

　生徒たちは、少人数のグループでクラスメイトと話し合い、まちがいを修正する機会が得られ、「とても楽しい」と先生に話しています。また、この方法によって、各グループのメンバーが協働する際、必要に応じて支援し、グループ間で共通している疑問点が把握できるため、その部分に焦点を当てた教え方ができます。この方法によって、生徒が自分のまちがいから学び、学習がより理解できるようになると先生は感じています。

　修正チームは授業終了後に解散するため、グループのメンバーは固定されません。さらに、生徒たちは一日の大半を協働グループで過ごすほか、さまざまな種類のグループで活動することに慣れています。「テスト修正チーム」を、いつもの学びのように、協働グループでのやり取りと同じように生徒は捉えているのです。

小学5年生の教室

　イーダ・マークイシー先生は、一貫してメタ認知的な教え方と形成的評価を使用しています。そうすることで、生徒は学んでいることをより理解し、学習計画を立て、自分の学びがコントロールでき、非常に多様な生徒が恩恵を受けていると感じていました。

　彼女のメタ認知的な教え方は、学習計画について生徒と話し合い、生徒の意見を聞く形で決定されています。理性的な思考を示すことが慎重な意思決定の見本になる、と彼女は考えています。生徒の意見に耳を傾けるのは、学校で勉強をやらされていると感じないようにするだけでなく、生徒全員がより効果的に学習できる方法について素晴らしいアイディアを提供してくれるからです。

　マークイシー先生のクラスの生徒たちは、一日に何度もさまざまな形成的評価を先生が行うことに慣れていました。また、先生が生徒の評価から学んだことをもとにして、生徒一人ひとりがより良く学ぶためにはどうすればよいのかについて考えていることも理解していました。学期がはじまって4か月ほど経った頃、先生がクラスでこう言いました。
「私は、みんなができるだけ上手に学べるような学び方を理解するためにさまざまな方法を使っていますし、これからもみんなと一緒に取り組んでいくつもりです。でも、昨日の夜、新しいアイディアが浮かんだので一緒に試してみませんか？」

　さらに続けて、「私たちが学んでいることを、いつも私だけ

が判断する必要はないと気づきました。あなたたちは、すでに自分のことをよく知っていますから、私がいなくても十分分かると思います。だから、『フロントガラス・チェック』というのをやってみようと思います。その方法はこうです」［参考文献13］と言いました。

　そして、あるテーマやスキルに取り組んでいるとき、先生は手を止めて、「どの程度理解しているのかを教えてもらうことがあります」と説明しました。

　フロントガラスとは、これまで一緒に話し合い、練習してきたことをどれだけ「見」れた（つまり、理解する）かを表したものです。一人ひとりがどれだけ明確に「見」えているのかを、三つの選択肢から一つ選ぶのです。マークイシー先生は次のように説明しました。

「フロントガラスがクリアなら、あなたはそのアイディアやスキルを理解し、使えると確信していることを意味します。フロントガラスに虫が付いていたら、おおよその方向は見えているけれども、少し面倒なところや不確かなところがあることを意味しています。そして、フロントガラスが曇っている場合は、何か邪魔が入っていて、新しいアイディアにまだ自信がもてない状態を意味します。フロントガラスがどのように見えているかを教えてくれたら、フロントガラスをよりクリアにするための練習場所に来てもらいます。つまり、あなたの理解を深めるために練習をするということです」

　生徒たちは先生を、そしてお互いをとても信頼していたので、ごく稀にですが、自分のフロントガラスの見え方を曖昧に表現

する生徒がいることに気づきました。その場合、先生がその生徒の近くに座って、表現の根拠を探りました。すると、ほとんどの場合、生徒は自分で修正してくれたのです。もし、そうでない場合は、ある課題を試してもらい、それが役に立つかどうかを確認するようにと生徒に求めました。

　その後の授業で、ある生徒が、「自分とクラスメイトはお互いに十分理解できているので、先生が常に判断するのではなく、フロントガラスのチェックが必要なときには自分たちから提案すればいい」と言いました。先生はその提案を喜び、クラスは評価の実践に関する新たな段階に入りました。

　マークイシー先生の生徒たちは、この１年間で自己理解と学びにおいて目覚ましい成長を遂げました。言うまでもなく、多くの生徒にとって新しい体験でした。先生はエネルギッシュで革新的であり、そして生徒たちに学んでほしい、学ぶことが好きになってほしいと願う強い意志をもっていました。そのため、一緒に過ごす日々は、驚きと創造的なアプローチ、そして目的が明らかな学習成果にあふれていました。
「生徒の成長にもっとも貢献したものは何ですか？」と尋ねると、彼女は迷うことなく、「はい、それはフロントガラス・チェックです。まちがいなくそうです」と答えました。

　さらに、この「学習としての評価」がとくに効果的だったのは、次の二つの理由からだと先生は説明しています。

　第一に、生徒が意思決定者となることを真剣に受け止めていたことです。彼らは自らの成長を「自分のもの」としていたのです。第二に、説明が必要であると分かったら説明がすぐに受

けられるようになっており、ほとんど無駄な時間がなかったことです。

「どちらも、効果的かつ効率的でした。生徒が自信とエイジェンシーを身につけていくのが目に見えるようでした」と、先生は述べていました。

💬考えるポイント

・三つの事例に登場する教師は、授業における形成的評価についての信念とその活用に関して、どのような共通点があると思いますか？

・三つの事例は、どのような違いを示唆しているでしょうか？

・ある時点でこれらの教師は、生徒の学びを最大化するという目標の中心に、学びを積極的に支援する評価の実践を据えました。この移行は、生徒からどのように見え、生徒はどのように感じたと思いますか？

・評価方法を大きく変える前に、彼らの教え方のなかで何が変わらなければならなかったでしょうか？

・評価方法が著しく変化したとき、または変化したあとに、何を変える必要があったでしょうか？

・形成的評価について、「スイッチを入れて、個々の教え方に何がふさわしいかという判断に明るい光を当て、教師は自分の行動の意図と効果の違いを（おそらく初めて）はっきりと見ることになります」［参考文献60］と述べている研究者（モスとブロックハート）がいます。あなたは、この言葉をどのように解釈しますか？

このあとは……

　第5章の終わりで、私が教えている大学生のアダムが、一人
ひとりをいかすには（そして、私はそれを、質の高い教育一般
に拡大解釈して）「良識が必要である」と結論づけたことを紹
介しました。

　最近アダムは、教室で形成的評価が日常的に行われていない
かぎり、教師は生徒一人ひとりをいかすための根拠をほとんど
もっていないということに気づきました。同じく、生徒中心の
教室を構想するにしても、生徒が教科内容の学び／感情と社会
性の学び（SEL）の連続のなかで、どのような位置にいるのか
を比較的明確に、かつ発展的に理解しておかなければ、生徒を
意思決定と行動の中心に据えるという教師の意図に支障をきた
すことになります。

　もう一人の学生デイヴィスも、「特定の生徒のための計画」
だけでなく、「生徒全員のための計画」における形成的評価の
必要性について同じ結論に達しました。彼は、「形成的評価は、
一人ひとりをいかすという教え方の車輪に油を差すことだ」と
書いています。私はこのコメントを、一人ひとりをいかす教え
方だけでなく、あらゆる生徒中心のクラスを含むべきだと捉え
ています。

　次章では、形成的評価をもとにして行う、生徒中心の教え方
について考えていきます。

第7章
教え方──生徒中心の授業をつくる

　一体どこの世界で、30人を前にして何かを「教える」なんてことが意味をなすのだろうか？　みんな、同じことを学んでいるのだろうか？　誰がそれをいい考えだなんて思っているのだろうか？　みんな、同じ内容を同じように学ぶ準備はできているのだろうか？　彼らの才能は一斉指導で輝くのか？　それとも、単に何かを説明する際の簡単な方法でしかないのか？　とりあえず、教科書の内容を「カバーする」ためだけなのか？

［参考文献49］

【テリー・ハイク（Terry Heick）】教育を革新するために情報を以下で発信しています。https://www.teachthought.com/。この引用に近い内容のものを紹介します。「学びは、一人の教師（たとえ、それが最高の教師であったとしても）の 掌 に収まりきるものではありません。『学ぶ』とは、本来、大人や生徒一人ひとりが未知の内容に夢中になり、自分のニーズや興味関心に従い、自分が納得できる形で意味を理解していくというダイナミックな経験だからです」（『一斉授業をハックする』3ページ）

　授業とは、すべてが一体となる場です。さらに言えば、固い決意をもった教師が、すべてを一体化させるために最善を尽くす場です。教えるということは、哲学、生徒と学びに対する信念、教師の役割に関する考え、コミュニティー構築の計画、カリキュラム設計、そして評価が融合し、より良い未来に貢献す

るために過去と現在から学ぶという、人間特有の能力に基盤を
置いた実写ドラマのような場なのです。

　ある研究者は、「学びにもっとも大きな影響を与えるのは、
教室での日々の生活体験であり、それは、教師が何を教えるか
よりも、どのように教えるかによって決まる」と述べ、両者の
重要性を強調しています［参考文献106］。

　本章では、これまでの章と同じく、さまざまな教育に関連す
る領域の専門家による取り組みを紹介します。その目的は、研
究と教室での経験から導き出された質の高い教育実践に関して、
現在における最良の理解を統合することです。

　まずは、ある本についてお話をしたいと思います。その本と
は、ハーバード大学の教授であり、研究者でもあるケン・ベイ
ン（Ken Bain）による『ベストプロフェッサー』（高橋靖直訳、
玉川大学出版部、2008年）［参考文献4］です。

　本書の主な読者である幼稚園から高校まで（学年でいうと
K-12）の教師に対して、優れた大学教員の教え方に関する研究
成果を述べるというのは不自然なことかもしれません[1]。しか
し、私が気づいたことでもあり、みなさんもこの先を読めばお
分かりいただけると思いますが、本当に優れた教師は、年齢に
関係なく「生徒中心」であるという事実です。

　ケン・ベインの研究による優秀な大学教員の教え方は、研究
論集（例・ブルーム、ハッティ、全米研究評議会）や教育研究
者（例・ブラック、ブルックハート、ダックワース、アール、
エリクソン、ゲイ、ガスキー、ラブ、ウィギンズとマクタイ、
ウィリアムなど）の著作、また、幅広い教師を対象に執筆して

いる教育実践家（例・バーガー、フランス、レヴィー、スティールなど）の著作において、小中高の教師に対して推奨されているものと完全に一致しています。

そこで、本章の大部分を、『ベストプロフェッサー』で提起された問いを中心に構成しました。これらの問いは、優秀な教師が、あらゆるレベルの教室で問いかけ、答えを見つけようとするものであるとご理解いただけると思います。

私は、質の高い教育実践がどのようなものかを隅々まで知っており、それがどのように、なぜ機能するのかについて理解しているものと思いこんでいました。理解を深める必要がないというわけではないのですが、デイヴィッド・パーキンス（David Perkins、ハーバード大学の教授で、プロジェクト・ゼロの責任者も務めていた）が30年ほど前に述べた時点で、私たちはすでに学びの仕組みについては十分理解しており、現在よりもはるかに優れた方法で教育を行っておりました［参考文献31］。本書の冒頭で提案したように、私たちに必要なのは、教え方のレパートリーに加えるための「新しい方法」を見つけることではなく、以下の三つとなります。

❶私たちがすべきだと分かっていることをより深く理解する。

❷私たちがすでに知っていること、あるいは、これから理解することを実践する。

❸できるだけ高いレベルで、その実践に力を入れる[2]。

────────────────

(1)　訳者の一人（吉田）は、大学教育の教え方に関する研究成果の代わりに、イタリアのレッジョ・エミリアやスウェーデンの幼児教育の実践（プロジェクト／テーマ活動やドキュメンテーション）や研究成果を紹介したい気分になっています。

本章では、これらの取り組みについて掘り下げていきます。

 ## 生徒中心の授業の基本的な枠組み

　授業に決まったレシピはありません。学校にやって来る異なる年齢のさまざまな生徒のために、起こりうるあらゆる状況におけるすべての要素を扱おうとすると、レシピどころか百科事典が必要になります。

　小学生を対象とした教え方と高校生を対象とした教え方は明らかに異なったものになります。授業で帰納的な学習を行う場合と演繹的な学習を行う場合では、教え方が異なるでしょう。また、ブロック・スケジュール⁽³⁾と45分授業では違った感じがするでしょう。

　さらに、教師が活発な性格である場合と物静かで控えめな性格である場合でも、雰囲気が違ってきます。そして、学齢、内容、持ち時間、教師の性格がどうであれ、「すべての生徒が学べる」という定説を正面から受け止めるならば、生徒のさまざまなニーズに教師が対応しているかぎり、各教室での教え方は違ったものになります。

　実際、生徒の多様性と学びは予測不可能であるため、火曜日の朝のある教室での教え方は、水曜日の朝の同じ時間帯の教え方と明らかに異なっているでしょう（いや、異なるべきです）。

　それにもかかわらず、幼稚園から大学に至るまで、質の高い授業の原則と実践は驚くほど共通しています。生徒に焦点を当てる教師は、授業を計画し、実施し、振り返り、そして継続す

る際に、共通した問いかけを自らにするものです。一方、教室
の実践のなかでは、教えることと学ぶことについての誤解が
往々にして見受けられます。そのため、生徒に焦点を当てる教
師は、長年にわたる研究と生徒中心の考え方を軸にして、誤解
に基づく授業を修正していく必要があります。

　生徒中心の授業を行っている教師に共通した問いと、慣例と
誤解に基づいた実践を拒否することは、本書で度々触れてきた
次の四つの哲学的な主張に裏打ちされています。

①授業と教え方において、意思決定の中心にいるのは生徒です。
　・あなたは、生徒を念頭に置いてはじめなければなりません。
　　自分が知っていることや自分の偏見をもとにはじめるべき
　　ではありません。ある優秀な教師が指摘するように、「授
　　業の瞬間は生徒のものです。つまり、生徒たちではなく、
　　まさにたった一人の生徒のものなのです。あなたはクラス
　　に教えているわけではありません。あなたは、一人ひとり
　　の生徒に教えるのです」[参考文献89]

---

(2)　同じ著者の『ようこそ、一人ひとりをいかす教室へ』で整理されている、
　　普通の教室と一人ひとりをいかす教室での教え方の違いを比較した表（表
　　2 - 1、30ページ）や、私たちが知っていることとしていることのズレを
　　まとめた表（表3 - 1、53ページ）や、ジョージ・クーロスが著したの『教
　　育のプロがすすめるイノベーション』の「学校 vs. 学校外での学び」（138
　　ページ）や、「私は、学ぶ」ポスター（273ページ）などの図表も参考にな
　　ります。
(3)　通常の一コマを二つないし三つ足す形で時間割を組む方法です。従来の時
　　間割で、生徒主体の（探究の）学びをつくり出すことが困難だからです。
　　『シンプルな方法で学校は変わる』の229〜231ページを参照ください。

288

・人間のあらゆる特性と同じく学びは多様であり、生徒ごとに異なります［参考文献31］。

・生徒は、聞いた知識を単に「保存」するのではなく、一人ひとりが異なる方法で学習します。理解を表現する方法も、物事を理解する方法も、それぞれ違うのです。教師はクラス単位で教えるかもしれませんが、すべての学習は究極的に個人的なプロセスなのです［参考文献99］。

②授業の目標は、一人ひとりの生徒が教科内容の学び／感情と社会性の学び（SEL）を最大限に発揮するために必要とされる機会と支援を確実に得られるようにすることです。

・単に、すべての生徒に教科内容を教えればいいというわけではありません。目標は、一人ひとりの生徒が確実に学ぶことです［参考文献46］。

・生徒が学んだことを家庭、地域、職場などの日常的な環境で活用できるようにすること、つまり状況に応じて、知っていることが使えるようにすることです［参考文献66］。

③効果的な生徒中心の教え方は、必然的に以下の三つを大切にします。

・**知識や教科内容を大切にする**——意味づけ、思考、問題解決、そして生徒の興味関心に合った新しい文脈への知識の活用と応用に重点を置いています。

・**評価を大切にする**——より効果的な学びと、より効果的な教え方をサポートするために評価（第6章の「形成的評価」

を参照）を活用します。

・**コミュニティーを大切にする**──教科内容の学び／感情と
社会性の学び（SEL）を支援するために生徒同士を結びつ
け、生徒自身と学びをより広いコミュニティーに結びつけ
ることに重点を置きます［参考文献66］。

④**生徒中心の効果的な教え方を行う教師には、以下の特徴があ
ります。**

・担当している生徒の幸せと成長に全力を注ぎます。
・平等であること、かつ優れたものを求めることに熱心です
（本書2ページのURコードで開いたファイル＝第8章の
203〜207ページを参照）。
・教える仕事に情熱をもっています。
・自分が教えている分野の専門知識、および生徒の教科内容
の学び／感情と社会性の学び（SEL）を支援する教え方を
学び、教師として成長しようとしています。
・これまでの枠組みを超え、変化をいとわない主体的な存在
です［参考文献4、38、46、55、66、89］。

　生徒中心の教え方における意思決定は、これらの主張にかか
っています。さまざまな学校や教室においては、文化、コミュ
ニティーの規範、生徒のニーズ、利用可能なリソース（教材や
備品・設備、人材など）、カリキュラム、時間の配分など、多
くの違いがあることでしょう。しかしながら、どのような状況
であっても、生徒中心の教え方を主張することは、教育と実践

290

の中心に生徒を据えるという熱意と、先ほど挙げた四つの主張に従って生きていこうという決意を示すものでなければなりません。

ドゥワイヤー[4]は、近い将来と遠い将来において、生徒一人ひとりが希望のある人生を送るために必要とされる十分な準備をするために、教師が何を捨て、何を大事にしなければならないかに関する実践を挙げています［参考文献29］。ここでは、質の高い生徒中心の授業を実現するために必要とされる七つの要素を紹介します。

・**教室での活動**を、教師中心または講義中心のものから、生徒中心または対話的なものにシフトする。
・**教師の役割**を、事実の伝達者や専門家から、指揮者、協力者、そして共に学ぶ仲間にシフトする。
・**生徒の役割**を、情報を受信して知識を詰めこむ人から、協力者、意味をつくる人、そして時には専門家にまでシフトする。
・**知識の概念**を、蓄積・複製される事実から、ほかの教科や日常生活の文脈で応用・活用できる理解にシフトする。
・**成功の尺度**を、習得の量から習得の質にシフトする。
・**評価の焦点**を、テストの点数から生徒の幅広いパフォーマンスにシフトする。
・**教え方の焦点**を、「聞くこと」と「座っていること」から「コミュニケーションを図ること」と「協働すること」にシフトする。

教科の枠を超えた生徒中心の教え方を導く「12の問い」

　前節で、生徒中心の教師が授業を計画し、実行し、振り返る際に指針となる問いがあることについて触れました。ここでは、その問いに基づいた実践を詳しく見ていきます。

　私が選んだ問いは『ベストプロフェッサー』（284ページ参照）で提示されたもので、優れた大学教授に焦点を当てたものです。私は、優れた教師について書かれた『The Inspired Teacher（インスピレーションを受けた教師）』[参考文献89] やほかの人々が行った研究からうかがえる視点を加えたり、削除したり、組み合わせたりして、問いを小中高の授業になじみやすいものにアレンジしましたが、その核心は『ベストプロフェッサー』で報告されているとおりです。例によって、授業における各要素は互いに関連しあっているため、ある一つの質問のもとに示された原則や実践が、しばしばほかの質問にも分類される可能性があります。

　もう一つ述べておく必要があるのは、『ベストプロフェッサー』のなかで提起された問いは、教科領域、場所、学生のレベルに関係なく、「最高の大学教授」がもっともよくする質問であったということです。興味深いのは、これらの大学教授のうち、教育学を正式に学んだ人がほとんどいなかったという事実です。

---

(4)　（David Dwyer）「Apple Classrooms of Tomorrow（アップル未来の教室）」の研究者です。

彼らに備わっていたのは、常識と学生に望んでいる内容の明確さでした。そして、自分たちのビジョンを達成するために何が有益であるのかについては、経験や試行錯誤、そして粘り強い振り返りを通して学んでいました。

最後に、彼らに共通する重要な要素は生徒中心の考え方です。こういったことは、教師である私たちの多くが同じ道を歩めば優れた教師への道が切り開けることを示唆しており、励ましになります。

①目の前の生徒たちはどのような人なのでしょうか？　実りのある方法で教えるために、どうすれば生徒のことをよく知ることができるでしょうか？

　・家庭や教室で何が起きているのか、どのような理由なのか、どのような要因があるのかなど、生徒について知れば知るほどすべての行動の背景が分かり、より適切な対応ができるようになると心に留める［参考文献89］。

　・生徒一人ひとりについてよく知るように努める。それを早くから行い、継続的な目標にする［参考文献4］。

　・朝の会、学級会、あるいは（授業ないし一日の初めに行う）5分間のチェックイン、（授業中および授業と授業の間の）移動時間、休み時間などを、自分の人生における重要な事柄について生徒同士が、または教師であるあなたと話す機会として活用する［参考文献36］。

　・教室にもたらされるものが授業の土台となるように、生徒の背景や文化的価値観、生徒の強みに対して積極的に注意

を払う。意識して学習とのつながりをつくらないかぎり、一人ひとりの生徒の特性は不活性なままになってしまい、学習でのサポートができない［参考文献106］。

・生徒を、勝者か敗者か、能力があるかないか、などと考えるのはやめる。生徒一人ひとりの価値、そして一人ひとりがクラスやクラスの活動に貢献できるユニークな点を探して、それを活用する［参考文献4］。

・学年または教科指導がはじまった頃に、生徒一人ひとりがもつ特別な関心事をリストアップする。数週間経って、一部の生徒の情報が不足していると分かったら、それを引き出す方法を見つける［参考文献4］。たとえば、教室での会話、アンケート調査、クラスでの話し合いなどで生徒の興味に耳を傾ける、あるテーマについてより深く学ぶか広く学ぶかを生徒に選択させ、その選択を記録する、など。

②私が教える教科や単元は、どのような問いに答える手助けとなるでしょうか？　その答えを探究するために、どのようなスキルや能力、資質を生徒が身につけられるように支援する必要があるでしょうか？　それらの問いを中心にして、どのような授業を組み立てていけばよいでしょうか？

・教える内容が理解できるように努力する。あるテーマを深く理解すればするほど、生徒の生活と関連づける方法は増える［参考文献55］。

・ビッグ・アイディア（5ページ参照）を中心にして授業計画を立てる。まず、教科や単元での授業や学習を形成する

もっとも本質的で、気づきや発見に満ちたビッグ・アイディア、概念、原理を定めて計画をつくりはじめる。次に、これらのビッグ・アイディアを理解し、応用し、ほかの教科やリアルな文脈で活用するために、生徒が習得すべき知識とスキルを決定する [参考文献4、104]⁽⁵⁾。

・「鍵となる問い」にはさまざまな可能性があるので、じっくりと検討する。作成したそれぞれの問い⁽⁶⁾の背景にあるものを考える。最終的に、生徒が今まさに取り組んでいる学習がもっている力と重要性に気づき、理解したいと思うようになるのがどの問いであるかを考える [参考文献4]。

・レヴィー（210ページを参照）が言う、すべてのテーマの「真髄」と呼べるものへ生徒の関心が向くようにする。

　「アメリカ独立革命の本質とは何か？　植物の世界に特有なものは何か？　また、植物をほかの生命体と区別しているものは何か？　文法の真髄とは何か？　真髄を見つけることは、入手可能な情報の山を整理するうえで私たちの指針となる。日常的に用いる当たり前のスキルにさえ、意味と目的を与えてくれる」[参考文献55]。

・新しい知識を、生徒の既存知識や経験と関連づける [参考文献4、58、68]。

・生徒の経験や疑問を引き出し、学習している内容や原理を現実の世界に投影する際に役立つような質問をする。レヴィーは、以下のような例を挙げている。

　生徒が、ある教科で学んでいる「鍵となる問い」や本質的な理解が、ほかの教科や教室を超えた生活の側面におい

て、いかに関連しているのかが発見できるようにする［参
考文献4］。学習内容に関わる概念図の読み取り方やつくり
方を教える。

・学習していることを、現実の世界で総括的に応用できるよ
うに設計する。あるいは、生徒自身が設計できるように教
え、すべての取り組みには目的があることを明確にし、さ
らに学んだことを応用して、ほかの教科やリアルな文脈で
活用できるような練習をする［参考文献4］。

③生徒が授業にもちこむメンタルモデル[(7)]や誤解のうち、取り
組むべきテーマにしたいと思うものは何でしょうか？　生徒が
自分の考えを修正するために、どのような情報やスキルが必要
でしょうか？

・生徒が獲得する知識は、すでに存在している知識から生徒
自身がつくり出すものであり、ただ伝えたり、受け取った
りするものではない。したがって、生徒が授業にもちこむ

---

(5)　ビッグ・アイディアないし概念を中心に据えた学びの構
　　築には、右のQRコードを参照ください。（PLC便り：概
　　念の検索結果）

(6)　「鍵となる問い」は、複数あるような書き方がされていま
　　すが、できるだけ少なく（単元や一年間の教科指導で一
　　つが理想！）絞りこむほうがインパクトはあります。た
　　とえば、QRコードのような「問い」です（PLC便り：フ
　　ランス革命はいつの検索結果）。

(7)　物事の捉え方、「あることに出くわしたときに、それをど
　　う解釈／判断し行動するか」についての考え、自覚なし
　　にもっている価値観や思いこみのことです。

概念についての不完全な理解、誤った考え、あるいは浅は
かな説明を引き出して、注意を払うことが非常に重要であ
る。生徒の最初の考えを無視してしまうと、生徒が身につ
ける理解は、私たちが意図したものとはまったく異なった
ものになるかもしれないからである［参考文献66］。

・概念、理論、プロセス、またはビッグ・アイディアを説明
するように求める項目を、すべての評価ではないにしても、
ほとんどの評価に含める。生徒の解答を検討する際には、
正確な理解と誤解や勘違いとの間に存在するギャップに注
意する［参考文献104］。

・生徒が新しい知識と既存の知識を統合し、学習内容や教科
に特有の原理・原則を理解し、形成できるようにさまざま
なモデルや方法を用いる［参考文献89］。これは、モデルや
方法のレパートリー（例：探究学習、振り返りの記述、
創造工学、ソクラテス・セミナー、コミュニティーでの学
習、ケースに基づいた学習、プロブレム学習［PBL］(8)、
概念の獲得、概念の展開、仮説を立てる、証拠を用いて仮
説を裏づける、推論する）を増やし、あなたが教える内容
の本質と生徒の特性に対応するために、これらの方法を使
うことを意味する。

・授業内容について、生徒があなたやほかの生徒と話す機会
をたくさんつくる。フランス（7ページ参照）が述べてい
るように、「子どもたちは会話や議論を通じて考えと格闘
し、自らの誤解を認識し、背景知識を駆使して明確で正確
な考えが伝えられるようになる」［参考文献35］のである(9)。

④鍵となる問いに答えるために、理由や根拠を理解したり使ったりすることが困難な生徒に対してはどのような手助けをする必要があるでしょうか？　背景となる知識や技能が不足している生徒をどのようにして助ければよいでしょうか？　すべての生徒の学びを拡げるには、どうすればよいでしょうか？

・一人ひとりの生徒のスタート地点とその進捗状況に細心の注意を払う。その際、学習課題［参考文献38、106］と、自立性、エイジェンシー、協働性に関連する目標に注意する。

・生徒一人ひとりのやり遂げる力を信頼し、そのことを個人とクラス全体に対してさまざまな方法で表現する。すべての生徒にやりがいのある期待を抱かせ、成功に必要な支援と励ましを与える［参考文献4］。

・一人ひとりの生徒の長所、経験、目標が引き出せるように、課題や評価に柔軟性をもたせる［参考文献62］。

・プロジェクトやパフォーマンスを、指示ではなく「機会（選択肢があるもの・訳者補記）」として提示する。自分の成果物がいかに重要で、世界や自分自身の成長に変化をもたらせるのかについて生徒が理解できるように導く。早い段階で成果物の構成要素を説明し、何が必要で、どうすればその課題が達成できるのかについて確実に理解できるよ

---

(8) これは世の中に存在する問題を扱う学習法で、『PBL─学びの可能性をひらく授業づくり』が参考になります。なお、PBLにはもう一つあり、『プロジェクト学習とは』で詳しく紹介されています。

(9) これには、『学習会話を育む』、『最高の授業』、『私にも言いたいことがあります！』、『言葉を選ぶ、授業が変わる！』、『オープニングマインド』などが参考になります。

うにする。そして、徐々に権限を生徒に移し、自らの成果
物に対してオウナーシップをもつようにする[10][参考文献4]。

・地理的条件、身体的・精神的な問題、経済的状況、人種・
文化・宗教・性別・性的指向に関連する不公正によって、
一部の生徒に余計な負担がかかっていることを理解する。
また、重荷に対抗できるように努力する［参考文献4、58］。

・複数の方法で教える。動画、音楽、絵、芸術、生徒の動き、
物語、実習、概念図、モデル化などを取り入れる［参考文
献58、89］[11]。

・観察や形成的評価の情報に基づいて、生徒が必要な背景知
識やスキルを身につける機会や、すでに習得している生徒
がさらに学びを進めるための新しい課題に出合える機会が
増えるように教え方を調整する［参考文献89］。この追加さ
れた新しい「課題」は知的な刺激を与えるものであり、単
なる作業の追加や重労働になっていないことを確認する。

・教師の学習介入を補完する、生徒が相互にサポートしあえ
るようにする[12]。これには、クリティカルに考える（29ペ
ージを参照）練習、学習課題について分析的に話す練習、
学校や社会での効果的なやり取りを支える社会的な知識や
スキルを明示的に教えることなどが含まれる［参考文献38］。

・学校で成績のよい生徒の多くは、理解を求めて深く考えた
り、質問したりするのではなく、教師を喜ばせるため、あ
るいは成績上位者になろうと「見せかけだけの勉強」をし
ているため、深い理解や思考力、さらには自分の思考につ
いて考えるための能力を身につけていない場合がある。私

たちは、彼らがより深く理解し、彼らに開かれている学び
の本質が認識できるようにモデルを示し、教え、彼らに提
案する課題を通じて、「見せかけだけの勉強」から、より
深く、より意味のある学びへと導く必要がある。そのため
にも教師は、能力の高い生徒がより有意義な学びに取り組
めない原因、つまり感情的な葛藤を理解する必要がある[13]
［参考文献4］。

⑤生徒の思考を伸ばすためにどのような手助けをしたらよいの
でしょうか？　疑問や問題に対して、生徒が多面的な見方がで
きるようにするにはどうしたらよいでしょうか？

・新しい情報や考えを生徒が理解していくなかで、できない
ことがあれば説明を求めるようにして、メタ認知的になり、
自分の思考がより認識できるようにする［参考文献66］。

・クラスでの話し合いにおいて、問題の複数の側面を分析的
に思考し、統合し、批評し、考察する必要があるような質
問をする。さまざまな視点からテーマについて考えられる

⑽　それがもてないと、「やらされ感」のある取り組みから学べることは極めて
　　少ないからです。教師は、「頑張って教えた」と言えますが……。

⑾　これには、マルチ能力の考え方が役に立ちます。『シンプルな方法で学校は
　　変わる』の116〜122ページを参照してください。

⑿　学習を支援するための個別指導だけでなく、教師も含め
　　て生徒同士でフィードバックをしあったり（『ピア・フィ
　　ードバック』や右のQRコードを参照）、リアルな世界で
　　の学びにおいて、大人からのフィードバックを受けて学
　　んでいくことも効果的であるという意味です。

⒀　この点に関しては、『挫折ポイント』が参考になります。

300

課題や成果物を計画し、必要に応じて、証拠による分析、統合、または評価を使って、探究したさまざまな視点をふるいにかけ、結論が導き出せるようにする[14]。

・複雑な質問を出す際には、生徒が考えたり、メモをとったり、ほかの生徒と考えを共有する時間を十分にとってから解答を求めるようにする。生徒が解答する際、自分の考えを声に出して振り返るよう促し［参考文献11］、互いの解答をもとに考えを発展させるように促す。

・問題や複雑な課題を提示する場合、生徒にさまざまな解答や反応の選択肢を与え、その選択肢に投票するように求める。解答を集め、そのうちのいくつかをクラスで読みあげ、自分の答えた内容をさらに発展させるように促す［参考文献11］。3人か4人のグループに分け、選択肢について討論してもらう。その後、再度投票を行う。

・挙手した生徒を指名するのは最小限にする。挙手した生徒ばかり指名していると、「参加しない」という選択肢を与えることになり、少数の生徒がクラスでの学習を独占してしまう［参考文献106］。

⑥生徒の授業に対する希望や期待、興味をどのように見つければよいのでしょうか？　生徒の学びをサポートするために、それらの希望、期待、興味関心にどのように対応すればよいのでしょうか？

・すべての生徒が学びたいと思っていることを忘れてはならない。困難なのは、生徒が何を学びたがっているのかに気

づき、何らかの共通の基盤を見つけることである。あなたは、ある教科を学ぶために何が必要かをよく理解しているだろうが、生徒は自分にとって何が重要で役に立つかを考えて、自分なりに学習の優先順位を決めているだろう。生徒の経験や興味関心から出発し、カリキュラムの内容との関連性を根気よく探っていく必要がある［参考文献68］。

・各学期の初めにアンケートを行い、生徒たちの関心事を把握する。また、今後の単元で取り上げる予定となっている重要な問い（やテーマ）のリストを配布し、それらの問い（やテーマ）に対する興味の度合いを示してもらうのもよい。生徒が興味をもったテーマやそれに関連することについてより深く掘り下げるように促す［参考文献4、55］。

・生徒の探究、成果物、パフォーマンスを、生徒が取り組んでいる分野の主要な概念、スキル、知識と関連づけ、その後、生徒に作業の詳細を可能なかぎり決定する機会を提供し、意欲や資質、自立性の形成、協働を促す［参考文献36］。

⑦生徒が学び方を学び、自らの学びを吟味して評価することや、より思慮深く分析的かつ積極的な読書ができるようにするために、どのような手助けをしたらよいでしょうか？

・学びと成功の基礎となる態度、スキル、思考の習慣（5ページを参照）を教え、モデルを示し、評価し、褒める。これには、自己認識、オープンマインド、積極的な傾聴、共

⒁　質問と話し合いには、297ページの注⑼の文献以外に『増補版「考える力」はこうしてつける』と『質問・発問をハックする』が参考になります。

感、多様性の理解、柔軟な思考、メタ認知、正確さと質の
追求、感謝、質問、倫理的責任、コミュニケーションの明
確化、意思決定、学び方を学ぶこと、協働／チームワーク、
自己管理、意味づけ、複数の視点、チャレンジ精神、創造
的思考、論理的思考[15] [参考文献19、20、35、37、77] などが
含まれる。

・生徒が学びに対する認識をもった、より自立した学び手にな
り、実際に学ぶ際には、各教科における大切な思考法や手
順を使いこなす必要があると認識してもらう[16] [参考文献 4]。

・すべての生徒が学習目標について明確なイメージをもって
いることを確認する。一般的に生徒は、自分自身やお互い
を評価することは得意なのだが、それは、自分が達成しよ
うとしていることが分かっている場合にかぎられている。
学校での学びを、正解を当てるためだけの練習問題だと見
なしてしまわないように、取り組んでいる学習には重要な
根拠があることを強調する [参考文献11]。

・ある単元や授業に関連した読み物について、何がユニーク
で特徴的であるのかについて注意を喚起する。読解を明確
な方法[17]に分解し、それを他教科に適した方法で使用する
ようにする（たとえば科学では、テキストにおいて、分類、
手順、問題解決、実験のパターンを探すと、そのテキスト
がどのように構成されているのか、どのような種類の質問
を提示し、調べ、またどのように答えているのかについて
理解する際に役立つ場合が多い。歴史では、資料が語る物
語、物語を動かす因果関係、作者が用いた書き方の技によ

って、その物語が信頼できると思わせるもの、あるいは不確かだと思わせるものを探す際に有効である）。定期的に読解と分析的に考えることのモデルを授業で示し、複雑なテキストに協働して取り組む機会を与える［参考文献4］。

・教師の「授業力」の向上よりも、生徒が積極的に参加することに重点を置く[18]［参考文献4］。

・以下のことを教える。生徒が目指すゴールを明確にする。個人やグループ内でフィードバックについて考え、お互いに提供しあい、それをいかす。知識を、ある形式や文脈から離れて別の形式や文脈で活用する。ビッグ・アイディアを自分の経験と結びつける。自分の信念、考え、行動をクリティカルに振り返る。分析的かつ創造的に考える。自分を世界の変革者として考える。

---

[15] これらは、いずれもライフ・スキル、ソーシャル・スキル、非認知スキル、SEL、そして思考の習慣として近年脚光を浴びています。
それらを身につけることこそが「学び方を学ぶ」ことなのです。

[16] そのためには、右のQRコードが参考になると思います。

[17] 原語は「reading strategies」です。読むことを、読解と読書をあえて分けるのは日本ぐらいかもしれません。そのメリットとデメリットを、しっかり検討すべきときが来ています。読む際に使っている方法には、事前の知識や情報と関連づける、質問する、推測する、イメージする、要約する、自分の理解をモニターするなどがあります。詳しくは『理解するってどういうこと？』と『増補版「読む力」はこうしてつける』を参照してください。また、若干切り口は違いますが、読むときに使うスキルについては『読む文化をハックする』（80ページ）と『学習会話を育む』（148ページ）を参照してください。

[18] 生徒の積極的な参加も含めた教師の授業力アップには、『あなたの授業力はどのくらい？——デキる教師の七つの指標』が参考になります。

　生徒は、何かが意味をなすときとそうでないときを知り、より多くの情報が必要な場合はそれに気づく能力が必要となる。また、ほかの誰かが示したことの意味を理解するために、自分なりの方法を考え、その主張を受け入れるためにどのような証拠が必要かを特定し、自分なりの理論に基づいて検証するための能力も必要となる［参考文献10、38、66］。

・学習の過程に対してもっと責任を感じられるようなスキルとなる、意味づけ、自己評価、振り返りを重視した授業を行う。

・生徒が試行錯誤し、まちがいからも学べるように授業を構成する［参考文献4］。

・学んでいること、目標達成のために辿（たど）っているステップ、進捗の指標、取り組みに対する自信の度合い、最終的な成果物やパフォーマンスの質に関する認識などが記述されたジャーナルをつけるように生徒に求める[19]［参考文献46］。

⑧総括的評価を行う前に、生徒の学習状況をどのようにして把握すればいいのでしょうか？　また、総括的評価の前に、あるいは総括的評価とは別に、どのようにフィードバックを与えるとよいのでしょうか？

・授業中の話し合い、宿題、プロジェクト、パフォーマンス、教師と生徒の会話などを通して、生徒の理解を表現する機会を設ける［参考文献11］。

・形成的評価を利用して授業計画を練り直し、学習目標や意

図に照らした生徒の現状と、達成する必要のある状態との
ギャップをより効果的に縮める[20]［参考文献50］。

・一人で活動している様子、小グループでクラスメイトとや
り取りをしている様子、クラスでの話し合いに参加してい
る様子を注意深く観察する。それらのなかにパターンがな
いかと探し、そのパターンに応じて次の展開を調整する[21]
［参考文献4］。

・授業中に「考え聞かせ」をするように促す。また、生徒が
安心して考え聞かせができるように、和やかな雰囲気を維
持する。評価や批判に脅かされることなく、自分の考えと
しっかり向きあう機会を与え、その考えが評定される前に、
努力に対するフィードバックを受け、再挑戦する機会を設
ける[22]［参考文献4］。

⑨これから一緒に学ぶにあたって、生徒がすでに知っているこ
とをどのようにして知りますか？　一緒に学ぶなかで、生徒の
学びの特性、進み具合、学びの質について、どうしたらお互い

---

[19]　ジャーナルの使い方については、『増補版「考える力」はこうしてつける』
の第6章をご覧ください。

[20]　これを実現するための本が、『理解をもたらすカリキュラ
ム設計』です。

[21]　これを実現するには、右のQRコードで紹介されている本
を実践すれば容易にできます。

[22]　読み聞かせは本などを読んで行うのに対して、考え聞か
せは、頭の中で考えていることを声に出して発信するこ
とです。メタ認知を鍛える最善の方法の一つと考えられています。詳しく
は、『読み聞かせは魔法！』の第3章をご覧ください。

にもっと理解できるでしょうか？　生徒は知的に成長している
のか、論理的に考えられているのか、必要な知識やスキルは身
についているのか、またそれらを使えるのかについて判断する
ための効果的な方法はありますか？

・本質的な理解に基づいて行動するために、本質的な知識と
　スキルを使うように求める課題やパフォーマンスを作成す
　る。これには、学習成果物によって自分の理解を示すこと、
　理解したことが何を意味するのかについて、現在扱ってい
　る内容とは異なる立場をとってみること、理解したことを
　自らの生活と関連づけること、理解したことが別の時代や
　環境、問題においてどのように適用されるのかを比較する
　こと、学校とは関係ない目的のために理解したことをもと
　にして何か思い浮かべてみること、ほかの教科や同じ教科
　でもほかの分野で理解したことを活用する、などが含まれ
　る［参考文献96、104］。

・生徒が目的とする知識、スキル、理解を活用し、あり得る
　勘違いを検証するような課題を作成する。生徒の思考や会
　話の様子を観察する［参考文献31］。

・課題の出来栄えと同じく、生徒が「考える人」としてどの
　ように成長しているのかについて関心をもっていることを
　言葉や行動で示す［参考文献4］。

・生徒自身が学びについて考え、それを発展させる方法を設
　計できるようにする。たとえば、自分の手順、振り返りを
　促す文章の書き出し、チェックリスト、内的独白(23)、イン
　タビューなどを作成するようにと指示する［参考文献4］。

⑩どうすれば、生徒の興味関心、好奇心、やる気、思考力を刺激するような関わり方ができるでしょうか？　どうすれば、理解を助けるような方法で生徒同士が交流できるのでしょうか？

・テーマやアイディアに対するあなたの情熱を生徒に示し、それについて学んでいるあなた自身の喜びを生徒が感じられるようにする。学びに対する生徒の情熱を確認し、それが伸ばせる環境をつくる。

・教える内容のなかに「ストーリー（物語）」がないかと探し、序盤、中盤、終盤へと発展させ、主人公と脇役の間にある劇的な緊張と共に示してみる。

・適切な難易度の目標を設定し、グループ分け、話し合い、課題などを計画し、生徒が目標を達成できるように支援する［参考文献46］。目標は、生徒の意欲を維持するのに適した難易度でなければならないが、落胆につながるほど難しいものであってはいけない［参考文献106］。

・授業のなかで、生徒が小グループでアイディアや課題、問題に取り組み、問題解決策を提案し、発表する機会を計画する。

・協働するスキル（尊敬、共感、自己認識、多様性への理解、注意深い傾聴、明確なコミュニケーション、有意義な質問、合意形成、複数の視点への追求、他者の貢献の認識、レジリエンス、必要な場合の謝罪など）を教える。どのスキルを効果的に使い、どのスキルがまだ活用されていないのか

---

(23)　305ページの「考え聞かせ」と同じく、自分のなかの、言葉として発せられない意識や思考をありのままに言ったり、書いたりすることです。

を知るために、生徒の活動を観察する。個々のグループと
クラス全体が協働して取り組めるようにして、お互いの学
びをサポートし、深められるように個々のグループとクラ
ス全体に関わり続ける［参考文献38］。

・ある領域について一斉指導から十分に学んだならば、次は
協働作業に関する話し合いの場を設ける［参考文献10］。

・さまざまな発達段階や内容の習得段階を含む、幅広い参加
を可能にするような学習活動をつくり出す[24]。

・生徒の意見に耳を傾け、それに答える形で生徒からの信頼
を得る、また生徒同士がうまく協力しあえるように手助け
をして、生徒間の信頼関係を築く。

⑪授業で求める成果物の質に関する基準を明確にし、その基準
がなぜ重要なのかを生徒が理解し、その基準を用いて自らの成
果物を評価する方法を学ぶためにはどうしたらいいのでしょう
か？　生徒一人ひとりが秀でた存在になるために、どのような
サポートをすればいいのでしょうか？

・その教科で実践している人、プロデューサー、クリエイタ
ー、問題解決を行っている人が実際にしている仕事のよう
に、その分野の目標や基準を生徒が観察し、理解できるよ
うに教える。これには、その教科で重要な理論に基づいて
研究を行うこと、その教科の構造や関心事を反映した質問
を投げ掛けること、その教科で学習や研究を行うことを可
能にするツールやプロセスの使用法を学ぶこと、実践者が
自らの発見を共有するような方法で学びを共有すること、

その教科で求められる成果物の達成目標を追求すること、などが考えられる［参考文献96］。

・生徒の課題、クラスでの話し合い、教師と生徒の会話、そしてフィードバックのほとんどが生徒の理解と成長に焦点を当てていることを確認し、この実践に注意が向くようにする。たとえば、次のような質問をして、それに答えてもらう。

「あなたが成長したことを示す証拠は何ですか？」

「この成果物のどこに価値がありますか？」

「あなたの成果物は、どのような点で深い思考を示していますか？」

「あなたは、どのような意味のある貢献をグループに対して行っていますか？」［参考文献4］

・質の高い成果物がどのようなものであるかを示すモデルを提供する。

・過去の成果物のサンプル（制作者が特定されないもの）を、その課題の学習目標と「目標達成のための基準」（181ページの注を参照）と共に見せ、成果物の質を分析する練習を利害関係のない形で行う。さまざまな成果物について、どの要素が強みであり弱みなのか、またその理由を生徒に議論させる[25]［参考文献？］

---

[24]　これを可能にしてくれる本として、『ようこそ、一人ひとりをいかす教室へ』、『挫折ポイント』、『一斉授業をハックする』などがあります。

[25]　話し合いを踏まえて、ルーブリックを作成するとなおよいでしょう。基準のなかには、生徒たちが含められなかったもので、一つか二つは教師の特権で入れこめるでしょう。

・すべての学習があらかじめ規定されているわけでないことを心に留める。授業、単元、成果物の目的に関連するものであれば、別の学習意図（学習目標／成果）や目標達成の基準を提案するといったさまざまな機会を生徒に与える［参考文献46］。

⑫どうすれば、生徒が興味をもつような課題、つまり好奇心をかき立て、思考に挑むような本物の課題がつくれるでしょうか？　生徒が前向きに課題に取り組み、試行錯誤し、フィードバックを受け、再挑戦できるような学習環境をどのようにつくればいいのでしょうか？

・遊びの可能性を探る[26]。生徒は、その教科を真剣に学ぶ準備が整う前、またはその教科での成長を目指してフィードバックを求める前に、アイディアで遊ぶという重要な段階を踏む傾向がある［参考文献12］。生徒の好奇心、喜び、情熱を呼び起こすように教える。早い段階で真面目に取り組んでしまうと、情熱の前触れとなる「喜び」を消してしまうことになる。忍耐が重要なわけだが、もっとも重要となるのは情熱である［参考文献27］。

・自由な（オープンエンドな）探究を提供する。授業時間や宿題のかなりの部分を、解決策がすぐには分からない拡散的思考と収束的思考[27]に求めるほか、好奇心と発明に伴う不確実性を生徒に与えるといった、意味のある課題を充てる［参考文献36］。

・失敗を当たり前のものにする。生徒は、まちがいを犯し、

それに対するフィードバックを受け、まちがいの検証を通してこそ学ぶ。一人ひとりの生徒が適切なレベルで課題に取り組めば、まちがいの分析がクラスで当たり前に行えるようになる。学習サイクルのさまざまな局面で誰もが戸惑う失敗は、すべての生徒にとって学習の入り口となる［参考文献36、46］。

・生徒自身の長所をさらに伸ばし、苦手な分野でも能力を伸ばす機会がもてるように、課題のバランスをとる［参考文献89］。

・素早く、容易に答えを出すことよりも成長を重視する。複雑な学びは、しばしば不均一で不確実な道である、と考えているあなたの思いを生徒に伝える。あなたの目標は、生徒が困難に遭遇して、そこから学ぶことである。それを確実にするために、あなたは生徒に教え、メンタリング（43ページのメンターを参照）し、学びの過程でフィードバックを提供する。生徒には、目標を達成する速さよりも、最終的にどこまで到達できるのかに関心があることを強調する。そして、成績をつける際には、そのような視点をもつように心掛ける。

・再試験を許可する。異なるバージョンのテストが受けられ

---

⑳　協力者から、「自分は、授業でここを高い割合で重視しています。遊びと学びは対立構造にはないということを教育に関わる人は再認識する必要があると思っています」というコメントが届きました。

㉗　すでに得ている情報から考えをさまざまな方向に拡散し、新たな考えを発想していくのが拡散的思考で、すでに得ている多くの情報から一つの考えにまとめていくのが収束的思考です。

るようにし、練習機会とサポートを生徒に提供さえすれば、困難な課題であっても対応できると考えるようになる［参考文献59］。

・自らの教え方を体系的にチェックする。生徒の成果物に対する期待は明確か？ 教師の期待を達成するうえにおいて、生徒は大きな問題を経験していないか？ 生徒集団はどのように機能しているのか？ 生徒が学習内容の何に共感し、何に満足しているのか、その理由は何か？ 学びの次のステップについて、どのような計画を立てているのか？ これらの問いを利用して、質の高い学びを行う生徒の能力と彼らを支援するあなたの能力を確認する［参考文献38］。

・生徒の意見を求める。個人でもグループでも、このクラスが自分に合っているのはなぜか、より自分に合うようにするにはどのような点を変えたらいいのかと尋ねてみる。彼らの提案を取り入れたら、それをクラスに伝える［参考文献38］。

生徒中心のクラスでは、そしてもちろんその授業（学校生活の主要な部分）では、「生徒の学びを第一の関心事として、またそれを中心にすべての行為が行われており、最終的に、生徒の学びからすべての行為が生まれ」［参考文献4］ています。その目標は、生徒一人ひとりが教科内容の学び／感情と社会性の学び（SEL）において可能なかぎり成長することです。これまでに見てきた原則と実践は、研究と現場への応用という二つのレンズを通して見た目標を反映したものです。

　このような指針を共有する教師にとって、すべての授業における瞬間は、「生徒からより多くを引き出し、より多くをお返しするための新たな機会であり、毎時間、何がもっとも効果的かを見つけるチャンスとなります。授業を改善するという仕事には、決して終わりはありません」[参考文献89]。

　熱心で素晴らしい教師は、それ以外の方法を望んでいません。彼らは、生徒が成長するのに合わせて自らも成長するのです。彼らは、「偉大な画家が絵の具を使うように、授業で得た深い理解とスキルを使う」[参考文献89] のです。しかし、それは、何年にもわたる成長と熟練の成果であり、学びに深く関与してきたからこそ可能となります。

　ミュージカル『Sunday in the Park with George』に登場する画家ジョルジュ・スーラのように、このような教師は、「デザイン、構成、バランス、光、調和を通して（中略）全体に秩序をもたらす」[参考文献85] という継続的な課題に対して真摯に取り組んでいます。

 ## 生徒中心のクラスにおける授業を分析する

　ここで、四つの事例を見てみましょう。すべて生徒中心のクラスでの授業の例です。

　学年や教科は異なりますが、さまざまな教師が行っている授業では、本章で見てきた質問や原則、実践が使われています。そして最後に、授業を分析するための「考えるポイント」が用意されています。

小学２年生の教室

　ジュリー先生は、２年生たちに考え方について説明しようと考えました。主に次の四つです。

❶人はさまざまな考え方をする。

❷人は自分の考え方を意識し、それについて考えられる。

❸さまざまな考え方をすることで、より良い取り組みや選択ができる。

❹特定の状況で役立つ考え方が選択できるようになる。

　ジュリー先生と生徒たちはまず脳について学んだのですが、体を鍛えて強くするように、一生懸命取り組んだり、取り組み方を選択することによって脳も強くなることを知りました。その後、１年間、脳が私たちの学習を助ける方法について熱心に話し合ってきました。

　そのなかで、学習内容を適切な項目で分類すること、アイディアと経験を結びつけること、作業中の目標に集中することなどが話題に上りました。また、算数がどのように役立つのかや、教師やクラスメイトからのフィードバックを利用して、重要な課題に対する解法を修正するために時間を割きました。

　１年を通じて生徒たちは、思考に関連する言葉を、現在行っている学習課題に当てはめる形で学びました。たとえば、「収束」と「拡散」という概念を学び、算数や作文に応用しています。算数の問題で正解を得るには収束的な解法が必要だが、途中で行き詰まったときには拡散的な解法を試せば正解にたどり

着ける可能性が増すかもしれないと、最終的にはクラスで結論を出しています。

　また、作文においては、物語よりも説明文を書くときのほうが収束的な思考が求められますが、収束的思考と拡散的思考をいつ、どのように使うのかについて理解すれば、どちらの種類の文章もより効果的に書けるようになることが分かりました。

　生徒たちは、クラスメイトと成果物やパフォーマンスを共有する際に、次のようなコメントをよくしていました。

「プロジェクトの主旨を説明するとき、私が理解力を働かせているのが分かるでしょう」

「私が取り組んだ問題に対する解決策を提案する際、学んだことを応用していることが分かるでしょう」

「成果物がルーブリックの成功基準に合致していることを説明する際、自分の成果物を評価していることが分かるでしょう」

　2年生は、教室だけでなく学校外でも、思考に関する用語や実践を活用しはじめました。また、脳を使うことで賢く学び、自らも賢く感じられるというさらに進んだ証拠も指摘しました。

高等学校のアメリカ史の授業

　ロカド先生が教えている生徒のほとんどは、学校のある小さな山間の町から出たことがありませんでした。アメリカ史の授業がはじまると何人かの生徒が、「テレビや映画、ポピュラー音楽を通してしか知らないほかの地域から自分たちは切り離されているし、距離を感じている」と言いました。

　ロカド先生は、身近なものを使って生徒が馴染みのないもの

について考え、つながりができるようにするという教え方を用いました。自分たちが置かれた時代や地域で生きることの意味を考えれば、アメリカのほかの時代や地域について質問するための準備ができ、2018年における山間部の炭鉱地帯での生活と、ほかの地域や時代における生活との類似点や相違点が認識できるだろうと考えたわけです。そこで先生は、次の問いに答えるようにと言いました。

「今この時代に炭鉱地帯で暮らすとはどういうことですか？」

心理学者ハワード・ガードナー（Howard Earl Gardner）の研究に由来する「多様な入り口」[28]というアプローチを用いて、ロカド先生は五つの「世界を覗く窓」を紹介しました。そして、五つの「窓」のいずれかを使って、生徒たちに自分が生きる時代や地域の意味を深く掘り下げてほしいと考えたのです。生徒たちは、以下の選択肢のなかから選ぶことになりました。

・言葉や物語を通して学んだことを共有する物語的なアプローチ。

・データや記録を通して行う数量的な、数値を用いる調査。

・背景となる歴史、ルーツ、信念、根拠についての基礎的または哲学的な調査。

・芸術、音楽、ダンス、演劇を基盤とした美的なアプローチによる理解。

・個人的な経験や他者の経験についての体験的な調査。

それぞれの生徒が、興味をもつ窓を選びました。選んだ窓を通して10日間にわたって情報や事例を生徒が探している間にロ

カド先生は、「アメリカ庶民生活センター」のインタビュー調査とその結果を流し、健康、人口移動、職業、所得、地域経済への貢献動向など、暮らしている地域以外のデータを共有しました。

　ロカド先生は、生徒が見つけたさまざまな事例からの内容と視点について、ペア、小グループ、そしてクラス全体で行う話し合いの進め方について教えました。また、計画、調査、解釈、発表（探究学習）という各過程で質の高い成果物をつくるための基準を記したルーブリックを示し、調査期間中、生徒と一対一で話をして、計画どおりに進められるように教えました。

　最終的には、各生徒が自らの調査を示す有意義な事例（インタビュー、物語、歌、一連のデータ、ニュースレポート、個人の考察、写真、家族の歴史、日用品など）を三つ発表し、なぜその事例を選んでグループと共有したのかについて説明し、それぞれの事例が「今、炭鉱地帯に暮らすとはどういうことですか？」という問いに対する答えとして重要な意味をもっていると説明しました。

　ロカド先生は、クラスメイトが話した内容や、事例がもつ意味についての解説に対して生徒たちが高い興味関心を示しており、しばしば感動している様子を確認しています。この活動は、生徒たちが暮らしている時代と地域、そしてその地域の歴史が、実は国のほかの時代や地域とつながっており、理解するための方法を与えてくれると気づく、重要なきっかけとなりました。

⒇　下の事例以外のより詳しい説明は、『ようこそ、一人ひとりをいかす教室へ』（153～157ページ）を参照してください。

　この１年間、生徒たちは異なる窓を使って、学んでいるさまざまな時代や人々についてより深く考えるようになりました。また、自分たちが暮らす地域とアメリカという広い世界との類似点や相違点を探るために、自分たちの文化から事例を集め続けました。そして、ロカド先生は、生徒たちと共に現在進行中の探究やプレゼンテーションのプロセスや成功の基準を拡大・改良していきました。

　最初の探究における準備のためにロカド先生と生徒たちが費やした時間は、その後の多くの探究のための土台となったのです。

高等学校の生物の授業

　パテル先生は年間を通して「シンセシス・グループ（知識を統合するためのグループ）」を使って、生物を学ぶ生徒が集中して学びの意味をつくり出せるようにしました。各単元の要所要所で先生は、グループを招集し、自分たちやクラスメイトの学習を進めるために、今取り組んでいるテーマについて増え続けている知識をまとめるようにと求めました。

　グループの具体的な課題は毎回異なりますが、生徒は自分の考えを明確に共有すること、お互いの意見を注意深く聞くこと、グループ内の最高のアイディアを抽出して効果的に共有すること、ほかのグループからの質問や課題に対して十分な情報と適切な方法で対応すること、などを学びました。

　生徒はこのグループでの取り組みにやる気を感じ、クラスメイトの考えを引き出すようなアイディアを生み出し、共有する

ことに誇りを感じているようでした。また、この課題によって、単元を通してより深く考えるようになり、「単元終了後のパフォーマンス評価に向けて十分に準備ができた」と言っています。

　ある日、人体の循環器系の単元が4分の3ほど進んだところで、パテル先生は各グループに次のような課題を出しました。

　今日の授業では、グループで次のことに取り組んでください。

❶循環器系の学習において、その意味をもっともよく表している、あるいは意味を理解するのに役立つ、あるいは「肝」とも言える重要な理解や原理を確認し、同意する。

❷その重要な理解や原則を、単元の内容に関連して表現する方法を少なくとも二つ見つける。たとえば、アナロジー、概念図（概念図）、モデル、ミーム[29]、ゲイリー・ラーソン（Gary Larson）型のマンガ[30]。

❸それぞれの表現方法が、「重要な理解や原則が何であるかを明確にする」、「学習した内容を理解するのに役立つことを示す」、「重要な知識やスキルがどのように組み合わされて理解を形成しているのかを明確に示す」ことができているかどうかを確認する。

❹グループの成果物を4分以内で発表できるように準備しておく。

---

[29] SNSプラットフォームを通してインターネット上で広がる考えや行動、イメージ、スタイルのことです。

[30] 「The Far Side」のように、イラストにキャプションがついているマンガのことです。

❺グループ全員が表現方法を効果的に解釈し、クラスメイトから寄せられる質問や異議に対処できるようにしておく。

小学校の理科の授業

ブライトン先生は、教師になってからまだ数年しか経っていません。先生は理科の授業において生徒が理解できるように支援したいと考えていましたが、概念とそれに対応する原理に基づいて単元を構成し、教えることの意味はよく理解していました[31]。

先生は、テーマの核心に迫る原理を単元から一つか二つ導き出しました。しかし先生には、内容に含まれる重要な概念を常に全部見つけられるのか、また選択した概念が生徒にとって最大の学びをもたらすものであるのだろうかと、自信がありませんでした。さらに言えば、その単元の内容について生徒が考えて、自分自身でその意味を見いだしてほしいと思っていました。

ブライトン先生は、重要な情報を覚えて活用することは大切だが、そのテーマに関する仕組みを理解しなければ覚えたことを有益に活用するのは難しいと指摘しながら、「理解すること」と「記憶すること」(この二つについては182〜189ページを参照)について生徒とよく話し合いました。また、「概念」や「原理」についてもクラス全体で話し合っています。

ほとんどの授業において生徒たちは、概念、原理、またはその両方を授業内容に関連づけるようにと求められ、概念、原理、情報の関係性に慣れていきました。

ブライトン先生が使用していた理科室には、部屋の片側に壁

一面のホワイトボードがありました。各単元がはじまると、4列×10行程度の表を表示しました。

　1列目には、その授業で扱う概念を理解し、取り組むうえにおいて中心となる原理を一つか二つ書き、これらの原理がこれから勉強する章やテーマを理解するのに役立つと確信していることを生徒たちに伝えました。そして、その章やテーマの意味をクラスで説明するのに役立ち、先生が提案した原理を表現するのにも役立つことになるほかの原理を探すようにと、生徒たちに呼びかけました。生徒が探したものは、1列目に追加されました。

　単元が進むにつれて、ブライトン先生が提案した原理を含む特定の原理に焦点を当て、それが学習内容の説明にどのように役立つのか、あるいは役立たないのかを、パートナーと一緒に考えるようにと求めることもありました。

　このような小グループでのやり取りと、クラス全体としての話し合いのあと、表の2列目（検証の結果、認められた原理）、3列目（検証の結果、却下された原理）、4列目（現時点では、有用性が不明である原理）にチェックマークをつけて更新していきます。この見直しと修正のプロセスは、この単元を通して続けられ、生徒たちは、クラスで学習を検証するために提供できる原理を熱心に探しました。

――――――――――――――――――

(31)　日本では、まだ概念をベースにした教え方が知られていません。191〜198ページおよび右のQRコードを参照ください。理科では、たとえば変化、システム、相互作用、パターンなどが概念の、万有引力の法則やオームの法則などが原理の例にあたります。

　このようにして、生徒たちは概念や原理を応用して学習内容
を理解することに慣れていきました。やがて生徒たちは、この
プロセスを科学の単元だけでなく、ほかの教科や普段の生活に
おいても活用しはじめました。

💬 考えるポイント

・ここで紹介した事例のなかから二つを選んで、本章のアイディ
　ィアやあなたの仕事に関連させながら考えてみてください。
　選択した事例を何度か読み返したあと、291ページからはじ
　まる、生徒中心の教師が授業を計画（または、生徒と一緒に
　計画）、実施、および振り返る際に行う12の質問を参照して
　ください。

　　この章で紹介した事例には、12の質問のうち二つ以上が必
　ず含まれており、またそれらの質問に関連する実践が二つ以
　上見つけられるはずです。蛍光ペン、付箋紙、メモなどを使
　って、12の質問とその実践を、選んだ事例に見られる出来事
　や取り組みと関連づけてみてください。

・あなたが選んだ各事例において、まず教師が生徒への授業を
　計画する際（または、生徒と共同で計画する際）、12の質問
　のうちどれを考慮していたと考えられるかを書き留めてくだ
　さい。次に、それぞれの実践が、生徒、学ぶこと、生徒中心
　の教室における教師の役割、コミュニティーの構築、カリキ
　ュラムの設計、および評価に関する教師の信念をどのように
　反映しているかについて考えてみてください。

最後に

　学術論文などで私は、「一人ひとりをいかす教え方」[1]を、「成長マインドセット（89～94ページを参照）と五つの原則で形成された、生徒のニーズに前向きにこたえる方法」と表現しました。

❶学びを励ましサポートする学習環境
❷質の高いカリキュラム
❸教えること・学ぶことと評価の一体化
❹生徒の多様性に応じた教え方
❺生徒指導と学級経営の方法

　教師は、生徒のレディネス、興味関心、好みの学び方に合わせた教え方を選択し、学習内容や進め方、成果物、学習環境をさまざまに工夫することができます ［参考文献86、93］。
　本書を貫く重要なテーマや語彙にお気づきでしょう。ナチュラリストのジョン・ミューア（John Muir）は、「宇宙のなかで何か一つを選び出そうとすると、ほかのすべてのものと結びついていることに気づく」と述べています。

---

[1] 『ようこそ、一人ひとりをいかす教室へ』を参照してください。五つの原則についても詳しく書かれています。

　一人ひとりをいかす教え方が浸透しているクラスに必要な要素（学習環境、カリキュラム、評価、教え方・学び方、学級経営）は、それらをどのように呼ぶかは別として、どんな教師でも、意識せずに毎日心に留めているものです。どれも教育に関わる研究や議論に欠かせないものです。一人ひとりをいかす教え方や生徒中心の教え方にかぎったことではなく、優れた実践には必要な要素なのです。

　また、平等であることと優れていることも相互に結びついています。万人共通の高いレベルになっているのかについてや、個人の成長につながっているのかについて、常にチェックするべきでしょう。

　生徒中心の教え方と一人ひとりをいかす教え方は無関係ではありません。生徒中心の教え方は、その定義に基づけば、個人の成長を最大化するために個人のニーズと強みに着目するものです。そうであるならば、生徒中心の教え方もまた、一人ひとりをいかすことを求めていると言えるでしょう。

　一人ひとりをいかすということは、平等であること、優れていることを同時に成し遂げることであり、そこに妥協する余地はありません。よく考えてみれば、本書で語られていることやテーマは、すべてほかのものと結びついているわけです。

　たとえば、一人ひとりをいかす教え方について書かれたものを見ると、ポール・フランス（7ページを参照）は、平等であること、優れていること、一人ひとりを尊重すること、挑戦すること、相手に期待すること、共感すること、学習環境、カリキュラム、そして豊かな高みを設定して教えることなどについ

て、はっきりと、あるいは匂わせるように表現していることが
分かります［参考文献35］。以下をご覧ください。

・「平等であると言っても、すべての生徒に同じ経験やツール
　を与えることではありません。また、全員に違う活動のリス
　トを委ねることでもありません。平等性を高めるためには、
　一人ひとりのニーズに応じた困難を和らげるためのサポート
　をして、全員がクラスメイトと一緒に質の高い教育に同じく
　触れられるようにしなければなりません」
・「同じ学習経験ができるような入り口を多様に備えたカリキ
　ュラムや学習環境をつくれば、すべての生徒がニーズを満た
　し、一人として取り残されることがなくなります」
・「一人ひとりをいかす教え方とは……すべての生徒のニーズ
　にこたえられる公平な学習環境をつくるものであり、生徒が
　もっている多様な能力を引き出し、広げたり深めたりするカ
　リキュラムにつながるものであり、弱点・障害のある人にと
　っても障害とはならず、引け目を感じないですむようにして
　いくものです」

　生徒の強みやニーズについて、認知や知性、感情と社会性が
多様であることに目を向け、継続的にそのことを意識すること、
それこそが生徒中心の学びであるはずです。つまり、生徒中心
の学びと一人ひとりをいかす教え方とは不可分なのです。
　私は、教育コンサルタントのリサ・ウェストマン（Lisa
Westman）が言う、「一人ひとりをいかす教え方は、教師が生

徒の強みに着目したときに成り立ちます」という言葉が好きです[2]。付け加えるならば、一人ひとりをいかす教え方は、教師が生徒の知的な成長と、感情と社会性（SEL）の成長に着目したときに多様なレベルで成り立つと言えるでしょう。

---

[2] 参考文献に含まれていませんが、Student-Driven Differentiation: 8 Steps to Harmonize Learning in the Classroom（Corwin Press, 2018）のことかと思われます。

訳者あとがき

　本書の原書の表紙には、色鮮やかな蝶がたくさん描かれています（インターネットなどで検索してみてください）。中央に大きな蝶が配置されていますが、その羽は左側しかありません。「おや？」と思ってよく見ると、右側を飛んでいる小さな蝶たちが右の羽をかたどっているのです。何とも暗示的な表紙の絵は、いったい何を表しているのでしょうか。

　本書は、生徒を中心に据えた学びを実現することを願う教師のために書かれたものです。私は20年近く教職に携わってきましたが、思い返せば、教師を目指した理由は、学校での学びは辛いものではなく楽しいものだ、ということを多くの人に伝えたかったからです。それはまさに、本書に書かれている「願い」に通ずるものだと思います。

　しかし、学校にいると、「辛い勉強」を生徒に強いてしまう場面が多くありました。本当は、学ぶのは楽しい、面白

原書の表紙

いはずなのに、それを奪ってしまうということがたくさんあったように思われます。

　もちろん、楽しいこともたくさんありました。学校にはドラマがあり、生徒や同僚と素敵な瞬間をたくさん分かちあってきましたが、最初の願いである学びの楽しさを伝えることについては、もっとほかにできることがあったように感じています。

　まさに、第1章で語られているような、瓶の中に閉じこめられた蛾と一緒です。教科書やテスト、通知表、受験といったものがその瓶です。また、横並び主義や努力主義、権威主義、従順さを求める文化などは、日本を覆ってしまうような大きな瓶のように思えてしまいます。

　本当は、自分のための学びを、やらされるのではない学びをもっとしたいのに……。そんな思いは、教師も生徒も同じでしょう。文部科学省が主体的・対話的で深い学びを進め、ICT活用を推進しようとしても、これらの瓶があるかぎりあまり変わらないのではないでしょうか。

　それを変えることができるのではないか、と期待させてくれるのが本書です。私たち教師が、そしてそれぞれの学校が、自分のできる範囲のなかで瓶の蓋を開け、生徒を、教師を羽ばたかせることができるのではないか、と思わせてくれました。

　本書を読み終えて、冒頭で触れた表紙イラストを改めて見ると、私には、中央の蝶は教師であり、その半身を担うのが数多くの生徒であるという比喩かもしれないと感じられます。教師は一人で存在するものではなく、触れあう多くの生徒がいて初

めて「一人の教師」と言えるのだと思います。生徒あっての教師なのです。

　そして、誰もが瓶の外に羽ばたいていきたいし、それは可能であるという思いを感じます。どうか、読者のみなさんも、生徒と共に羽ばたいていってほしいと思います。生徒中心の学びは必ず実現できます。それは、あなたも、生徒も、望んでいることであるはずですから。

　最後になりますが、本書を翻訳するにあたり、新評論の武市一幸様には、本の企画から編集、出版まで丁寧なご協力をいただきましたこと、厚く御礼申し上げます。

飯村寧史

訳注で紹介されている本の一覧

・アトウェル、ナンシー『イン・ザ・ミドル』小坂敦子ほか訳、三省堂、2018年
・ウィギンズ、グラントほか『理解をもたらすカリキュラム設計』西岡加名恵訳、日本標準、2012年
・ウィーヴァー、ローラほか『SELを成功に導くための五つの要素』（仮題）高見佐知ほか訳、新評論、2023年近刊
・ウィルソン、ジェニほか『増補版「考える力」はこうしてつける』吉田新一郎訳、新評論、2018年
・エンダーソン、マイク『教育のプロがすすめる選択する学び』吉田新一郎訳、新評論、2019年
・オストロフ、ウェンディ『「おさるのジョージ」を教室で実現——好奇心を呼び起こせ！』池田匡史ほか訳、新評論、2020年
・開発教育センター『テーマワーク』国際理解教育センター訳・直版（http://eric-next.org/reflect_read.html#texts の一覧の7番目の本です。）
・カリック、ベナほか『学びの中心はやっぱり生徒だ！——「個別化された学び」と「思考の習慣」』中井悠加ほか訳、新評論、2023年
・キーン、エリン『理解するってどういうこと？』山元隆春ほか訳、新曜社、2014年
・クーロス、ジョージ『教育のプロがすすめるイノベーション——学校の学びが変わる』白鳥信義ほか訳、新評論、2019年
・サックシュタイン、スター『成績をハックする』高瀬裕人ほか訳、新評論、2018年
・サックシュタイン、スター『ピア・フィードバック』田中理紗ほか訳、新評論、2021年
・サックシュタイン、スターほか『一斉授業をハックする』古賀洋一ほか訳、新評論、2022年
・サックシュタイン、スター『成績だけが評価じゃない——感情と社会性（SEL）を育む評価』中井悠加ほか訳、新評論、2023年
・ジョンストン、ピーター『言葉を選ぶ、授業が変わる！』長田友紀ほか訳、ミネルヴァ書房、2018年
・ジョンストン、ピーター『オープニングマインド』吉田新一郎訳、新評論、2019年

・ジョンストン、ピーターほか『国語の未来は「本づくり」』マーク・クリスチャンソンほか訳、新評論、2021年

・ズィヤーズ、ジェフ『学習会話を育む』北川雅浩ほか訳、新評論、2021年

・スプレンガー、マリリー『感情と社会性を育む学び（SEL）——子どもの、今と将来が変わる』大内朋子ほか訳、新評論、2022年

・スペンサー、ジョンほか『あなたの授業が子どもと世界を変える』吉田新一郎訳、新評論、2020年

・セリグマン、マーティン『ポジティブ心理学の挑戦 "幸福"から"持続的幸福"へ』宇野カオリ訳、ディスカバー・トゥエンティーワン、2014年

・タバナー、キャシータほか『好奇心のパワー——コミュニケーションが変わる』吉田新一郎訳、新評論、2017年

・チェインバーリン、アダムほか『挫折ポイント』福田スティーブ利久ほか訳、新評論、2021年

・ディラード、アニー『アメリカン・チャイルドフッド』柳沢由美子訳、パピルス、1992年

・デューク、マイロン『聞くことから始めよう！ 生徒のやる気を引き出し、意欲を高める評価（仮題）』吉川岳彦ほか訳、さくら社、近刊。

・ドーソン、ジェラルド『読む文化をハックする』山元隆春ほか訳、新評論、2021年

・トープ、リンダほか『PBL　学びの可能性をひらく授業づくり——日常生活の問題から確かな学力を育政する』伊藤道子ほか訳、北大路書房、2017年

・トムリンソン、キャロル『ようこそ，一人ひとりをいかす教室へ 』山崎敬人ほか訳、北大路書房、2017年

・トムリンソン、キャロルほか『一人ひとりをいかす評価』山元隆春ほか訳、北大路書房、2018年

・ハミルトン、コニー『質問・発問をハックする』山﨑亜矢ほか訳、新評論、2021年

・バロン、ローリー『「居場所」のある教室・学校』山﨑めぐみほか、新評論、2022年

・ピアス、チャールズ『だれもが科学者になれる！』門倉正美ほか訳、新評論、2020年

・フィッシャー、ダグラス『「学びの責任」は誰にあるのか』吉田新

332

一郎訳、新評論、2017年
・ブース、デイヴィット『私にも言いたいことがあります！』飯村寧史ほか訳、新評論、2021年
・フラン、マイケルほか『教育のディープラーニング——世界に関わり世界を変える』濱田久美子訳、明石書店、2020年
・フレイ、ナンシーほか『学びは、すべて SEL』山田洋平ほか訳、新評論、2022年
・プロジェクト・ワークショップ編『増補版　作家の時間』新評論、2018年
・プロジェクト・ワークショップ編『社会科ワークショップ』新評論、2021年
・プロジェクト・ワークショップ編『改訂版　読書家の時間』新評論、2022年
・ボス、スージーほか『プロジェクト学習とは』池田匡史ほか訳、新評論、2021年
・マーシャル、ジェフ『あなたの授業力はどのくらい？——デキる教師の七つの指標』池田匡史ほか訳、教育開発研究所、2022年
・メイソン、ジョンほか『教科書では学べない数学的思考』吉田新一郎訳、新評論、2019年
・メイナード、ネイサンほか『生徒指導をハックする——育ちあうコミュニティーをつくる「関係修復のアプローチ」』高見佐知ほか訳、新評論、2020年。
・吉田新一郎『いい学校の選び方』中央公論新社、2004年
・吉田新一郎『テストだけでは測れない！　——人を伸ばす「評価」とは』日本放送出版協会、2006年
・吉田新一郎『読み聞かせは魔法！』明治図書出版、2018年
・吉田新一郎『増補版「読む力」はこうしてつける』新評論、2017年
・吉田新一郎ほか『シンプルな方法で学校は変わる』みくに出版、2019年
・ラヴィシー－ワインスタイン、クリスティーン『不安な心に寄り添う——教師も生徒も安心できる学校づくり』小岩井僚ほか訳、新評論、2022年
・ラッシュ、マーサ『退屈な授業をぶっ飛ばせ！』長﨑政浩ほか訳、新評論、2020年
・リトキー、デニス『一人ひとりを大切にする学校』杉本智昭ほか訳、

築地書館、2022年
・レヴィスティック、リンダ・Sほか『歴史をする』松澤剛ほか訳、新評論、2021年
・ロススタイン、ダンほか『たった一つを変えるだけ』吉田新一郎訳、新評論、2015年
・ロックハート、ポール『算数・数学はアートだ！』吉田新一郎訳、新評論、2016年
・ロマノ・アラビト、クリスィー『静かな子どもも大切にする』古賀洋一ほか訳、新評論、2021年

334

参考文献一覧

① Aldric, A. (2018, November 4). Average SAT scores over time: 1972–2018 [Blog post]. Retrieved from https://blog.prepscholar.com/average-sat-scores-over-time

② Allen, J., Gregory, A., Mikami, A., Lun, J., Hamre, B., & Pianta, R. (n.d.). Predicting adolescent achievement with the CLASS™-S observation tool. Retrieved from https://curry.virginia.edu/sites/default/files/uploads/resourceLibrary/Research_brief_CLASS-S4.pdf

③ Ayres, W. (2010). *To teach: The journey of a teacher* (3rd ed.). New York: Columbia University Press.

❹ Bain, K. (2004). *What the best college teachers do*. Cambridge, MA: Harvard University Press.

⑤ Balingit, M., & Van Dam, A. (2019, December 3). U.S. students continue to lag behind peers in East Asia and Europe in reading, math, and science, exams show. *Washington Post*. Retrieved from https://www.washingtonpost.com/local/education/us-students-continue-to-lag-behind-peers-in-east-asia-and-europe-in-reading-math-and-science-exams-show/2019/12/02/e9e3b37c-153d-11ea-9110-3b34ce1d92b1_story.html

⑥ Barnum, M. (2019, April). Nearly a decade later, did the Common Core work? New research offers clues. Retrieved from https://www.chalkbeat.org/posts/us/2019/04/29/common-core-work-research/

⑦ Barshay, J. (2019, December 16). What 2018 PISA international rankings tell us about U.S. schools. Retrieved from https://hechingerreport.org/what-2018-pisa-international-rankings-tell-us-about-u-s-schools/

❽ Berger, R. (2003). *An ethic of excellence: Building a culture of craftsmanship with students*. Portsmouth, NH: Heinemann.

⑨ Berger, R. (2015, April 30). What it really takes to inspire students to perform well (It's not test scores) [Blog post]. Retrieved from https://eleducation.org/news/what-it-really-takes-inspire-students-perform-well-it-s-not-test-scores

⑩ Berger, R., Rugen, L., & Woodfin, L. (2014). *Leaders of their own learning: Transforming schools through student-engaged assessment*. San Francisco: Jossey-Bass.

⑪ Black, P., & Wiliam, D. (1998, October 1). Inside the black box: Raising standards through classroom assessment. *Phi Delta Kappan*. Retrieved from https://kappanonline.org/inside-the-black-box-raising-standards-through-classroom-assessment/

⑫ Bloom, B. (1985). *Developing talent in young people*. New York: Ballantine Books.

⑬ Brimijoin, K., Marquissee, E., & Tomlinson, C. A. (2003, February). Using data to improve student achievement. *Educational Leadership*, 60(5), 70–73.

⑭ Brookhart, S., Guskey, T., McTighe, J., & Wiliam, D. (2020, September). Eight essential principles for improving grading. *Educational Leadership*, 78(1). Retrieved from http://www.ascd.org/publications/educational-leadership/sept20/vol78/num01/Eight-Essential-Principles-for-Improving-Grading.aspx

⑮ Bryner, J. (2007, February 28). Most students bored at school. Retrieved from https://www.livescience.com/1308-students-bored-school.html

⑯ Calkins, L. (1983). *Lessons from a child: On the teaching and learning of writing*. Portsmouth, NH: Heinemann.

⑰ Clifton, D. (2021). How to improve student and educator wellbeing. Retrieved from https://www.gallup.com/education/316709/how-to-improve-wellbeing-in-education.aspx

⑱ Collaboration for Academic, Social, and Emotional Learning [CASEL]. (2019). CASEL competencies. Retrieved from https://casel.org/sel-framework/

⑲ Collins, M. (1992). *Ordinary children, extraordinary teachers*. Norfolk, VA: Hampton Roads.

⑳ Costa, A., & Kallick, B. (2008). *Learning and leading with habits of mind: 16 essential characteristics for success*. Alexandria, VA: ASCD.

㉑ Coté, M. (2019, November). Differentiation: Beyond blue birds and red birds. *News You Can Use: The CPM Educational Program Newsletter*. Retrieved from https://pdfs.cpm.org/newsletters/CPM_NL_Nov_2019.pdf

㉒ Darling-Hammond, L., & Bransford, J. (2007). *Preparing teachers for a changing world: What teachers should learn and be able to do*. San Francisco: Jossey-Bass.

㉓ DC Design. (2017, August 14). What is human-centered design? Retrieved from https://medium.com/dc-design/what-is-human-centered-design-6711c09e2779

㉔ Dillard, A. (1987). *An American childhood*. New York: HarperCollins.

㉕ DiSalvo, D. (2013, August 26). To the human brain, "me" is "we." Retrieved from https://www.forbes.com/sites/daviddisalvo/2013/08/22/study-to-the-human-brain-me-is-we

㉖ Drum, K. (2011, November 20). Student achievement over the past 20 years. Raw data in *Mother Jones*. Retrieved from https://www.motherjones.com/kevin-drum/2011/11/raw-data-student-achievement-over-past-20-years/

㉗ Duckworth, A. (2020, May 18). What students need before perseverance [Blog post]. Retrieved from https://www.edweek.org/education/opinion-what-students-need-before-perseverance/2020/05

㉘ Dweck, C. (2006). *Mindset: The new psychology of success*. New York: Random House.

㉙ Dwyer, D. (1994, April). Apple Classrooms of Tomorrow: What we've learned. *Educational Leadership*, 51(7), 4–10. Retrieved from http://www.ascd.org/publications/educational-leadership/apr94/vol51/num07/Apple-Classrooms-of-Tomorrow@-What-We%27ve-Learned.aspx

㉚ Dwyer, D. (1995). *Changing the conversation about teaching, learning, and technology: A Report on 10 years of ACOT research*. Retrieved from https://saidnazulfiqar.files.wordpress.com/2014/10/changing-the-conversation-about-ict-in-learning-10-years-of-acot.pdf

㉛ Earl, L. (2003). *Assessment as learning: Using classroom assessment to maximize student learning*. Thousand Oaks, CA: Corwin.

㉜ Earl, L., & Cousins, J. (1995). *Classroom assessment: Changing the face, facing the change*. Toronto, Canada: OPSTF.

336

㉝ Erickson, H., Lanning, L., & French, R. (2017). *Concept-based curriculum and instruction for the thinking classroom* (2nd ed.). Thousand Oaks, CA: Corwin.

㉞ Flood, A. (2011, April 14). Getting more from George RR Martin [Blog post]. Retrieved from https://www.theguardian.com/books/booksblog/2011/apr/14/more-george-r-r-martin

㉟ France, P. (2020). *Reclaiming personalized learning: A pedagogy for restoring equity and humanity in our classrooms*. Thousand Oaks, CA: Corwin.

㊱ Fullan, M., Quinn, J., & McEachen, J. (2018). *Deep learning: Engage the world. Change the world*. Thousand Oaks, CA: Corwin.

㊲ Gall, M., Gall, J., Jacobsen, D., & Bullock, T. (1990). *Tools for learning: A guide to teaching study skills*. Alexandria, VA: ASCD.

㊳ Gay, G. (2018). *Culturally responsive teaching: Theory, research and practice* (3rd ed.). New York: Teachers College Press.

㊴ Graff, L. (2015). *Absolutely almost*. New York: Puffin Books.

㊵ Greene, B. (2005, May 30). This I believe: Science nourishes the mind and soul [Web audio]. *All Things Considered*. Washington, DC: National Public Radio. Retrieved from https://www.npr.org/templates/story/story.php?storyId=4666334

㊶ Guskey, T. (1994, October). Making the grade: What benefits students? *Educational Leadership, 52*(2), 14–20.

㊷ Guskey, T. (2019, October 28). Grades versus comments: Research on student feedback. *Phi Delta Kappan*. Retrieved from https://kappanonline.org/grades-versus-comments-research-student-feedback-guskey/

㊸ Guskey, T. (2020, September). Breaking up the grade. *Educational Leadership, 78*(1), 40–46.

㊹ Hansen, M., Levesque, E., Quintero, D., & Valant, J. (2018, April 17). Have we made progress on achievement gaps? Looking at evidence from the new NAEP results [Blog post]. Retrieved from https://www.brookings.edu/blog/brown-center-chalkboard/2018/04/17/have-we-made-progress-on-achievement-gaps-looking-at-evidence-from-the-new-naep-results/

㊺ Hattie, J. (2009). *Visible learning: A synthesis of 800+ meta-analyses on achievement*. New York: Routledge.

㊻ Hattie, J. (2012). *Visible learning for teachers: Maximizing impact on learning*. New York: Routledge.

㊼ Hattie, J., & Yates, G. (2014). *Visible learning and the science of how we learn*. New York: Routledge.

㊽ Hayden, R. (1984). *Collected prose*. Ann Arbor: University of Michigan Press.

㊾ Heick, T. (2018, November 26). 12 things that will disappear from classrooms in the next 12 years. Retrieved from https://www.teachthought.com/the-future-of-learning/things-that-will-disappear-from-classrooms-in-the-next-12-years/

㊿ Heritage, M. (2010). *Formative assessment and next generation assessment systems: Are we losing an opportunity?* A paper prepared for the Council of Chief State School Officers [CCSSO]. Retrieved from https://files.eric.ed.gov/fulltext/ED543063.pdf

(51) Hodin, R. (2013, September 4). 33 authors on why they write. Retrieved from https://thoughtcatalog.com/rachel-hodin/2013/09/31-authors-on-why-they-write/

(52) Jackson, A., & Kiersz, A. (2016, December 6). The latest ranking of top countries in math, reading, and science is out—and the US didn't crack the top 10. Retrieved from https://www.businessinsider.com/pisa-worldwide-ranking-of-math-science-reading-skills-2016-12

(53) K–12 Academics. (n.d.). Standardized testing. Retrieved from https://www.k12academics.com/standardized-testing
(54) Layton, L. (2015, October 24). Study says standardized testing is overwhelming nation's public schools. Retrieved from https://www.washingtonpost.com/local/education/study-says-standardized-testing-is-overwhelming-nations-public-schools/2015/10/24/8a22092c-79ae-11e5-a958-d889faf561dc_story.html
(55) Levy, S. (1996). *Starting from scratch: One classroom builds its own curriculum*. Portsmouth, NH: Heinemann.
(56) Littky, D., & Grabelle, S. (2004). *The big picture: Education is everyone's business*. Alexandria, VA: ASCD.
(57) Lough, C. (2020, April 28). Dylan Wiliam: "Immoral" to teach "too full" curriculum. *Tes.com*. Retrieved from https://www.tes.com/news/dylan-wiliam-immoral-teach-too-full-curriculum
(58) Love, B. (2020). *We want to do more than survive: Abolitionist teaching and the pursuit of educational freedom*. Boston: Beacon.
(59) McKibben, S. (2018, October). Grit and the greater good. A conversation with Angela Duckworth. *Educational Leadership, 76*(2), 40–45. Retrieved from http://www.ascd.org/publications/educational-leadership/oct18/vol76/num02/Grit-and-the-Greater-Good@-A-Conversation-with-Angela-Duckworth.aspx
(60) Moss, C., & Brookhart, S. (2009). *Advancing formative assessment in every classroom*. Alexandria, VA: ASCD.
(61) Moss, C., & Brookhart, S. (2019). *Advancing formative assessment in every classroom* (2nd ed.). Alexandria, VA: ASCD.
(62) National Academies of Science, Engineering, and Medicine. (2018). *How people learn II: Learners, contexts, and cultures*. Washington, DC: National Academies Press.
(63) National Center for Education Statistics. (2019). SAT mean scores of high school seniors taking the SAT by sex, race/ethnicity in 2018. *FastFacts*. Retrieved from https://nces.ed.gov/fastfacts/display.asp?id=171
(64) National Center for Fair & Open Testing. (2019, September 24). 2019 SAT scores: Gaps between demographic groups grows larger. Retrieved from https://www.fairtest.org/2019-sat-scores-gaps-between-demographic-groups-gr
(65) National Commission on Excellence in Education. (1983). *A nation at risk: The imperative for educational reform*. Washington, DC: U.S. Office of Education.
(66) National Research Council. (2000). *How people learn: Brain, mind, experience, and school* (Expanded edition). Washington, DC: National Academies Press.
(67) The Nation's Report Card. (n.d.). How did U.S. students perform on the most recent assessments? Washington, DC: U.S. Office of Education and the National Center for Educational Statistics. Retrieved from https://www.nationsreportcard.gov/
(68) Noddings, N. (2005). *The challenge to care in schools*. New York: Teachers College Press.
(69) O'Connor, K. (2009). *How to grade for learning* (3rd ed.). Thousand Oaks, CA: Corwin.
(70) O'Connor, K. (2010). *A repair kit for grading: Fifteen fixes for broken grades* (2nd ed.). New York: Pearson.
(71) OECD. (2019). *PISA 2018 Results (Volume I): What students know and can do*. Paris: OECD Publishing.
(72) Pate, A. (2020). *The innocent classroom: Dismantling racial bias to support students of color*. Alexandria, VA: ASCD.

338

73. Perkins, D. N. (1991, October). Educating for insight. *Educational Leadership*, 49(2), 4–8.

74. Phenix, P. (1964). *Realms of meaning: A philosophy of the curriculum for general education*. New York: McGraw-Hill.

75. Policy Studies Associates. (1992). *Relevant research for school decisions: Academic challenge for the children of poverty*. Washington, DC: U.S. Office of Education.

76. Reeves, D. (2017, Spring). Busting myths about grading. *All Things PLC*. Retrieved from https://issuu.com/mm905/docs/atplc_magazine__spring_2017_look-in

77. Rimm-Kaufman, S. (2020). *SEL from the start: Building skills in K–5*. New York: Norton.

78. Ruby Garage. (2017, July 17). A guide to human-centered design methodology and process [Blog post]. Retrieved from https://rubygarage.org/blog/human-centered-design

79. Ryan, J. (2018, October 19). Read President Jim Ryan's inaugural address: "Faith in the unfinished project." Retrieved from https://news.virginia.edu/content/read-president-jim-ryans-inaugural-address-faith-unfinished-project

80. Sawchuk, S., & Sparks, S. D. (2020, April 23). 8th graders don't know much about history, national exam shows. *Education Week*. Retrieved from https://www.edweek.org/teaching-learning/8th-graders-dont-know-much-about-history-national-exam-shows/2020/04

81. Schlechty, P. (2011). *Engaging students: The next level of working on the work*. San Francisco: Wiley.

82. Schneider, D. (Producer). (2011, November 27). Freeman Hrabowski [Television interview]. *60 Minutes*. New York: CBS.

83. Sinek, S. (2009). *Start with why: How great leaders inspire everyone to take action*. New York: Penguin.

84. Sloan, W. (2012, July). What is the purpose of education? *ASCD Education Update*, 54(7). Retrieved from http://www.ascd.org/publications/newsletters/education-update/jul12/vol54/num07/What-Is-the-Purpose-of-Education%C2%A2.aspx

85. Sondheim, S., & Lapine, J. (2000). Sunday in the park with George. In S. Sondheim, H. Wheeler, J. Lapine, B. Shevelove, & L. Gelbert, *Four by Sondheim, Wheeler, Lapine, Shevelove, and Gelbart* (pp. 561–742). New York: Applause Books.

86. Sousa, D., & Tomlinson, C. (2018). *Differentiation and the brain: How neuroscience supports the learner-friendly classroom* (2nd ed.). Bloomington, IN: Solution Tree.

87. Sparks, S. (2019, December 3). U.S. students gain ground against global peers. But that's not saying much. *Education Week*. Retrieved from https://www.edweek.org/ew/articles/2019/12/03/us-students-gain-ground-against-global-peers.html

88. Sparks, S. (2020, February 25). Hidden segregation within schools is tracked in new study. *Education Week*. Retrieved from https://www.edweek.org/ew/articles/2020/02/26/hidden-segregation-within-schools-is-tracked-in.html

89. Steele, C. (2009). *The inspired teacher: How to know one, grow one, or be one*. Alexandria, VA: ASCD.

90. Stiggins, R. (2004). *Student-involved assessment for learning*. Boston: Pearson.

91. Stringer, S. (2019, January 16). Bored in class: A national survey finds nearly 1 in 3 teens are bored "most or all of the time" in school, and a majority report high levels of stress. *The 74 Newsletter*. Retrieved from https://www.the74million.org/bored-in-class-a-national-survey-finds-nearly-1-in-3-teens-are-bored-most-or-all-of-the-time-in-school-and-a-majority-report-high-levels-of-stress/

92. TIMSS & PIRLS International Study Center. (2019). TIMSS 2015 international report. Retrieved from http://timss2015.org/timss-2015/mathematics/student-achievement/

(93) Tomlinson, C. A. (2014). *The differentiated classroom: Responding to the needs of all learners* (2nd ed.). Alexandria, VA: ASCD.
(94) Tomlinson, C. A. (2017). *How to differentiate instruction in academically diverse classrooms* (3rd ed.). Alexandria, VA: ASCD.
(95) Tomlinson, C. A., & Javius, E. (2012, February). Teach up for excellence. *Educational Leadership*, 69(5), 28–33.
(96) Tomlinson, C. A., Kaplan, S., Renzulli, J., Purcell, J., Leppien, J., Burns, D., Strickland, C., & Imbeau, M. (2009). *The parallel curriculum* (2nd ed.). Thousand Oaks, CA: Corwin.
(97) Tomlinson, C. A., & Moon, T. (2013). *Assessment and student success in a differentiated classroom*. Alexandria, VA: ASCD.
(98) Toth, M., & Sousa, D. (2019). *The power of student teams*. West Palm Beach, FL: Learning Sciences International.
(99) van Manen, M. (1991). *The tact of teaching: Toward a pedagogy of thoughtfulness*. Albany, NY: State University of New York.
(100) von Oech, R. (1986). *A kick in the seat of the pants: Using your explorer, artist, judge, and warrior to be more creative*. New York: Harper & Row.
(101) Weir, P. (Director). (1989). *Dead poets society* [Motion picture]. United States: Touchstone Pictures.
(102) Weiss, E. (2013, September 12). Mismatches in Race to the Top limit educational improvement: Lack of time, resources, and tools to address opportunity gaps puts lofty state goals out of reach. *Economic Policy Institute*. Retrieved from https://www.epi.org/publication/race-to-the-top-goals/
(103) West, D. (1995). *The richer, the poorer*. New York: Random House.
(104) Wiggins, G., & McTighe, J. (2005). *Understanding by design* (2nd ed.). Alexandria, VA: ASCD.
(105) Wiliam, D. (2010). Teacher quality: Why it matters and how to get more of it. University of London, Institute of Education, Spectator "Schools Revolution Conference." Retrieved from http://dylanwiliam.org/Dylan_Wiliams_website/Papers_files/Spectator%20talk.doc
(106) Wiliam, D. (2011a). *Embedded formative assessment*. Bloomington, IN: Solution Tree.
(107) Wiliam, D. (2011b). *How do we prepare students for a world we cannot imagine?* Retrieved from https://www.dylanwiliam.org/Dylan_Wiliams_website/Papers_files/Salzburg%20Seminar%20talk.doc
(108) Wiliam, D. (2011c, September 16). What assessment can—and cannot—do. Retrieved from http://dylanwiliam.org/Dylan_Wiliams_website/Papers_files/Pedagogiska%20magasinet%20article.docx
(109) Witmer, T. (2010). *The shepherd leader: Achieving effective shepherding in your church*. Philipsburg, NJ: P&R Publishing.
(110) World Bank. (2005). *World development report: Equity and development*. Retrieved from http://documents.worldbank.org/curated/en/435331468127174418/pdf/322040World0Development0Report02006.pdf
(111) Zhao, Y. (2019). Foreword. In J. McTighe & G. Curtis (Eds.), *Leading modern learning: A blueprint for vision-driven schools* (2nd ed., pp. xv–xvii). Bloomington, IN: Solution Tree.

340

❹ ケン・ベイン『ベストプロフェッサー』高橋靖直訳、玉川大学出版部、2008年。

❽ ロン・バーガー『子どもの誇りに灯をともす 誰もが探究して学びあうクラフトマンシップの文化をつくる』塚越悦子訳、英治出版、2023年

⓴ この本は未訳ですが、16の「思考の習慣」については『学びの中心はやっぱり生徒だ！──個別化された学びと「思考の習慣」』ベナ・カリックほか／中井悠加ほか訳、新評論、2023年で紹介されています。

㉔ アニー・ディラード『アメリカン・チャイルドフッド』柳沢由実子訳、パピルス、1992年

㉘ キャロル・S・ドゥエック『マインドセット：「やればできる！」の研究』今西康子訳、草思社、2016年

㉝ H・リン・エリクソン，ロイス・A・ラニング，レイチェル・フレンチ『思考する教室をつくる概念型カリキュラムの理論と実践：不確実な時代を生き抜く力』遠藤みゆきほか訳、北大路書房、2020年

㊱ マイケル・フラン，ジョアン・クイン，ジョアン・マッキーチェン『教育のディープラーニング：世界に関わり世界を変える』濱田久美子訳、明石書店、2020年

㊺ ジョン・ハッティ『教育の効果：メタ分析による学力に影響を与える要因の効果の可視化』図書文化社、2018年

㊻ ジョン・ハッティ『学習に何が最も効果的か：メタ分析による学習の可視化：教師編』原田信之訳者代表、宇都宮明子ほか訳、あいり出版、2017年

㊼ ジョン・ハッティ，グレゴリー・イエーツ『教育効果を可視化する学習科学』原田信之訳者代表、森久佳ほか訳、北大路書房、2020年

㊾ デニス・リトキー『一人ひとりを大切にする学校：生徒・教師・保護者・地域がつくる学びの場』杉本智昭ほか訳、築地書館、2022年

㊽ ネル・ノディングズ『学校におけるケアの挑戦：もう一つの教育を求めて』飯塚立人、吉良直、斎藤直子訳、ゆみる出版、2007年

㊼ P. H. フェニックス『意味の領域：一般教育の考察』佐野安仁ほか訳、晃洋書房、1980年

㊽ サイモン・シネック『WHY から始めよ！：インスパイア型リーダーはここが違う』栗木さつき訳、日本経済新聞出版社、2012年

㊼ C. A. トムリンソン『ようこそ、一人ひとりをいかす教室へ：「違い」を力に変える学び方・教え方』山崎敬人ほか訳、北大路書房、2017年

㊾ C. A. トムリンソン，T. R. ムーン『一人ひとりをいかす評価：学び方・教え方を問い直す』山元隆春ほか訳、北大路書房、2018年

⓾⓪ ロジャー・フォン・イーク『眠れる心を一蹴り：創造能力を開発する愉快なトレーニング』浅沼昭子訳、新潮社、1988年

⓾① 『いまを生きる』は1989年のアメリカ映画。ロビン・ウィリアムズ主演、ピーター・ウィアー監督。

⓾④ G. ウィギンズ，J. マクタイ『理解をもたらすカリキュラム設計：「逆向き設計」の理論と方法』西岡加名恵訳、日本標準、2012年

訳者紹介

飯村寧史（いいむら・やすし）
仙台市公立中学校勤務。学びの面白さ、成長の喜びを中心に据えた授業や学校の実現を目標として、教育活動に取り組む。

武内流加（たけうち・るか）
大阪府立水都国際中学校・高等学校所属。玉川大学大学院教育学研究科教育学専攻修了、大阪府立大学地域保健学域教育福祉学類卒業。

竜田徹（たった・とおる）
佐賀大学准教授。ことば・文学・読書の学びの理念を研究している。共訳書に『学習会話を育む』『一斉授業をハックする』がある。

谷田美尾（たにだ・みお）
メキシコの大学での日本語教師の職を経て、広島県立高校で英語の教諭として勤務。一人ひとり異なる「わかる」ということに興味をもっている。

吉田新一郎（よしだ・しんいちろう）
『学びの中心はやっぱり生徒だ！』と一緒に読むことで、生徒中心の授業づくりの本質がよりよく見えてきます。
問い合わせは、pro.workshop@gmail.comへ。

協力者・岩橋優貴、大関健道、久能潤一、長光優樹

みんな羽ばたいて ——生徒中心の学びのエッセンス——

2023年6月30日　初版第1刷発行

訳　者　飯　村　寧　史　　谷　田　美　尾
　　　　武　内　流　加　　吉　田　新　一　郎
　　　　竜　田　　　徹

発行者　武　市　一　幸

発行所　株式会社　新　評　論

〒169-0051
東京都新宿区西早稲田 3-16-28
http://www.shinhyoron.co.jp

電話　03(3202)7391
FAX　03(3202)5832
振替・00160-1-113487

落丁・乱丁はお取り替えします。
定価はカバーに表示してあります。

印刷　フォレスト
装丁　山田英春
製本　中永製本所

©飯村寧史／武内流加／竜田徹／
谷田美尾／吉田新一郎　2023年

Printed in Japan
ISBN978-4-7948-1243-8

＊QRコードは（株）デンソーウェーブの登録商標です。

S・サックシュタイン+K・ターウィリガー／古賀洋一・竜田徹・吉田新一郎 訳

一斉授業をハックする

学校と社会をつなぐ「学習センター」を教室につくる

生徒一人ひとりに適した学びを提供するには何が必要か？
一斉授業の殻を破り、生きた授業を始めるための最新ノウハウ満載。

四六並製　286頁　2750円　　ISBN978-4-7948-1226-1

J・サンフェリポ+T・シナニス／飯村寧史・長崎政浩・武内流加・吉田新一郎 訳

学校のリーダーシップをハックする

変えるのはあなた

自らが創造的な模範を示し、学校と地域の活性化に尽力する
「校長先生」の新たな像。実践例満載の学校改革アイディア集。

四六並製　256頁　2420円　　ISBN978-4-7948-1198-1

K・A・ホルズワイス+S・エヴァンス／松田ユリ子・桑田てるみ・吉田新一郎 訳

学校図書館をハックする

学びのハブになるための10の方法

学校図書館のポテンシャルを最大限に活かす実践的ハック集。
子どもたちとともに楽しみながら学びのタービンを回そう！

四六並製　264頁　2640円　　ISBN978-4-7948-1174-5

ジェラルド・ドーソン／山元隆春・中井悠加・吉田新一郎 訳

読む文化をハックする

読むことを嫌いにする国語の授業に意味があるのか？

だれもが「読むこと」が好き＝「読書家の文化」に染まった教室を実現するために。
いますぐ始められるノウハウ満載！

四六並製　192頁　1980円　　ISBN978-4-7948-1171-4

コニー・ハミルトン／山﨑亜矢・大橋康一・吉田新一郎 訳

質問・発問をハックする

眠っている生徒の思考を掘り起こす

「重要なのは疑問を持ち続けること」（アインシュタイン）。
生徒中心の授業を実現するために「問い」をハックしよう！

四六並製　328頁　2750円　　ISBN978-4-7948-1200-1

＊表示価格はすべて税込み価格です